Jules Payot

1859'da Fransa'da Mont-Blanc dağlarının eteklerinde bulunan Chamonix köyünde doğdu. Zamanında Fransa'daki laik eğitimin en önemli isimlerinden biriydi. 1907'de Aix-Marseille Üniversitesi'nin rektörü seçildi. École normale'in fakülte sekreterliğindeki zabıtlara göre, okulda Prof. Ferdinand Buisson'dan boşalan pedagoji kürsüsü başkanlığı için adaylık başvurusunda bulunmuş ama yönetim tercihini Émile Durkheim'dan yana kullanmıştı. Kitapları arasında kuşkusuz en ünlüsü olan *İrade Terbiyesi* 1909 yılında basıldı ve en az 32 baskı yaparak pek çok dile çevrildi. Uzun bir süre Vatikan'ın kara listesinde yer aldı. 14 Eylül 1909 tarihli bir mektupta, çocukları Payot'nun kitaplarından yararlanan anne babaların kutsal törenlere alınmaması önerilmişti. 1939'da öldü.

Ludmila Denisenko

İstanbul Üniversitesi Edebiyat Fakültesi Sanat Tarihi Bölümü ile Paris'te Sorbonne Üniversitesi'nde okudu. *Güneş*, *Adam* ve *Cumhuriyet*'te kültür ve sanat yazıları yazdı; öyküleri *Notos*, *Varlık* vb dergilerde yayımlandı. İstanbul'da 1993'te Karadeniz Ekonomik İşbirliği Parlamenter Asamblesi'nde idari işlerden sorumlu yönetici olarak çalıştı. *Bir Erkek Sevdim O Yoktu* (2006) ve *Böyle Bir Kars* (2011) adında iki kitabı vardır. Fransızca, İngilizce, Rusça ve Yunancadan çeviri yapmaktadır.

Kırmızı Kedi Yayınevi: 1324
Kılavuz: 7

Özgün adı: *L'Éducation de la Volonté*

İrade Terbiyesi
Jules Payot
Çeviren: Ludmila Denisenko

© Kırmızı Kedi Yayınevi, 2020

Bu çevirinin Türkçe yayın hakkı Kırmızı Kedi Yayınevi'nindir.

Yayın Yönetmeni: Enis Batur

Editör: Salih Uzuner
Son Okuma: Sevim Erdoğan
Kapak Tasarımı: Cüneyt Çomoğlu
Sayfa Tasarımı: M. Aslıhan Özçelik

Tanıtım için yapılacak kısa alıntılar dışında, yayıncının yazılı izni alınmaksızın hiçbir şekilde kopyalanamaz, elektronik veya mekanik yolla çoğaltılamaz, yayımlanamaz ve dağıtılamaz.

Birinci Basım: Kasım 2020, İstanbul
Beşinci Basım: Eylül 2022, İstanbul
ISBN: 978-605-298-729-2
Kırmızı Kedi Sertifika No: 40620

Baskı: Yaz Basım Etiket ve Ambalaj Tic. Ltd. Şti.
Kurtköy Mah. Ankara Cad. Yelken Plaza No: 289/21
Pendik/İSTANBUL
T: 0216 706 80 60 Sertifika No: 53624

Kırmızı Kedi Yayınevi
kirmizikedi@kirmizikedi.com / www.kirmizikedi.com
facebook.com: kirmizikediyayinevi / twitter.com: krmzkedikitap
instagram: kirmizikediyayinevi
Ömer Avni Mah. Emektar Sok. No: 18 Gümüşsuyu 34427 İSTANBUL
T: 0212 244 89 82 F: 0212 244 09 48

Jules Payot

İRADE TERBİYESİ

Çeviren: Ludmila Denisenko

FELSEFE

İÇİNDEKİLER

Birinci Baskıya Önsöz 9
İkinci Baskıya Önsöz 15

TEORİK BÖLÜM

BİRİNCİ KİTAP: Giriş 23
BİRİNCİ BÖLÜM: Mücadele edilecek kötülük: öğrencilerde ve
  fikir işçilerinde iradesizliğin çeşitli biçimleri 23
İKİNCİ BÖLÜM: Güdülecek amaç 36
ÜÇÜNCÜ BÖLÜM: İrade terbiyesiyle ilgili cesaret kırıcı ve yanlış
  kuramların reddi 41

İKİNCİ KİTAP: İrade Psikolojisi 55
BİRİNCİ BÖLÜM: Fikirlerin iradedeki rolünün araştırılması 55
İKİNCİ BÖLÜM: Duygulanım hallerinin irade üzerindeki rolünün
  incelenmesi 66
ÜÇÜNCÜ BÖLÜM: Akıl krallığının olasılığı 86

ÜÇÜNCÜ KİTAP: İçsel Yöntemler 111
BİRİNCİ BÖLÜM: Derin düşünme 112
İKİNCİ BÖLÜM: Derin düşünme nedir ve nasıl uygulanır? 147

ÜÇÜNCÜ BÖLÜM: İrade terbiyesinde hareketin rolü 154
DÖRDÜNCÜ BÖLÜM: Öğrencilerde irade terbiyesi açısından
    beden sağlığı 178
BEŞİNCİ BÖLÜM: Genel bir bakış 203

PRATİK BÖLÜM

DÖRDÜNCÜ KİTAP: Belli Başlı Düşünceler **209**
BİRİNCİ BÖLÜM: Savaşılacak düşmanlar: belli belirsiz hassasiyet
    ve nefsine düşkünlük 209
İKİNCİ BÖLÜM: Savaşılacak düşmanlar: arkadaşlar, vb. 240
ÜÇÜNCÜ BÖLÜM: Savaşılacak düşmanlar: tembellerin safsataları ... 247
DÖRDÜNCÜ BÖLÜM: Çalışma sevinci 259

BEŞİNCİ KİTAP: Çevre Kaynakları **269**
BİRİNCİ BÖLÜM: Çevrenin görüşleri, öğretmenler, vb. 269
İKİNCİ BÖLÜM: "Saygın Ölmüşlerin" etkisi 284

SONUÇ **287**

La Revue Philosophique'in Yöneticisi,
COLLÈGE DE FRANCE'da DENEYSEL PSİKOLOJİ PROFESÖRÜ
TH. RIBOT'ya

Saygı ve dostlukla ithaf edilmiştir

J. P.

BİRİNCİ BASKIYA ÖNSÖZ

"Tüm diğer şeyler için öğretmene ve eğitime ihtiyaç duyduklarını kabul etmeleri takdire değer; onları ellerinden geldiği kadar özenle öğreniyorlar: Bir tek yaşam bilimini hiç öğrenmiyor, ne de öğrenmek istiyorlar."

NICOLE. *Discours sur la nécessité de ne pas se conduire au hasard*

17. yüzyılda ve 18. yüzyılın bir bölümünde, dinin insan zihni üzerinde tartışılmaz bir egemenliği vardı. İrade terbiyesi meselesi bütünlük içinde ortaya konamazdı: Katolik Kilisesi, insan karakterinin o kıyas kabul etmez eğiticisi, inananların hayatını ana hatlarıyla yönlendirmek için yeterliydi.

Oysa bugün, düşünen zihinlerin birçoğu bu yönlendirmeden yoksun. Eskisinin yerine yeni bir şey konmuş değil. Ayrıca gazeteler, dergiler, kitaplar, hatta romanlar bile halihazırdaki istenç düzeyinin bu denli düşük olmasından yakınmakta birbirleriyle yarışıyor.[1]

---

[1] Bkz. Henry Bérenger, *l'Effort*, Armand Colin, 1893. Yazarının düne kadar Paris Öğrenciler Derneği'nin başkanı olması bize göre bu kitaba ayrı bir anlam katmaktadır.

İradelerdeki bu yaygın hastalık bir tür hekim grubunun ortaya çıkmasına yol açtı... Ancak ne yazık ki bu ruh doktorlarının içi dışı, hâkim psikolojik öğretilerle dolu. İradede asıl önemi zekâya veriyorlar. Bizde eksik olanın, ahirete dair *kanıtlanmış* bir metafizik teori olduğunu zannediyorlar.

Cehaletleri mazur görülebilir. Tarımın her zaman en verimsiz ancak işlemesi en kolay topraklardan, en verimli ancak işlemesi en zahmetli topraklara geçtiği, iktisatta kabul görmüş bir yasadır. Psikoloji bilimi alanında da aynı şey geçerli. Temel ancak incelenmesi zor olguları ele almadan önce, ilkin, en kolay ancak davranış bakımından pek önemli sonuçlara yol açmayan olguları inceledik. Karakterde fikrin önemsiz olduğunu, eğilimlerin karmaşası içinde çaresiz altta kaldığını iyi kötü görmeye başladık. İrade duygusal bir güçtür; ona etki edecek her fikir tutkuyla renklenmelidir.

İrade mekanizmasını yakından inceleseydik, metafizik teorilerin pek de önemli olmadığını ve bilinçle seçilip de psikolojik kaynaklarımızın akıllıca kullanımı sayesinde tüm yaşamın dümenini eline alamayacak hiçbir duygu olmadığını anlardık. Bir cimri, para aşkı yüzünden bütün bedensel zevklerinden feragat eder, kötü beslenir, sert zeminde uyur, arkadaşsız ve tatminsiz yaşar. Peki siz, daha asil bir duygu seçip o duyguyu bilincin dümenini bu denli eline alacak kadar güçlü kılabileceğinizden ümidinizi keser misiniz? Öyleyse, psikolojinin olmak istediğimiz şeyi olabilmemiz için bizlere sağladığı araçların ne kadar çeşitli olduğunu bilmiyorsunuz demektir.

Ne yazık ki bugüne kadar kaynaklarımızı bu açıdan incelemekle pek ilgilenmedik. Son otuz yıldır Avrupa düşüncesine yön veren dimağlar, aslında irade terbiyesinin düpedüz inkârı olan iki teoriye bölünmüştür: Bunlardan ilki, karakteri hiçbir şekilde müdahale edemediğimiz sabit bir kütle olarak görmeye dayanmaktadır. Bu çocukça teoriyi ileride inceleyeceğiz.

İkinci teori, görünüşte irade terbiyesine uygun gibidir. Bu, özgür irade teorisidir. Stuart Mill'in[1] bizzat kendisi, bu doktrinin onu savunanlarda canlı bir "kişisel zenginleşme" hissi uyandırdığını söyleyecek kadar ileri gider. Tabii, sahibi bir determinist olan bu sava rağmen, kişinin özdenetimi açısından, özgür irade teorisinin bir önceki kadar tehlikeli ve kesinlikle en az onun kadar cesaret kırıcı olduğunu ileri sürmekten çekinmeyeceğiz. Gerçekten bu sav, benliğin özgür kılınmasının kolay ve doğal bir şey olduğunu sanmaya itmiş olsa da tam tersine bu uzun soluklu bir iş, çok özen gerektiren, psikolojik kaynaklarımızı kesin biçimde tanımamızı isteyen bir çalışmadır.

Bu teori, yalnızca basitliğiyle, duyarlı ve keskin zekâlı pek çok dimağı, iradenin koşullarını incelemekten vazgeçirdi; böylece psikolojiye, hatta söylemekten kaçınmayalım, insanlığa onarılmaz bir zarar verdi.

Bunun için biz bu kitabı Bay Ribot'ya[2] adıyoruz. Bunu eski hocamızdan, psikolojik incelemelerden aldığımız zevki borçlu olduğumuz kişiden ziyade Fransa'da ilk defa

---

1 *Logique*, II, VI. Kitap, II. Bölüm, Paris, F. Alcan.
2 Théodule-Armand Ribot (1839-1916): École Normale Supérieure'den doktora derecesini aldı. 1885-1888 arasında Sorbonne Üniversitesi'nde ders verdi. 1889-1896 arasında Collège de France'da deneysel ve karşılaştırmalı psikoloji kürsüsünün başına geçti. Hafıza kaybının ileride beyinde görülebilecek bir hastalığın belirtisi olduğunu ileri sürdüğü *Les Maladies de la mémoire* (Bellek Hastalıkları, 1881) adlı eseri, bellek bozukluklarını fizyolojik bakımdan analiz eden çalışmaların ilk örnekleri arasında gösterilir. (ed.n.)

metafiziği psikolojiden defeden; irade, akıl vs. ile ilgili durumların öncüllerini ve koşullardan bağımsız sonuçlarını bilim insanları gibi araştırmak amacıyla, bilinç olgularının doğasını incelemeyi kararlı bir biçimde bir kenara koyarak hepimize öncülük eden insana adadık. Şunu belirtelim ki bu yöntem, metafiziği asla reddetmez: Psikolojiyi metafizikten dışlamaz, yalnızca metafiziği psikolojiden dışlar ki bu çok farklı bir şeydir.

Yöntem, psikolojiyi bir bilim olarak ele almaktır. Fakat bilim insanının amacı bilmek değil, *yapabilmek için öngörmektir*.[1] Örneğin bir fizikçi için, *başarılı* olduktan sonra, ışık dalga teorisinin doğrulanamaz bir hipotezden ibaret olmasının önemi yoktur. Aynı şekilde psikolog için de kendi hipotezinin, örneğin sinir durumları ile psikolojik durumlar arasında mutlak korelasyon olduğu hipotezinin doğrulanamamasının, hipotez başarılı olduktan sonra hiçbir önemi yoktur. Başarmak demek, geleceği tahmin etmek, olguları istediğimiz gibi değiştirmek; kısacası, *geleceği olmasını istediğimiz gibi yapmak* demektir; bilim insanının, dolayısıyla psikoloğun rolü budur işte. En azından biz görevimizi bu şekilde algılıyoruz.

Mevcut istenç zayıflığının nedenlerini araştırmak durumundayız. Bu zaafın tek çaresinin duygu durumlarının ustaca eğitilmesinde aranması gerektiğine inanıyoruz. Yayımladığımız kitabı kısaca tanıtacak olsak, özgürleştirici duygular yaratmanın ya da onları güçlendirmenin veya kendimizi

---

1 Pozitivizmin öncüsü Fransız düşünür Auguste Comte'un sosyolojide öngörmenin önemini vurgulamak için dile getirdiği ünlü sözüne gönderme: *"savoir pour prévoir et prévoir pour pouvoir"* (öngörebilmek için bilmek ve yapabilmek için öngörmek). (ed.n.)

kontrol etmemize mâni olan duyguları baskılamanın yahut yok etmenin yollarını anlatan bir kitap diyebiliriz. Bu uğurda üzerimize düşen her şeyi yapmalı. Bu çok önemli esere kendi payımıza düşen katkıyı sunuyoruz.

İrade terbiyesiyle *in abstracto*[1] *uğraşmak yerine, başlıca konu olarak, iradenin uzun soluklu ve azimli bir entelektüel çalışmanın gerektirdiği biçimde eğitilmesini* ele aldık. Öğrencilerin ve genel olarak tüm zihin emekçilerinin burada çok yararlı açıklamalar bulacağına inanıyoruz.

Birçok gencin *özdenetim sağlayacak bir yöntemin* eksikliğinden yakındığını duyarım. Neredeyse dört yıllık inceleme ve çözümlemenin bana bu konuda düşündürttüklerini onlara sunuyorum.

JULES PAYOT
Chamonix, 8 Ağustos 1893

---

[1] Lat. Soyut olarak. (ç.n.)

İKİNCİ BASKIYA ÖNSÖZ

Gerek Fransız basınının gerek yabancı basının sıcak ilgisi; ilk baskıyı birkaç hafta içinde tüketen okurların şevki; bu kitabın tam zamanında ortaya çıktığını ve aydın kitlenin derin bir ihtiyacına karşılık geldiğini kanıtlıyor.

Bizlere yazan sayısız kişiye, özellikle beşinci cildin birinci bölümünü destekleyecek bol miktarda belge gönderen hukuk ve tıp öğrencilerine teşekkür ediyoruz. Bazıları "karamsarlığımıza" itiraz ediyor. Gençlik, diyorlar, eylem ve eylemek hakkında hiç bu kadar çok konuşmamıştı. Yazık! Eylemek gerekirken konuşmak neye yarar? Bize öyle geliyor ki, genç insanların çoğu gürültü ve taşkınlık yapmayı yaratıcı eylem coşkusuyla karıştırıyor. Kimileri, hem de bazıları en yetkili makamlar, okullu gençlerin büyük bölümünün heveslilerden ve öfkelilerden oluştuğunu sanmakta. Hâlbuki heves ve öfke sağaltmayı denememiz gereken iki irade hastalığıdır.

İrade terbiyesinin pratik kısmı, su katılmamış övgü dışında bir şey pek görmedi. Üçüncü Bölüm (Birinci Kitap) ile Birinci Bölüm (İkinci Kitap) içinse aynı şeyi söyleyemeyiz.

Bu noktalarda bize savaş açılmasını bekliyorduk, fakat çoğu eleştiri bizce meseleyi gözden kaçırmış gibi görünüyor.

Öncelikle, fikrin irade üzerinde hiçbir etkisi olmadığını asla iddia etmediğimizi belirtmek isteriz. İçgüdüsel tepilerin ve alışkanlıkların[1] istemlerimizdeki payını çok geniş tuttuk. Ancak biz bir yandan üstün iradenin eğilimlerimizi fikirlere tabi kılmaya yaradığını, diğer yandan fikrin "yontulmamış alt eğilimler ordusuna" karşı ne *doğrudan* ne de *anında* herhangi gücü olmadığını savunuyoruz. Fikrin bu tür düşmanlara karşı uyguladığı kuvvet dolaylıdır: Başarısızlık tehdidi altında, o kuvveti var olduğu kaynaktan, yani duygu durumlarından alması gerekir.

Bizler özgürlük teorimize özgür irade savunucularının şiddetle karşı çıkmasını beklerken, karakterin doğuştan geldiğini savunanların bize daha çok cephe alması ilginç. Aynı şekilde, kendilerini soyutlamalarla değil, kanlı canlı gerçeklerle cebelleşirken bulan eğitimciler, görünüşe bakılırsa özgür irade teorisinden gitgide uzaklaşıyor. Duyduğuma göre, bu alanda ciddi söz sahibi olan Bay Marion,[2] 1884-85 dönemindeki derslerinde, özgür iradeye dair metafizik varsayımın, halihazırda kısıtlı olan ve ancak kendi çabalarımızla kazanacağımız gerçek özgürlüğün koşullarını incelememizi engelleyerek pratikte yaptığı kötülüğü ısrarla vurgulamıştır. Bay Marion, ahlaki dayanışma konulu tezinin önsözünde,

---

1 Bkz. s. 45 vd.
2 Henri François Marion (1846-1896): Fransız filozof ve eğitimci. 1880'de Halk Eğitim Konseyi üyesi seçildi ve kendini Fransız eğitim sisteminin gelişmesine adadı. Taşra şehirlerinde Écoles normales okullarının kurulmasında katkısı büyüktür. École normale supérieure de lettres et sciences humaines'de psikoloji ve uygulamalı etik üzerine verdiği dersler sonradan iki cilt halinde yayımlandı. (ed.n.)

Bay Fouillée'nin "özgürlüğümüze ilişkin fikrin bizi özgürleştireceği" formülüne kesinkes karşı çıkar. Kendimizi özgür sanmakla, özgür olabileceğimiz koşulları kendimize sağlamayı ihmal ettiğimiz görüşü pratikte daha doğru ve yararlıdır. Bay Marion'un şu sözünden daha doğru bir şey yok: "Ancak büyük bir mücadele vererek özgürlüğümüzü elde etmeyi bilirsek özgür oluruz."

Doğuştan var olan karaktere yeterince geniş yer ayırmadığı için yazara edilen siteme gelirsek, bunu yapmak bize karakter gibi epeyce kusurlu bir kavrama sırtını dayamak gibi gelir.

Karakter basit bir töz değildir. Eğilimlerin, fikirlerin vs. çok karmaşık bir bileşkesidir. Böyleyken karakterin doğuştan geldiğini kabul etmek, birçok saçmalığı kabul etmek demektir.

Bu öncelikle bir bileşkenin, bir kısım heterojen öğenin, belli bir tarzda gruplandırılmış güçlerin doğuştan gelebileceğini iddia etmektir ki bu akıl almaz bir şeydir.

Bu aynı zamanda, doğuştan gelen öğeyi mutlak saflık durumunda elde edebileceğimizi, onu ortam ve eğitimden kaynaklı etkilerin çevresine ördüğü duvarın içinden çıkarabileceğimizi iddia etmektir ki bu imkânsızdır. Bu imkânsızlık, bizi doğuştan gelenin payı meselesi karşısında mesafeli durmaya sevk eder.

Son olarak, karakterin doğuştan geldiğini iddia etmek, bütün kişisel deneyimlerimizin, bütün eğitmenlerin deneyimlerinin ve tüm insanlık uygulamalarının karşı çıktığı bir iddiayı, karakterin temel öğelerinin, eğilimlerin bir daha asla değiştirilemeyeceği iddiasını dolaylı yoldan kabul etmek anlamına gelir! Üstelik biz durumun hiç öyle olmadığını (II, III) ve bir duygunun değiştirilebileceğini, bastırılabileceğini ya da pekiştirilebileceğini kanıtlıyoruz. İnsanlığın tümü o görüşte olsaydı, çocuk yetiştirme zahmetine katlanılmazdı. Değişmez yasalarıyla doğa bunu tek başına üstlenirdi.

Bu teorik görüşler karakterin doğuştan geldiği öğretisini çürütmeye yeter. Bu yaklaşımın içini doldurmak için karakter üzerine yapılan son çalışmaları[1] da okumalısınız. Bay Paulhan'ın eserinin özellikle üçüncü bölümünü incelediğinizde, çoğu zaman aynı kişide birçok tip olduğunu; evrimin yaşla birlikte eski eğilimleri ortadan kaldırıp yeni eğilimler ortaya çıkardığını; aynı kişide karakterlerin sürekli birbiri yerine geçtiğini göreceksiniz. Tek bir karakter kadar nadir hiçbir şey yoktur desek yeridir!

Çocukların büyük çoğunluğu bir eğilimler anarşisi sahneler: Eğitim tam da bu karmaşayı düzene sokmayı, bu eğilimlere istikrar ve birlik kazandırmayı amaçlamaz mı? Hatta çoğu zaman, iş bitti derken, aniden çıkan bir fırtına gibi her şeyi altüst eden ergenlik krizi gelir: Anarşi yeniden başlar ve artık kendi başına olan genç adam, ahlakına bütünlük kazandırma işini üstlenmez, karakterini yaratmazsa, sözünü ettiğimiz "kuklalardan" biri haline gelir (s. 25).

Zaten karakter doğuştan gelseydi, herkes doğduğunda, dünyaya geliş hediyesi olarak yaşamını tastamam hazır bulsaydı, ortalıkta çeşit çeşit karakterlere rastlanması gerekirdi.

Nerede o karakterler?

Onları bize siyaset dünyası mı sağlayacak? O dünyada, kendileri gibi olmayanları daha da acınası hale düşüren yüksek istisnalar haricinde, tamamen daha yüce bir amaca

---

[1] Théodule Ribot, *Revue Philosophique*, Kasım 1892; Frédéric Paulhan, *Les Caractères*, 1 cilt, 237 sayfa, 1894, Alcan; Bernard Perez, *Le Caractère de l'enfant à l'homme*, 1892, Alcan.

yönelmiş yaşamlar hiç görülmez: Orada düşünce ve duyguların ortalığa saçılması öyle büyük, taşkınlık öylesine sıradan, verimli eylemler o kadar enderdir ki sık sık yetişkin bedeninde çocuk ruhlara rastlanır.

Edebiyatta, eli kalem tutanların 1870'teki korkunç kasırgadan sonra güçlerini, neredeyse oybirliğiyle, hayvan insanı[1] yüceltmeye harcadıklarını görmedik mi? Ve uyarımların yarattığı heyecanlar arttıkça doğum oranının azalması, Manzoni'nin[2] görüşünün ne kadar doğru olduğunu gayet iyi gösteriyor. İçimizdeki en yüce, en soylu olanı uyaracak yerde, yazarlarımızın hemen hepsi daha aşağı içgüdülerimize seslendi: Bizi omuriliğine ya da omurilik soğanına indirgenmiş olarak düşündüler. Bizlere bir düşünürler edebiyatı yerine bir kafası kesilmişler edebiyatı verdiler.

Ama bunu sürdürmenin ne anlamı var? Karakter, birlik ve istikrar demekse, üstelik daha yüce amaçlara yönelmeyi kapsıyorsa, doğuştan gelemeyeceği açık değil midir? Doğal anarşiden –ki o biz oluyoruz– şiddetle iğrenen bu birlik ve istikrar usulca fethedilmelidir. Bunu göze alamayan ya da almak istemeyenler, insan kişiliğinin yüceliğini teşkil eden şeyden, yani özgürlük ve özdenetimden[3] derhal vazgeçmelidir!

Bar-le-Duc, 20 Ocak 1894

---

1 Fr. *La bête humaine*. Emile Zola'nın Türkçeye *Hayvanlaşan İnsan* diye çevrilen *La Bête humaine* adlı bir psikolojik gerilim romanı (1890) bulunmaktadır. (ç.n.)
2 Alessandro Manzoni (1785-1873): 1825-27 yıllarında yazdığı üç ciltlik romanı *I promessi sposi* (*Nişanlılar*) ile tanınan İtalyan yazar ve şair. (ed.n.)
3 "Özdenetim sağlanacak da ne olacak?" sorusunu yanıtsız bıraktığı için sık sık tenkit edilen yazar, bir psikolog çalışması olan yapıtının, bu hâliyle yeterli olduğunu söyleyebilirdi. Ama o aslında *İrade Terbiyesi*'nin onu tamamlayacak olan yaşam felsefesi olmadan eksik kalacağı kanısındadır. O yaşam felsefesi de uzun süreden beridir hazırlanmaktadır.

TEORİK BÖLÜM

BİRİNCİ KİTAP
GİRİŞ

BİRİNCİ BÖLÜM

MÜCADELE EDİLECEK KÖTÜLÜK: ÖĞRENCİLERDE VE FİKİR İŞÇİLERİNDE İRADESİZLİĞİN ÇEŞİTLİ BİÇİMLERİ

Caligula, tek darbede kesilebilmesi için Romalıların tek bir kafaya sahip olmasını isterdi. Savaşmamız gereken düşmanlar için böyle bir şey dilemek yararsız! Neredeyse tüm başarısızlıklarımızın, hemen her talihsizliğimizin nedeni tektir: iradernizin zayıflığı; çabadan, özellikle de sürekli çaba göstermekten duyduğumuz yılgı. Ancak pasifliğimiz, ciddiyetsizliğimiz, dağılmışlığımız; işte tüm bu sıfatları, madde için yerçekimi ne ise insan doğası için de o olan evrensel tembelliği tanımlamak için kullanıyoruz.

Kuşkusuz, kararlı bir iradenin gerçek rakibi ancak süreklilik gösteren bir kuvvet olabilir. Tutkular doğaları gereği gelip geçicidir; ne kadar şiddetlilerse o kadar kısa sürerler: Kesintili oluşları, bir istikrara ve çılgınlığa varacak denli bir şiddete kavuştukları çok nadir durumlar dışında, onları çabanın sürekliliği önündeki gerçek engeller olarak görmemize izin vermez. Bir tutkudan diğerine geçiş aralığında pek çok iş yapma olanağı bulunur. Ancak gevşeklik, ilgisizlik, tembellik, avarelik olarak adlandırılan temel bir ruh durumu, kesinlikle sürekli bir eylem durumu vardır. Gösterilen çabayı sıkça yenilemek demek, kesin bir zafer elde etmeksizin, sadece bu doğal duruma karşı mücadeleyi yenilemek demektir.

Temel, doğal durum derken şunu düşünürüz: Gerçekten insan uzun zaman sürdüreceği bir uğraşa ancak gereksinim baskısı altında razı olur. Gezginler uygar olmayan tüm kabilelerde her tür kalıcı çaba yolunda kesin bir beceriksizlik olduğunda hem fikirdir. Bay Ribot, ilk istemli özen çabalarının, beyler dinlenir ya da uyurken dayak korkusuyla düzenli çalışmaya zorlanan kadınlarca gösterilmiş olabileceğini söylerken haklıdır. Kendilerine büyük bir refah getirecek düzenli bir işi yapmak yerine öylece ortadan kaldırılmayı yeğleyen Amerikan yerlilerinin, gözlerimizin önünde yok olduklarını görmüyor muyuz?

Ancak bildik örnekler için çok da uzağa gitmeye gerek yok. Mecbur edilen bir çocuğun düzenli çalışmayı ne kadar ağırdan aldığını bilmez miyiz? İşlerini kendilerinden öncekilerden ya da çevrelerindekilerden daha iyi yapmaya istekli işçiler ya da köylüler ne kadar da az bulunur! Gün boyu kullandığınız nesneleri Spencer[1] ile gözden geçirin, içlerinde bir tanesi yoktur ki ufacık bir zihinsel çabayla daha kullanışlı hale gelmesin. Yazar gibi şu sonuca varırsınız: "Doğrusu, insanların çoğu, mümkün olduğunca az düşünce sarf ederek yaşamlarını idame etmeyi amaçlıyormuş gibi görünüyor." Şimdi, öğrencilik anılarımızı yoklasak, sınıf arkadaşlarımızın arasında kaç çalışkan sayabiliriz ki? Hemen hepsi de sınavı geçmek için gerekli asgari çabayı göstermiyor muydu? Zaten liseden itibaren kişisel çaba, düşünme çabası, onlara o kadar zor gelir ki! Onlar, her ülkede, hafızalarını azıcık çalıştırarak sınavlardan pek güzel sıyrılırlar! Hem çok yüksek idealleri de yoktur. Tek istedikleri, Bay Maneuvrier'nin ülkemizle ilgili olarak çok güzel ifade ettiği gibi, "insanın bir deri sumen üzerinde her gün yaşlandığı, neredeyse kısır bir uğraşın anlamsız hiçliğinde, çöküşe ve yetilerinin giderek uyuşmasına tanıklık ettiği, ancak buna karşılık düşünmekten, istemek ve eylemekten bağışık olmanın tarifsiz zevkine vardığı, maaşı düşük, itibarı az, geleceksiz, ufuksuz bir memuriyet. Bir vesayet düzeni, [...] yaptığı her şeye bir saatin düzenli deviniminin damgasını vuruyor, onu hareket etmenin ve yaşamanın yorucu kıvancından muaf tutuyor."[2]

Yalnızca memur kesimini de suçlamayalım. Ne kadar yüksek olursa olsun hiçbir iş, hiçbir meslek, kişiliği, zindeliği ve enerjiyi korumaya asla yetmez. İlk yıllarda zihin onda kendisini faal biçimde çalıştıracak bir şeyler bulabilir. Ancak kısa bir süre sonra yeni kombinasyonların sayısı, düşünme ve araştırma çabası gerektiren durumların olasılığı ve

---
1 Herbert Spencer, *Introduction à la Science sociale*, s. 327, 328, Alcan.
2 Édouard Maneuvrier, *L'Éducation de la bourgeoisie*, 3. baskı, Leopold Cerf, 1888.

miktarı azalır. Görünürde sağlam bir zihinsel çaba gerektiren en yüce görevlerin ifası tamamen alışkanlığa dönüşür. Avukat, sulh yargıcı, doktor, profesör, zamanında edindikleri, çok yavaş ve çok seyrek artış gösteren birikimlerini kullanırlar. Çabaları yıldan yıla azalır, yüksek zihinsel melekelerini devreye sokma fırsatları yıldan yıla tükenir. Sonrasında tekerin gideceği yol artık bellidir, idmansızlıktan zekâ körelir, onunla birlikte muhakeme ve düşünme gücü ve dikkat de körelir. Mesleğin yanı sıra entelektüel uğraşlarda bir düzen yaratmazsak, enerjimizin gitgide uyuşmasından kendimizi sıyıramayız.

Ama kitabımız özellikle öğrencilere ve fikir işçilerine seslendiğinden, "yenilmesi gereken kötülüğün" onlarda görülen biçimlerini yakından değerlendirmek gerekir.

Öğrencilerde en vahim hastalık türü, her genç insanın davranışlarında kendini gösteren cansızlıktır: "ruhsuzluk".[1] Fazladan birkaç saat uyur; uyuşuk, gevşek ve miskin bir halde kalkar; esneyerek ağır ağır elini yüzünü yıkar ve bunlarla çok vakit kaybeder. Kendini "keyifsiz" hisseder, canı hiçbir iş yapmak istemez. Her şeyi "şevksiz, sıkılarak, yayarak" yapar. Tembelliği yüzüne bile yansır: Suratından isteksizlik okunur; ruh hali belirsizdir, aynı zamanda hem laçka hem de kaygılı görünür. Hareketlerinde ne canlılık ne kesinlik vardır. Kaybolup giden sabahın ardından öğle yemeğine çıkar, kafeye gider, gazeteleri ilanlara varana dek okur, çünkü bu onu çaba istemeksizin oyalar. Öğleden sonra biraz dinçleşir, fakat bu dinçliği çene çalmayla, kısır tartışmalarla ve özellikle insanları çekiştirmekle (çünkü tüm tembeller aynı

---

[1] Fénelon, *Éducation des filles*, XI. Bölüm.

zamanda kıskançtır) harcar: Siyasetçiler, edebiyatçılar, hocalar, hepsi eleştirilerden payını alır. Bu bahtsız kişi akşamları yatağına bir önceki günden biraz daha sıkkın girer, zira çalışmaya yansıttığı bu cansızlığı çoğu zaman eğlenceye de taşır: Hiçbir sevinç kolay elde edilmez çünkü mutluluk da biraz çaba gerektirir. Okunacak bir kitap, görülecek bir müze, ormanda bir yürüyüş, bunlar inisiyatif gerektiren keyifler, etkin hazlardır. Diğer yandan, bir tek etkin hazlar mühim olduğundan ve süresiz, istenildiği kadar yenilenebildiğinden, tembel kişi kendini olabilecek en boş hayata hapseder. Tembeller, zevklerin parmaklarının arasından kayıp gitmesine izin verirler. Aziz Hieronymus hoş bir şekilde onları, gravürlerde görülen, kılıçlarını hiç saplamaksızın havada tutan askerlere benzetir.

Kişinin özünde bulunan tembellik, ara sıra yaşanan enerji patlamalarına kesinlikle engel değildir. Uygar olmayan halkların iğrendiği şey zorlu çabalar değildir: Sadece düzenli, sürekli bir çalışmadır ki son kertede bu çok daha fazla enerji tüketir. Harcanan enerji az ama devamlı olduğundan, çok daha büyük enerji sarfiyatı gerektirse de uzun dinlenme araları verilen işlerden daha yıpratıcıdır. Tembel kişi, peşinden uzun hareketsizlik dönemlerinin geldiği anlık şiddetli çabalar isteyen savaşlara pek güzel katlanır. Araplar büyük bir imparatorluk fethettiler. Ancak bir ülkenin yönetimini teşkilatlandıran, yollar yapan, okulları ve işletmeleri kuran çabalarda devamlılık gösteremediklerinden o imparatorluğu ellerinde tutamadılar. Aynı şekilde, sınavların yaklaşmasıyla adeta kamçılanan tembel öğrencilerin neredeyse hepsi "canını dişine takabilir". Onların sevmediği şey, aylar hatta yıllar boyu, her gün tekrarlanan orta karar çabalardır.

Orta karar ama sürekli çabada gerçek ve verimli enerji öyle çoktur ki bunun dışında kalan her çalışma *tembel işi* sayılabilir. Sürekli çalışmanın, gidilen yönde süreklilik demek olduğunu söylemeye bile gerek yok. Çünkü irade enerjisi kendini çok çabalayarak değil, tüm zihinsel güçleri aynı amaca yönelterek gösterir. İşte gerçekten çok sık görülen bir tembellik türü: Genç adam canlı, neşeli, çeviktir. Bir şeyler yapmadan duramaz. Gün içinde jeoloji hakkında yazılmış birkaç inceleme, Brunetière'in[1] Racine üzerine bir makalesini okumuş, bazı gazeteleri gözden geçirip bazı notları yeniden okumuş, bir tezin planını çıkarmış, İngilizceden birkaç sayfa tercüme yapmıştır. Bir an olsun hareketsiz kalmamıştır. Sınıf arkadaşları onun çalışma dirayetine ve uğraşlarının çeşitliliğine hayrandır. Ancak bizler tembel diyerek bu genç adamın emeğine gölge düşürmek durumundayız. Psikoloğa göre, bu kadar çok uğraşı ancak, bir ölçü zengin ama henüz *istemli* bir ilgi haline gelmemiş *spontane* bir dikkate işaret eder. Bu sözüm ona çalışma gücü sadece büyük bir irade zayıflığını gösterir. Bu öğrenci bize çok sık görülen bir tembellik türü sunmaktadır ki biz buna *dağınık tip* diyeceğiz. Bu "zihin gezintisi"[2] kesinlikle hoştur fakat sadece bir eğlence gezisidir. Nicole, amaçsızca bir oraya bir buraya konarak çalışanlara "sinek ruhlular,"[3] der. Bunlar, Fénelon'un[4] o

---

1 Ferdinand Brunetière (1849-1906): Fransız yazar ve eleştirmen. Hiçbir akademik geçmişi olmamasına karşın 1886'da École normale'de Fransız Dili ve Edebiyatı hocalığına getirildi. Sorbonne Üniversitesi'nde konferanslar verdi. 1893'te Akademi üyesi seçildi.
Jean Racine (1639-1699): Fransız şair ve oyun yazarı. Oyunlarıyla Fransız edebiyatında klasik trajedinin öncüsü kabul edilir. (ed.n.)
2 Leibniz, *Theodicée*, § 56.
3 Pierre Nicole, *Du danger des entretiens*, L.
4 *Éducation des filles*, V. Bölüm.

güzel imgesini anımsarsak, "rüzgârlı yerde yakılmış mum" gibidir.

Çabaların böyle saçılmasının en büyük sakıncası, hiçbir izlenimin tamamlanmasına zaman tanımamasıdır. Diyebiliriz ki, zihin emeğini yöneten mutlak yasaya göre, birkaç geceliğine otele uğramış misafirler misali içimize yerleştirmekle kaldığımız fikir ve duygular aslında bize yabancıdır, öyle de kalacaklardır; kısa zamanda onları unuturuz. Gerçek zihin emeğinin tüm çabaların aynı doğrultuda yönlendirilmesi anlamına geldiğini bir sonraki bölümde göreceğiz.

Gerçek çabadan, yani tüm özel çabaların belli bir amaç doğrultusunda eşgüdümünden duyulan bu nefret, ondan aşağı kalmayan kişisel çaba nefretiyle daha da karmaşıklaşır. Aslına bakılırsa, bir eser yaratmak, buluş yapmak, özgün bir yeteneği olmak başka şeydir, başkalarının yaptıklarını hafızada saklamak başka şey. Zaten kişisel çaba öylesine zahmetlidir ki zorunlu olarak eşgüdüm gerektirir. Zihin emeğinin iki üstün biçimi, tüm üretim çalışmalarında ayrılmaz bir bütün oluşturur. Gelecekte "yönetici sınıfı" oluşturacak öğrencilerden çoğunun bu emekten hiç hoşlanmadığı da saptanabilir. Örneğin, felsefe sınıflarındaki öğrenciler, final sınavı heyecanına kapılan iyi öğrencilerdir. Çalışkan ve genelde yaptıkları işte özenlidirler. Ne yazık ki hiç kafa yormazlar. Bu zihinsel tembellik, salt sözcüklerle düşünme eğilimiyle kendini gösterir. Aynı şekilde, psikoloji okurken bile, doğdukları andan itibaren her gün, Jourdain'in[1] bilmeden

---

[1] Bir işte bilmeden, tesadüfen, planlamadan başarılı olmak anlamına gelen Fransızca deyim: 18. yüzyılın sonlarında Molière'in *Kibarlık Budalası* adlı oyununda, kibar olmayı kafasına koymuş Bay Jourdain'ın sözleri (2. Perde, VI. Sahne): "Bu konuda hiçbir şey bilmeden kırk yıldır nesir konuşurmuşum..." (ç.n.)

nesir yazması gibi, kendiliklerinden uygulamalı psikolojiyle uğraştıklarından haberdar olmaz; kendilerini incelemenin, kitaplarında geçen örnekleri hatırlamak yerine hayatlarından örnekler bulmanın çok daha basit olacağını akıl edemezler. Ama hayır, onların *aramaktan* çok *öğrenmeye* karşı dayanılmaz bir eğilimleri vardır. Azıcık kişisel çaba gösterecek yerde hafızalarına aşırı yüklenmekten hiç gocunmazlar. Her yerde pasiftirler, seçkin öğrencilerin çok küçük bir bölümü hariç bu böyledir, tabii ki istisnaları vardır.

Üç ayda bir birincilik için düzenlenen yarışmalar bize kişisel çaba konusundaki yetersizliğin deneysel kanıtını sunar. Öğrencilerin çoğu bu uygulamadan feci korkar. Oysa kendi başlarına bir şeyler bulmaları gerekmeyen ve çoğunlukla derslerde verilen malzemeyi yeni bir plana göre yeniden dağıtmaları –sunumlarına, okuyacak kişinin talep ettiği berraklığı ve *lucidus ordo*'yu[1] kazandırmaları– istenen bir konuda bir şeyler oluşturmak zorunda olmak, açıkçası onların hiç hoşlanmadıkları bir uygulamadır.

Kişisel emekten duyulan bu korku hiç şüphesiz öğrencinin kendisiyle birlikte üniversiteye taşınacak, fakat orada da sıkıntı yaratmayacaktır; çünkü hiçbir sınav, adayın kim olduğuyla veya değeriyle ilgilenmez, sadece kişinin bellek durumunu ve bildiklerinin seviyesini ölçer. Her bilinçli öğrenci, düşündüğünde, tıp, hukuk, doğa bilimleri veya tarih okurken geçen bir yıl içinde, belleğini çalıştırmak haricinde gösterdiği toplam çabanın ne kadar az olduğunu kendine itiraf edecektir.

---

1 Lat. Mantıklı, açık bir düzenleme. (ç.n.)

Bilim insanları arasında bile tembelliğin alabileceği incelikli biçimleri izlemek ilginç olmaz mıydı? Tabii ki, büyük emekler verip türlü zahmetlere girmek tembel olmamak değildir, çünkü bu noktada nicelik kesinlikle niteliğin yerini tutmaz. Hatta emeğin niceliği genelde niteliğine zarar verir. Örneğin Alman akademisyenler bizimle dalga geçip eğlenir: Masaldaki kedi gibi, ateşte kızarmakta olan kestaneleri oradan çekip alırlar.[1] Aslında karşılaştırma adil görünüyor. Kedi özünde bilgeliğin sembolüdür.

> ... Raton pençesiyle
> Usulca,
> Külü eşeler azıcık, çeker alır parmaklarıyla;
> Birkaç kerede taşır onları sonra,
> Bir kestane çeker, hırsızlıkla sonra iki ve üç...

Aslında bu bir bırakılıp bir geri dönülen bir iştir. Durmadan metinlerle desteklenen bir zihnin yaratıcılıkla alakası kalmaz ve kavrayış keskinliğini kaybetse bile verimli bir şekilde çalışabilir. Bu noktada, Renan'ın katıksız ilim içeren bilimler hakkındaki öngörülerini zaman doğrulayacaktır.[2]

---

[1] Kestaneleri ateşten çıkarmak La Fontaine'in "Maymun ile Kedi" adlı masalında geçen, deyim haline gelmiş bir bölümdür: Maymun Bertrand, Raton adlı kediciği kendisi için ateşten kestane çıkarmaya teşvik eder. Bu deyim, hassas bir durumdan çıkar sağlamak değil de başkalarının yararına tehlikelere maruz kalmak anlamına gelir. (ç.n.)

[2] Ernest Renan (1823-1892): Sami dilleri ve karşılaştırmalı dinler tarihi üzerine çalışmaları bulunan Fransız Şarkiyatçı. 1852'de Paris'te Bibliothèque Nationale'in Şarkiyat bölümünde yazmalardan sorumlu müdür yardımcısı oldu. İbn Rüşd üzerine doktora tezi yazdı. 1848'de yazdığı ama ancak ölümünden iki yıl önce (1890) basılan *L'avenir de la science* (Bilimin Geleceği) adlı eserinde, gelişmiş toplumlarda dinin bilimin gölgesinde kalacağını ve "tüm ebedi insani sorunları ancak bilimin çözebileceğini" savundu. (ed.n.)

Bu bilimlerin geleceği yoktur. Sonuçları fazlasıyla güvenilmez, fazlasıyla tartışmalıdır. Üstelik Ulusal Kütüphane'ye gazeteler ve dergiler hariç her yıl yirmi bin cilt yığıldığı düşünülürse elli yıla kalmadan bir milyon yeni cildimiz olacak. Bir milyon cilt! Bir cildin ortalama kalınlığını iki santim kabul etsek, Mont Blanc tepesinin dört katı yüksekliğinde bir yığın eder. Tarihin, nedenleri ve sonuçları bakımından daima çok farazi olan büyük toplumsal olgulara bağlı kalmak için gitgide özel adlardan kurtulacağı ve koskocaman bir evrak yığınının öldürdüğü katıksız ilmin, düşünen zihinlerin nezdinde tüm otoritesini kaybedeceği aşikâr değil midir? Birikime artık çalışma gözüyle bakmaz olacağız. Bir an gelecek, bu angaryaları artık gerçek adıyla, yani *angarya* olarak anacağız. *Çalışma* adı, uygulamaya, yararsız detayların elenmesine, yüksek düşünce çabasının ürettiği derişime hasredilecek. Yaratmak ise gerçekte esas, baskın silueti aramak ve onu gün ışığına çıkarmak demektir. "Tali", yararsız detaylar gerçeği sadece tahrif eder ve alışkın bir göz bu detaylara bakınca, zihinsel enerji patlamalarında, içimizde bulunan önüne geçilemez tembelliğin derinliklerinden gelen sızıntıları hemen fark eder.

Ne yazık ki bütün eğitim sistemimizin bu en temel zihinsel tembelliği daha da kötüleştirme eğiliminde olduğunu söyleyebiliriz. Ortaöğretim programları sanki her öğrenciyi *dağınık* biri haline getirmeyi amaçlar. Bu talihsiz ergenleri her şeye şöyle bir dokunmaya zorlar, sindirilecek belgelerin çeşitliliğiyle, hiçbir şeyi derinlemesine kavramalarına izin vermezler. Mevcut ortaöğretim sisteminin bütünüyle saçma olduğunu genç bir insan nasıl düşünsün ki? Oysa eğitim öğrencinin içindeki tüm girişim ruhunu ve geçici

bir heves de olsa çalışma sadakatini öldürme eğilimindedir. Birkaç yıl öncesine kadar orduda ağır silah gücü azdı: Bugün on kat arttırıldı. Niye? Çünkü havan topu mermisi bir engele çarptığında patlardı ama fazla zarar vermeden patlardı. Bugün obüs, özel bir *ateşleyicinin* icadı sayesinde, vurduktan sonra birkaç saniye daha yol alır: Derinlemesine nüfuz eder; orada, yüzeyin tam kalbinde, her tarafla sıkı temas halindeyken patlar, her şeyi ezer, havaya uçurur. Halihazırdaki eğitimimizde zihinlere kendi ateşleyicilerini eklemeyi unuttuk. Edinilen bilgilerin derinlere işlemesine asla izin vermiyoruz. Durmak mı istiyorsun? Yürü! Yürü!
– Ama ben iyi anlamadım, bunu okumak ben de yeni yeni bir şeyler canlandırıyor... – Yürü! Yürü! Yeni *Serseri Yahudi*,[1] durup dinlenmeden ilerlemelisin; matematik, fizik, kimya, zooloji, botanik, jeoloji, tüm halkların tarihi, dünyanın beş bucağının coğrafyası, iki yaşayan dil, birkaç edebiyat, psikoloji, mantık, ahlak, metafizik, sistemler tarihi... Yürü, vasatlığa doğru yürü. Her şeyi yüzeysel olarak görme, görünüşe göre yargılama alışkanlığını lise ya da *gymnase*'da[2] edin!

Bu hızlı yarış üniversitede de hiç yavaşlamayacak, hatta öğrencilerin çoğu için daha da hızlanacak.

İçsel yaşantımızı hiçe indirgemeye teşne modern yaşam koşullarını da buna ekleyince, zihin dağınıklığı, aşılması zor bir seviyeye ulaşıyor. İletişimin kolaylaşması, seyahatlerin sıklığı, deniz ve dağ yolculukları düşüncelerimizi dağıtıyor.

---

1 Fr. *Juif Errant*. Kökleri Ortaçağ Avrupası'na dayanan ve 16. yüzyıldan itibaren popülerlik kazanan, sürgit seyahat etmeye mahkûm düşsel bir karakter. Gündelik konuşma dilinde, sık sık ev değiştiren, devamlı seyahat eden, bir yerde sürekli duramayan kişileri nitelemek için kullanılır. (ç.n.)
2 Yükseköğretime hazırlayan ikinci derece ortaöğretim kurumu. (ç.n.)

Artık okumaya vaktimiz yok. Hem telaşlı hem de boş bir hayat yaşıyoruz. Gazete, gazetenin zihinde uyandırdığı yapay heyecan, dünyanın dört bir yanından gelen sıradan malumatın arasında dolaşmanın hafifliği, çoğu kişi için kitap okumayı tatsız hale getiriyor.

Eğitimde hiçbir şey bizi böyle bir direnişe hazırlamamışken, ortamın yol açtığı zihin dağınıklığına direnmek nasıl mümkün? Yapılacak en önemli şey olan irade terbiyesine yönelik hiçbir yerde doğrudan bilinçli bir girişimde bulunulmadığını düşünmek üzücü değil mi? Bu uğurda yaptığımız her şeyi başka bir şey uğruna yaparız: Yalnızca zekâmızı dayayıp döşemekle ilgileniriz, irademizi ise ancak zihinsel emek için gerektiği kadar eğitiriz. Eğitiriz mi dedim? Laf! Harekete geçiririz, hepsi bu. Anı düşünürüz ancak. Bugün her şeyde bir baskı ve teşvik aygıtı işliyor: bir yanda efendinin suçlaması, arkadaşların alayları, cezalar, diğer yanda ödüller, övgüler. En tembellerin bile kazanmayı başardığı bir hukuk lisansı ya da tıp doktorası sınavı yarın için uzak, belirsiz bir görüntü sadece. İrade terbiyesi rastgele yapılıyor: Peki ama insanı insan yapan enerji değil mi? En parlak zekânın sağladığı ödüller onsuz kısır kalmaz mı? İnsanların yaptığı büyük, güzel her şeyin olmazsa olmaz aracı bu enerji değil mi?

Tuhaf! Şu anda burada söylediğimizi aslında herkes içinden söylüyor. Herkes bu aşırı kızıştırılan zihin kültürü ile istenç zayıflığı arasındaki orantısızlıktan mustarip. Yine de irade terbiyesini geliştirmenin yolları üzerine herhangi bir kitap henüz çıkmış değil. Ustalarımızın taslağını oluşturmadığı bu işin altından kendi başımıza nasıl kalkacağımızı da bilmiyoruz. Çalışkan olmayanlardan rastgele on öğrenciyi sorgulayın; size özetle şunları itiraf edeceklerdir: Eskiden lisede hocamız her gün hatta her saat için yerine getirmemiz gereken ödevleri belirlerdi. Bu ödevleri yerine getirme talimatı açık ve netti: Tarih dersi için falanca başlığı, geometriden şu teoremi çalışmalıydık, şu ödevi yapmalı, şu bölümü tercüme etmeliydik. Üstelik ya desteklenip yüreklendiriliyor ya da azar işitiyorduk; herkes azimle ve dirayetle birbirinden daha iyi yapmaya çabalıyordu. Bugün artık böyle bir şey yok. Belirlenmiş kesin hiçbir görev yok. Vaktimizi dilediğimiz gibi kullanıyoruz. Neyi nasıl yapacağımız konusunda inisiyatif hiçbir zaman bizde olmadığı, zaten bize zayıf yönlerimize uygun hiçbir yöntem de gösterilmediği için, önce yüzme öğretilip ardından eli kolu kayışla bağlı, çırılçıplak denize atılmış insanlar gibiyiz. Söylemeye gerek yok, boğuluyoruz. Ne çalışmayı ne istemeyi biliyoruz; dahası, irademizin eğitimini kendi başımıza yapmak için gerekli araçlar üzerine nasıl bilgi edineceğimizi de bilmiyoruz. Bu konuda hiçbir pratik kitap yok. Bu yüzden kadere boyun eğiyor, pes edeceğimizi düşünmemeye çalışıyoruz. Bu çok acı verici. Sonra gelsin kafeler, birahaneler ve nispeten neşeli arkadaşlar. Zaman bir şekilde geçiyor...

İşte biz de pek çok gencin bulamamaktan yakındığı bu kitabı yazmaya çalışıyoruz.

İKİNCİ BÖLÜM

GÜDÜLECEK AMAÇ

Eğitim programları, çocukların ve gençlerin özlem ve arzularını ihmal etse de değerimizin sadece enerjimiz kadar olduğunu, güçsüz birine hiçbir açıdan güvenilemeyeceğini hissederiz. Öte yandan, yaptığımız işin, irademizin gücünü yaklaşık olarak yansıttığını bildiğimizden, bu noktada kendimizi ön plana çıkarmaktan çekinmeyiz. Yaptığımız işi abartırız. Kimse sözümüzün doğruluğunu kontrol etmeye kalkarak bize hakaret etmeyeceğinden, sabah dörtte kalktığımızı iddia etmenin herhangi bir mahsuru yoktur. İşte "cengâver"[1] kesilen bu kişiye, sabah saat sekizde uğrayıp da onu yatakta bulursanız, ona yaptığınız seyrek ziyaretlerin hepsinin, nasılsa hep şanssız bir güne denk geldiğini hemen fark eder, sabahın dördünde işe koyulmamış olmasının nedeninin, önceki akşam gidilen tiyatro ya da çıkılan yemek olduğunu anlarsınız. Bu arada, bu çılgın çalışkan, sınavlarından çakmıştır.

---

[1] Fr. *foudre de travail*. Muharebe meydanında düşmanlarına kök söktüren korkunç savaşçı anlamındaki "foudre de guerre" kelimesiyle yapılan bir söz oyunu. (ed.n.)

Öğrenciler arasında yalanın bu kadar yaygın olduğu başka bir konu yoktur.

Daha da ötesi, gençler arasında kendini kandırmayan ve gerek yaptığı iş gerek çaba gösterme yeteneği hakkında abartılı bir yanılsama içinde olmayan tek bir tanesi yoktur. Peki bu yalanlar, insanın değerinin ancak enerjisi kadar olduğu gerçeğine bağlılık göstergesi değildir de nedir?

Başkalarının ağzından irademize dair çıkacak her şüphe ifadesi bizleri acımasızca yaralar.

Emek gücümüzün yadsınması zayıflık ve korkaklıkla suçlanmak değil midir? Çaba gösterme kararlılığından yoksun olduğumuza inanıp da serbest addedilen iş alanlarına doluşan insanların çoğundaki entelektüel yoksulluğu aşmaya çalışmaktan mecburen vazgeçersek, kendimizi onulmaz derecede vasat bir insan yerine koymaz mıyız?

Emeğe gösterilen bu saygı, öğrencilerin hepsinde bir enerji arzusu olduğunu kanıtlıyor. Bizim kitabımızın da tek arayışı, hevesleri peşinde daldan dala atlayan bir gencin, içindeki çalışma arzusunu önce sağlam, ateşli, kalıcı bir azme; sonunda da yenilmez alışkanlıklara dönüştürmek üzere güçlendirmek için uygulayacağı yöntemleri araştırmaktadır.

Zihin emeği derken, ya doğa incelemesi adıyla başkalarının yapıtlarını ya da kişisel üretimi anlamalıyız. Üretime dayalı emek, önce araştırmayı gerektirir ve her türlü entelektüel çabayı kapsar. İlk durumda emeğin gereci tam anlamıyla dikkatken, ikincisinde ise tefekkür ya da kendine yoğunlaşmaktır. Ancak her iki durumda da özetle söz konusu olan dikkattir. Çalışmak da dikkatli olmaktır. Ne yazık ki dikkat istikrarlı, sabit, kalıcı bir durum değildir. Sürekli gerili bir yay gibi olması beklenemez. Daha ziyade, birbirini az çok hızlı bir şekilde takip eden, az çok yoğun gerilimlerden ve tekrar eden çok sayıda çabadan oluşur. Canlı ve sınanmış bir dikkat söz konusuysa, bu çabalar birbirini o kadar yakından takip eder ki süreklilik izlenimi verir ve görülen bu süreklilik her gün birkaç saat sürebilir.

Dolayısıyla ulaşılmaya çalışılacak amaç, yoğun ve azimli dikkat için çaba harcamaktır. Kendi üzerimizdeki gücümüzü geliştirmenin yaratabileceği en güzel sonuçlardan biri, kuşkusuz, çabaların her gün tekrarlanmasının cesaretle kabulüdür; anlayacağınız, öğrenciler için hayli zahmetli bir iş. Çünkü içlerindeki ateşli, coşkulu gençlik, hayvani yaşamı; zihin emekçilerinin sürdüğü, tabiatlarına aykırı, renksiz ve görünüşte soğuk yaşama üstün tutma eğilimindedir.

Ancak yoğun ve azimli çabalar hiç yeterli olmaz; anarşik ve dağınık olabilirler. Tam da bu nedenle tek bir hedefe yönlendirilmelidirler. Bir fikrin, bir duygunun, bizde yer edebilmesi ve doğallık kazanabilmesi için bazı bekleme, süreklilik ve yakınlık koşulları vardır. Etkinin yavaş ve kararlı bir biçimde ilerlemesiyle, söz konusu fikrin ve duygunun, ilişkilerinin çemberini genişletmeleri, değerleriyle kendilerini yavaş yavaş dayatmaları gerekir. Sanat yapıtlarının nasıl yaratıldığına bir bakın: Bir düşünce, sıklıkla da sağlam doğmuş bir gençlik düşüncesi, üstün yetenekli insanın içinde başta ürkek ve bulanık durur. Okuduğu bir şey, yaşadığı bir olay, zaten meşgul olan ya da bu tarz düşünceye aşina olmayan, ancak ne kadar verimli olduğunu anlamaksızın fikri kavrayan bir yazarın, geçerken savurduğu mutlu bir ifade; kuluçkadaki bu fikri, değerinin ve muhtemel rolünün bilincine vardırır. O günden itibaren bu fikir her şeyden beslenecektir. Seyahatler, sohbetler, çeşitli okumalar, ona midesini tıka basa doldurup güçleneceği, özümsenebilir öğeler sağlayacaktır. Goethe, zihninde Faust fikriyle, otuz yıl boyunca böyle gezdi durdu. Bu fikir, tüm bu zamanı filiz vermekle, büyümek, giderek daha derinlere kök salmakla ve bu şaheseri meydana getiren besleyici sıvıları deneyimden damıtmakla geçirdi.

Bu, neresinden bakarsak bakalım her önemli fikir için böyle olmalıdır. Fikir, yalnızca içimizden şöyle bir geçmekle kalmışsa geçersiz sayılır. Ona tekrar eden, sık, candan bir ihtimam gösterilmelidir. Fikir kendi başına yaşayabilir duruma gelmeden, bir organizasyon merkezi haline gelmezden önce, onu terk etmekten kaçınmalıyız. Fikir bilinçte uzun zaman tutulmalı, ona sık sık dönmeli: Böylece, çağrışım denen o gizemli mıknatıs gücüyle, doğurgan düşünceleri ve güçlü duyguları kendisine çekmek ve onları kendine dahil etmek için gerekli canlılığı kazanacaktır. Fikri ya da duyguyu organize etme çalışması, sakin ve sabırlı düşünme aracılığıyla, yavaşça yapılır. Bu gelişmeler, hayranlık duyulacak laboratuvar üretimi kristaller gibidir: Kesinlikle sakin bir sıvının içinde binlerce molekülün yavaşça ve düzgünce çökelmesini gerektirir. İşte her buluş böylece irade eseri olur. Newton, buluşu olan evrensel çekim yasasını, "onu hiç aklından çıkarmadığı için" kanıtladı. Dehanın "uzun bir sabır dönemi" olmasından hâlâ şüphe ediyorsanız Darwin'in itirafını dinleyin: "Düşünme ve okuma konusu olarak, bana sadece görmüş olduklarımı veya muhtemelen göreceklerimi doğrudan düşündürenleri seçerdim... Bilimde yaptığımı yapmamı sağlayanın bu disiplin olduğuna eminim." Oğlu ise "babasının bir konuyu yıllarca gözünün önünden ayırmama gücüne sahip olduğunu" eklemişti.[1]

Böyle sarih bir gerçek üzerinde ısrar etmenin ne anlamı var? Şöyle özetlesek yeter: Zihin emekçisi için güdülecek amaç, istemli dikkat enerjisidir. Bu da kendini sadece canlılıkla, çabaların sıklığıyla değil, aynı zamanda ve özellikle, tüm düşüncelerin çok açık bir biçimde tek bir hedefe yöneltilmesiyle ve istek, duygu ve fikirlerimizin, üzerinde çalıştığımız yönetici, hâkim, büyük fikre gerekli süre boyunca tabi tutulmasıyla gösterir. İnsan tembelliğinin bizi daima uzak tutacağı, ama en yüksek derecede gerçekleştirmek için çabalamamız gereken ideal budur.

Zayıf ve ikircikli bir arzuyu kalıcı bir iradeye dönüştürmenin araçlarını yakından incelemeden önce, birbirine zıt ve özdenetim açısından bir o kadar uğursuz iki felsefi teoriden kurtulmak önemli olacaktır.

---

[1] *Vie et correspondance de Darwin*, 2 cilt, çev. Varigny Reinwald, 1888, s. 69, 135.

ÜÇÜNCÜ BÖLÜM

İRADE TERBİYESİYLE İLGİLİ CESARET KIRICI VE
YANLIŞ KURAMLARIN REDDİ

§ I

Fikirlerin çatıştırılmaları, bir hazırlık çalışmasından öteye geçmemeli; yazar bu çalışmayı özenle yapmalı, ama kendisine saklamalıdır. Hiçbir şey salt olumsuzlama kadar etkisiz olamaz: Eleştirmek ikna etmeye yaramaz, yapıcı olmak gerekir.

Dolayısıyla, bizim kitabımız da tümüyle yapıcı bir nitelik taşıdığından ve daha sağlıklı, üstelik de psikolojinin en sarih sonuçlarıyla çok daha sağlam temelli bir öğreti sunduğundan, burada, öne sürülen düşünceler bakımından yanlış olduğu kadar pratik sonuçları itibariyle de acınası, çok bilinen iki teoriye cepheden saldıracağız.

Karakteri değişmez olarak gören teori, kendi içinde alabildiğine hatalı olduğu kadar, pratikte ayıplanacak bir teoridir.

Kant tarafından ortaya atılan, Schopenhauer tarafından da tekrarlanan bu varsayımı Spencer da desteklemiştir.

Kant'a göre, karakterimizi numenal[1] dünyada seçmişizdir ve bu seçim artık geri alınamaz. Zaman ve mekân dünyasına bir kez "inince", karakterimiz, ardından da irademiz, olduğu gibi kalır, onu azıcık olsun değiştiremeyiz.

Schopenhauer da farklı karakterlerin doğuştan ve değişmez olduğunu beyan eder. Örneğin bir egoistin iradesini belirleyen güdülerin *cinsi* değiştirilemez. Bencil bir insan eğitim yoluyla *kandırılabilir* ya da daha iyisi *fikirleri düzeltilebilir*; gönence ermenin kesin bir yolu varsa, bunun hilekârlık değil de çalışmak ve dürüstlük olduğunu anlaması sağlanabilir. Ancak iş onun ruhunu başkalarının acılarına duyarlı hale getirmeye geldiğinde vazgeçmek gerekir: Bu kesinlikle kurşunu altına çevirmekten bile daha imkânsızdır. "Bencil birinin bir küçük çıkardan vazgeçerek çok daha büyüğünü elde edebileceğini, kötü bir adamın başkalarının acı çekmesine neden olduğunda, kendisinin de çok daha kötüsüyle cezalandırılacağını anlamasını sağlayabiliriz. Ancak bencillik, kötü yüreklilik, kendi içlerinde çürütülemez; bunun, kedilere fareleri sevmenin yanlış olduğunu kanıtlamaktan farkı yoktur."[2]

Bu konuda Herbert Spencer, çok farklı bir açıdan da olsa İngiliz ekolüyle fikir birliğindedir: İnsan karakteri, dış güçlerin baskısıyla ve yaşam koşulları tarafından uzun vadede dönüştürülebilir; fakat bu işlem yüzyıllar gerektirir. Bu teori pratikte cesaret kırıcıdır; zira öğrenci olarak bırakın on

---

[1] Numen ya da *Ding an sich* yani "kendinde şey", Kant felsefesinde fenomenin ötesindeki bilinemez ve tanımlanamaz gerçeklik. (ç.n.)
[2] *Fondament de la morale*, çev. Burdeau, Alcan. s. 172.

yüzyıl yaşamamı, karakterimin ancak yirmi yıllık bir şekil alabilme süresi vardır. Ahlakımı düzeltmek için işe koyulmak istesem de yapamam. Atalarımdan miras kalan, binlerce, belki de milyonlarca yılın deneyimini temsil eden ve beynime organik olarak kaydedilen karakterimle mücadele edemem. Bana aktardıkları mirasın bir kısmından kurtulmak için, zayıf kişisel irademe karşı ittifak eden atalarımın bu müthiş koalisyonuna karşı bir şey yapmak istediğimde elden ne gelir? Başkaldırmayı denemek bile akıl kârı değildir: Yenilgi baştan bellidir. Bununla birlikte, elli bin yıl içinde torunlarımın, sosyal ortamın ve kalıtımın doğal mecrasında işlemesiyle, yüzyıllar içinde geliştirilip mükemmelleşmiş makineler gibi, adanmışlık, girişimcilik ruhu ve benzeri vasıflar kazanacaklarını düşleyerek avunabilirim.

Her ne kadar şu karakter meselesi böyle düşünüldüğünde konumuzun çerçevesini aşsa da onu bütünlük içinde ve rakiplerimize göre en güçlü olduğu konumda incelemeyi tercih ediyoruz.

Az önce anlattığımız teoriler bize en büyük zekâların, tıpkı ilk günah gibi, silinmez ruh tembelliğinin harika bir örneği gibi geliyor: *dilin* söylediğine uysalca boyun eğdiren bir ruh tembelliği. Hepimiz sözcüklerle düşünmeye o kadar çok alıştık ki sözcük, imlediği gerçeği bizden saklar. Sözcük biricik olduğundan, şeylerin de gerçekte biricik olduğuna inanmaya çokça meylederiz. Karakterin değişmez olduğuna ilişkin tembel teoriyi, "karakter" sözcüğünün yol açtığı bu düşünceye borçluyuz. *Karakterin salt bir sonuç*, sürekli değişmekte olan güçlerin bir sonucu olduğunu gerçekten kim görmez?

Karakterimizin Avrupa'yla paralel bir birliği var: İttifaklar oyunu, bir devletin refahı ya da çürümesi, devamlı surette sonucu değiştirmekte. Bu, ebedi bir dönüşüm içinde olan ve öte yandan aralarında kurdukları ya da bozdukları ittifaklar yoluyla sonucun yoğunluğunu hatta doğasını bile değiştirebilen tutkularımız, hislerimiz, fikirlerimiz için de böyledir. Zaten bizim incelememiz de karakterde bir değişimin mümkün olduğunu kanıtlayacaktır.

Şimdi teoriyi destekleyen savların neler olduğunu incelersek, Kant'ta sadece *a priori* görüler buluruz. Kant, aşağıda göreceğimiz gibi kadercilikle determinizmi birbirine karıştırmamış olsaydı, özgürlüğün olanaklı olduğunu temellendirmek için gerekli gördüğü *a priori* görüler sistemden ölü bir dal gibi kopardı.

Derin bilgisini sayıp dökmeyi ve otoriteleri önümüze yığmayı sevdiği için Schopenhauer'da savdan çok "rahip" buluruz. Bu otoritelerin en küçük bir olgusal kanıt kadar değeri yoktur. Onda yalnızca şu savları buluruz: 1° Karakter tekâmül edebilir olsaydı, "insanlığın yaşlı yarısında, genç olan yarısından daha fazla erdem bulunmalıydı", ama öyle değil; 2° kendini bir kez bizlere kötü bir adam olarak sergileyen biri güvenimizi sonsuza dek kaybeder: Bu da hepimizin değişmeyen bir karaktere inandığını kanıtlamaktadır.

Bir an durup düşünen biri için bu tür savlar neyi kanıtlar? Bunlar birer sav mıdır ki? İsterse kabaca doğru olsun, bu iddialarda, hiçbir şeyin karakteri değiştiremeyeceğini kanıtlayan nedir? Bunlar ancak, bu dünyadan gelip geçmiş insanların büyük çoğunluğunun, karakterlerini yenileme yönünde asla ciddi bir girişimde bulunmadığını gösterir (bundan kime ne!). Bu savlar, eğilimlerin iradenin müdahalesi olmadan hayattaki hemen her işi hallettiğini söyler. İnsanların çoğu dış görünümlerce yönetiliyor: Biz, nasıl ki dünyayla birlikte güneşin etrafında dönmeyi reddetmeyi aklımıza getirmiyorsak, onlar da direnmeyi hiç akıllarına getirmeden modayı, kanaatleri takip ediyorlar. Tembelliğin neredeyse evrensel olduğunu biz mi yadsıyacağız? Çoğu insan, ömrünü, geçinebileceği bir şeyler arayarak geçirir. İşçiler, yoksullar, kadınlar, çocuklar, sosyeteden kimseler pek düşünmezler: Onlar "kukladır",[1] biraz karmaşık ve kesinlikle bilinçli kuklalardır ve tüm hareketleri, kaynaklarını istemsiz arzular ve yabancı telkinler bölgesinden alır. Yavaş bir evrimle hayvanlıktan çıkar çıkmaz, yaşam mücadelesinin gaddar gereklerinin baskısı altında, dış koşullar onları dürtüklemekten vazgeçtiği anda, çoğu irtifa kaybetme eğilimine girer. Bir idealin ateşli susuzluğu ve belli bir ruh soyluluğu, hayvanlıktan giderek kurtulmak üzere üstlenilen zahmetli görevi sürdürmek için onlara iç saikler vermediğinde, giderek rotadan ayrılır, sürüklenirler. Yani, erdemli yaşlıların sayısının erdemli gençlerin sayısını hiç de geçmediğini ve tescilli bir alçağa güvenmemeye hakkımız olduğunu belirtmekte hiçbir şaşırtıcı yan yoktur.

Tek geçerli sav, tüm mücadelenin faydasız olduğunu ve bir bencilin istese de asla büyük fedakârlıklar yapamayacağını kanıtlamamız olacaktır. Böylesi bir iddia incelenmeye değmez. Ödleklerin para kazanmak için ölümle yüz yüze geldiğini görüyoruz! Ölüm korkusunu alt edemeyecek tutku yoktur! Oysa egoistin sahip olduğu en büyük servet, elbette ki hayattır. Hiç mi geçici bir coşkuya kapılıp kendini vatanı ya da soylu bir dava uğruna feda etmiş bir bencil görmedik? Böyle geçici bir durum mümkün olduysa, o ünlü *operari sequitur esse*[2]

---

1 Port-Royal, *Logique*.
2 Varlık yoksa olası bir eylemin de olamayacağını açıklamak üzere kullanılan skolastik bir ifade: Eylem oluşu takip eder. Yazar burada var oluşun eyle-

nice haldedir? Yarım saatliğine bile olsa kökten dönüşen bir karakter değişmez bir karakter değildir ve bu gibi değişiklikleri giderek daha sık yinelemesi için umut vardır.

Schopenhauer, ilk düşüncesinden son düşüncesine, ilk duygusundan son duygusuna dek tümüyle tutarlı, örneğin ezelden ebede bencil karakterleri nerede görmüş? Muhtemelen insan doğası asla böyle basite indirgenmemiştir ve karakterin tek bir şey, homojen bir kütle olduğuna dair bu inanç, bir kez daha olabilecek en yüzeysel gözleme dayanmaktadır. Karakter, heterojen güçlerin bir sonucudur ve soyutlamalara değil de kanlı canlı insanların gözlemlerine dayanan bu iddia, Kant ile Schopenhauer'ın safdil teorilerini yerle bir etmek için yeterlidir. Spencer'a gelince, iyi eğilimlerin de kalıtsal olduğunu, kötü eğilimler kadar güçlü organize olduklarını ve atalarımızdan kalan güçten, *kendimize karşı* olan kadar *kendimiz için* olanını da maharetle edinebileceğimizi gözlemlemesini sağlamak yeterli olacaktır. Her durumda, bu, varlık yokluk değil, sadece bir eksik ya da bir fazla meselesidir ve ileriki sayfalar, bunu umarız fazlasıyla ortaya koyacaktır.

Şu değişmez karakter teorisini artık bırakalım, çünkü zaten iler tutar yanı yok. Onu Almanya'ya aşıladığı için Schopenhauer'a şükredelim: Bizlerin de göz korkutucu kuramcılarımız ve en başta da böyle büyük bir dimağdan beklenmeyecek bir dar görüşlülükle, kadercilik ile determinizmi birbirinden ayırt edemeyen ve Victor Cousin spiritüalizmine tepki olarak, işi neredeyse yaşamlarımızı irademizden bağımsız, erdemi de şeker veya un gibi bir ürün addetmeye

---

mekten önce gelmesi yönündeki kuralı tersine çeviriyor: Bir eylem, varlığı değiştirebilir. (ç.n.)

vardıran bir Taine'miz[1] olmasaydı, bu iş bize iki ordu birliğine mal olurdu. Hoyratlığıyla uzun süre zihinleri psikolojik determinizm çalışmalarına kapatan, yayımlandığında ve yıllar sonra da Bay Ribot'nun irade hastalıkları hakkındaki kitabını çarpıtan, safdil, çocuksu imge. Hele böyle hassas konularda, insanın sivri, beceriksiz bir arkadaşı olacağına bir sürü düşmanı olması daha iyidir doğrusu.

§ II

Şimdi bize, özdenetimin mümkün olduğunu savunan, ancak şu özgür kılma işini çok fazla kolay sandığından, en az kaderci teori kadar, hatta daha bile fazla umutsuzluk yaratan, çok havalı bir teoriyi yolumuzdan temizlemek kalıyor. Özgür irade teorisinden söz ediyoruz.

Ahlaki özgürlükle arasında illiyet bağı kurulmaya çalışılan özgür irade, ahlaki özgürlükle bir ilgisi olmadığı gibi, onunla taban tabana zıttır. Büyük sabır gerektiren, uzun, zorlu bir uğraş olan benliğin özgür kılınmasını, gençlere bir karara bakan kolay bir işmişçesine göstermek onları daha baştan yılgınlığa sevk edecektir. Antik çağın gözümüzde büyüyen irade sembolü insanlarıyla sekiz yıl boyunca sürekli yârenlik etmek genç bir insanın kalbini heyecanla

---

[1] Hippolyte Taine (1828-1893): 1870'te yayımlanan iki ciltlik *De l'intelligence* adlı çalışmasında, insan karakterinin incelenmesinde psikolojik temeli esas alan bilimsel bir yöntem önerir. İnsan anlayışı fazlasıyla determinist ve materyalist bulunarak eleştirilmiştir. (ed.n.)

doldurduğunda, zorluklarını hiç gizlemeden, ancak sabrederse zafere ulaşacağının güvencesini de vererek onu en büyük görevle karşı karşıya getirmek iyi olacaktır.

İnsan bir kararla kendi kendisinin efendisi olamaz. Fransa 1870'ten sonra öyle bir kararla bugünün güçlü Fransa'sı olmadı.[1] Vatanımız, yeniden ayağa kalkabilmek için yirmi yıl boyunca azimle zorlu çabalar sarf etti. Bizim ayağa kalkışımız da sabır ürünü olacaktır. Nasıl mı? Sonuçta, kırsala gidip dinlenmeye hak kazanmak için, insanların otuz yıl boyunca ağır bir meslekte çalıştıklarını görüyoruz. Özdenetim gibi büyük ve bir o kadar onurlu bir işe hiç mi zaman vermeyeceğiz! Değerimiz, yani ne olacağımız ve hayatta ne rol oynayacağımız ona bağlı. Onun sayesinde herkesin saygısını kazanacak, itibar göreceğiz. Bütün mutluluk kaynaklarını bize ardına kadar açacak (çünkü her derin mutluluğun kaynağı bizim düzenli etkinliğimizdir), fakat hiçbir yetişkin kalkıp da bu işin bir olurunu aramayacak! Ona yönelik o yapmacık küçümseme, kuşkusuz aslında hepimizin hissettiği gizli bir acıyı örter. İyi bir şey yapma arzusu ile istencinin zayıflığı arasındaki orantısızlığı içinde hissederken acı duymayan öğrenci var mıdır? "Özgürsünüz!" derdi öğretmenlerimiz. Bu ifadeyi yalancı bir umutsuzlukla duyumsardık. Kimse bize iradenin yavaşça ele geçirildiğini öğretmiyordu; onun nasıl ele geçirileceğini araştırmak kimsenin

---

[1] 19 Temmuz 1870'te başlayan Fransa-Prusya Savaşı, Fransa'nın Almanlar karşısında ağır yenilgi almasıyla sonuçlanır. III. Napoléon esir düşer, imparatorluk çöker ve yerine Üçüncü Cumhuriyet kurulur. Ancak çok geçmeden kuşatma altındaki Paris'te Komün isyanı patlar ve sonra kanlı bir biçimde bastırılır. 10 Mayıs 1871'de imzalanan Frankfurt Antlaşması ile Avrupa'daki güç dengesi değişerek Birinci Dünya Savaşı'nın zeminini hazırlar. (ed.n.)

aklına gelmiyordu. Kimse bizi bu mücadeleye alıştırmıyor, bize destek olmuyordu; biz de doğal bir tepkiyle öfkelenerek Taine'in ve kadercilerin çocuksu öğretilerini kabul ediyorduk. Çünkü onlar, en azından bizi teselli ediyor, bize mücadelenin gereksizliği karşısında tevekkül aşılıyorlardı. Tembelliğimize göz yuman bu öğretilerin yalanını fark etmemek için kendimizi sersemletip sessizce uçuruma bırakıyorduk. Ah! Tabii bu kaderci irade teorilerinin asıl nedeni, hem safdil hem de ölümcül olan özgür irade filozoflarının teorisiydi! Ahlaki özgürlük, tıpkı siyasal özgürlük ve bu dünyada değeri olan her şey gibi, büyük bir mücadele ve sürekli savunmayla elde edilmelidir. Güçlülerin, becerikliliklerin, azimlilerin ödülüdür. *Kimse, ona layık olmadığı sürece özgür değildir.* Özgürlük ne bir hak ne de bir olgudur, o bir ödül, en yüce, mutluluğu en bereketli ödüldür: Bir kır manzarası için güneş ışığı neyse, özgürlük de hayattaki tüm olaylarda odur. Ve onu elde edemeyenler, hayatın bütün derin ve kalıcı sevinçlerinden mahrum kalacaktır.

Gelin görün ki hiçbir mesele, hayati bir sorun olan özgürlük kadar karartılmamıştır. Bain,[1] bunu *metafiziğin paslı kilidi* olarak adlandırır. Özgürlükle özdenetimi, yani içimizde asil duyguların ve ahlaki fikirlerin hayvani dürtüler üzerinde kurduğu egemenliği kastettiğimiz açıktır. Özdenetimin kusursuz olduğu sanılmasın: Mağaralara sığınan vahşi atalarımızdan bu yana henüz bize miras bıraktıkları hırçınlıktan, bencillikten, kösnüllükten, tembellikten tamamen kurtulabileceğimiz kadar çok yüzyıl geçmedi. İnsan doğamızın

---

1 Alexander Bain (1818-1903): İskoç filozof, zihin üzerine yaptığı çalışmalarla psikolojinin gelişimine önemli katkılarda bulunmuştur. 1876'da çıkardığı *Mind* dergisi, psikoloji üzerine yayımlanan ilk süreli yayındır. (ed.n.)

hayvan doğamızla bu amansız mücadelesinden galibiyetle çıkan büyük azizler itirazsız, dingin zaferlerin sevincini tadamadılar.

Ancak ana hatlarıyla belirlediğimiz işin, azizliğe yükselme işi kadar zor olmadığı, çünkü kişinin kendi tembelliğine ve tutkularına karşı savaşmasının bir şey, bencilliği kendinden mutlak bir biçimde söküp atmasının ise bambaşka bir şey olduğu bir kez daha görülmeli.

Bu koşullara indirgendiğinde bile mücadele uzun soluklu ve zordur. Cahillerin ya da kendini beğenmişlerin üstesinden geleceği bir şey değildir. İzlenmesi gerekli koca bir taktik ve kabul edilmesi gereken uzun bir emek vardır. Psikoloji yasalarını tanımadan ya da o yasaları bilenlerin tavsiyelerine uymadan bu arenaya girmek, taşların nasıl ilerleyeceğini bilmeden antrenmanlı bir rakibi satrançta yenmeyi istemek gibidir. Ne var ki hayali bir özgür iradeyi savunanlar, "Hiçbir şey yaratamıyorsanız, iradi bir kararla, bir güdüye ya da dürtüye normalde sahip olmadığı bir güç veremiyorsanız, özgür değilsiniz," diyeceklerdir! – Ne demek efendim! Özgürüz ve başka türlü özgür olmak istemiyoruz: Sizlerin yaptığı gibi, bir güdüye basit bir istemle (?), bilimin bütün yasalarına aykırı, esrarengiz, tuhaf bir edimle güç verdiğimizi iddia etmek yerine; bu gücü ona, fikirlerin çağrışım yasasının akıllıca uygulanmasıyla verdiğimizi iddia ediyoruz. İnsan doğasına ancak ona itaat ederek hükmedebiliriz. Özgürlüğümüzün tek teminatı, aynı zamanda da özgürlüğümüze kavuşmamızın tek olası aracı, psikoloji yasalarıdır. Bizim için özgürlük ancak determinizm içinde vardır.

Burada tartışmanın tam da en can alıcı noktasına vardık. Bize şöyle diyorlar: "İrade, bu yönde hiçbir arzu olmaksızın,

sadece kendi bağımsız girişimiyle, güçlü dürtüler üzerinde kuvvet sahibi olmayan bir güdüye üstünlük tanırsa, arzunun önceden var olduğunu kabul etmiş olursunuz."[1] Öğrenciniz, çalışmak istemiyorsa, asla çalışmayacaktır. İşte dönüp yine akıbeti önceden takdir edilmiş bir şeye vardınız ve bu, Kalvinist alınyazısı doktrininden daha da zalim bir yazgı, çünkü cehenneme gideceği önceden belli olan Kalvinist bu bilgiden yoksundur ve cennet umudu onu asla terk etmez.
– Ama öğrenciniz, bilincini derinlemesine yoklayarak, arzu duymadığını, *kurtarıcı lütfa nail olmadığını*,[2] bu nedenle de tüm çabaların işe yaramaz olduğunu, tüm umutları kapıda bırakması gerektiğini bilebilir.

İşte mesele bütün açıklığıyla ortaya konuldu. Daha iyi bir şey için arzum olabilir de olmayabilir de. Böyle bir arzum yoksa, tüm çabalarım boşunadır ya da arzu bana bağlı olmadığından, lütuf canının istediği yere eser diyebilirim: İşte burada kadercilik çıkmazına sıkışmış oluyoruz, daha çok da değişmez yazgıya. Olsun; bunu kabul etmekle göründüğünden daha azını vermiş oluruz. İyi bir şey istemenin, ne kadar zayıf olursa olsun, bize yettiğine dikkat edin, çünkü uygun işleme araçlarını kullanarak o isteği geliştirebileceğimize inanıyoruz, onu güçlendireceğimizi ve sağlam, kalıcı bir kararlılığa dönüştüreceğimizi düşünüyoruz. – Ama ardından koştuğunuz bu istek, ne denli zayıf olursa olsun, size gerekli değil midir! Daha önce var olmamışsa, elinizden ne gelir ki!

---

[1] Dürtü: Canlıyı türlü tepkilere sürükleyebilen, kaynağı duygulanım olan içsel gerilim. Güdü: Kişinin bilinçli olarak davranışlarının dayanağı diye gösterdiği güç. (ed.n.)

[2] Kurtarıcı lütuf: Hristiyanlıkta tanrının ebedi kurtuluş için kullara sunduğu medet. Kalvinistler tanrının bunu sadece belirli sayıda kişiye önceden belirleyip sunduğunu savunurlar. (ed.n.)

– Bunu bütünüyle kabul ediyoruz: hatta sanırız, gönüllü iradeyle özgür olma yandaşları bile, hiçbir gelişim isteğine dayanmayan bir gelişim kararında güvenilecek bir şey olmadığını kabul edeceklerdir! Uzun vadeli bir işi istemeye istemeye yapmak, gerçekleştirmek istenilen şeyi sevmemek, tüm başarı şansını ortadan kaldırmaktır. Başarılı olmak için işini sevmek gerekir. – Ama yine bu sevgi, bu istek, öğrencinizde ya vardır ya da yoktur. Eğer onlara sahip değilse, işte o zaman onulmaz bir haldedir. – Böyle bir ikilem olduğunu söylemiştik. Evet, arzu gereklidir; özgürleşme arzusu olmazsa, özgürlük de yoktur! Ancak böyle bir duruma yazgılı olmanın acı verici etkileri, sadece bir insan grubuna bulaşır ki özgür iradenin en mutlak taraftarları bile onları kaderi önceden belirlenmiş talihsizler olarak kabul eder.

Gerçekten de bizim bu kaderi önceden belirlenmişler grubumuz zavallı akıl hastaları grubuyla örtüşür. Bunu ispatlayamasak da aleyhte vakalarla hiç karşılaşmadığımızdan, aklını yitirmemiş herhangi bir adama, "Bir vaizin şanlı kariyerini, düşkünleşmiş bir ayyaşın hayatına tercih eder miydin?" diye sorsak, bu adamın "Evet" diyeceğini kabul ediyoruz. Tabii ki bu sadece bir faraziye, bizim varsayımımız. Ama buna kim itiraz eder ki?

Bir dehanın ihtişamına, güzelliğe, ahlaki yüceliğe ilişkin herhangi bir duyarlılığı olmayan bir insan tanımış olan var mıdır? Böylesi yontulmamış biri bu dünyaya geldiyse, itiraf ederim ki böyle bir vaka ağzımı açık bırakır.

Şayet bu varsayımım doğru ise ki insan gibi insanların çoğu için öyledir, bu benim için yeterlidir; çünkü insan, bir Sokrates'in, bir Regulus'un, bir Vincent de Paul'ün yüceliğini, insan türünün en itici örneklerinin utanç verici bayağılığına biraz bile tercih etse, bu yeterlidir. Zira tercih etmek, sevgiye, isteğe işaret eder. Bu istek, sanırız, ne kadar kısa süreli de olsa, korunabilir, güçlendirilebilir. Geliştirdiğimizde büyüyecek ve psikolojik yasaların ustaca çekip çevirmesiyle değişime uğrayacak, erkekçe bir karara dönüşecektir. Karıncanın yemek diye yiyeceği bir tohumdan da ortaya aynı böyle, kasırgalara meydan okuyan güçlü bir meşe çıkar.

Sonuç olarak, bir yazgıya mahkûm olmakla, hiçbir şey bozulmuş olmuyor, çünkü bir grup ruh hastası dışında, *elindelik* (özgür irade) yandaşlarının bile gözden çıkardığı, belki birkaç düzineden fazla olmayan, bir grup alt edilemez kaba saba adam dışında, hepimiz önceden iyi davranmaya yazgılıyızdır. Bu nedenle, tekrar söyleyelim, ahlakın akıbetinin böyle riskli teorilere ve özgür irade kadar cesaret kırıcı fikirlere bağlanmasına gerek yoktur. *Ahlak sadece özgürlüğe ihtiyaç duyar ve bu çok farklıdır. Bu özgürlük yalnızca ve yalnızca belirlenimcilik yoluyla olanaklıdır.* Özgürlüğümüzü garantilemek için, düş gücümüzün gerçekleştirecek bir yaşam planı tasarlayacak kabiliyette olduğundan emin olmamız yeterlidir. Psikoloji yasalarını bilmemiz ve onları uygulamamız, bize değişiklikler yaparak, ittifaklar kurarak, seçtiğimiz planın üstünlüğünü sağlamamıza izin verirken, içimizdeki düşüncenin özgürleşmesinde en büyük güç olan zamanı da projelerimizin lehine çevirir.

Özgürlük anlayışımız, tembelliğimize özgür irade teorisi kadar çekici gelmeyebilir. Gelgelelim, onun ruhsal ve ahlaki doğamızın gerçekliğine uygun olma ve bizi "mutlak özgürlüğümüz" gibi kibirli bir ifadenin gülünçlüğünden uzak tutma avantajı vardır. "Mutlak özgürlük", içimizdeki düşmanlar için tastamam bir gerçeklik olan kullukla sürekli çelişir.

Bu çatışma sadece gözlemleyen psikolog için eğlenceli olmakla kalsaydı, sadece bir miktar zararlı olurdu; ama en iyi niyetlilerin bile cesaretini kırmakta hiç gecikmez. Üstelik bu özgür irade teorisinin, birçok parlak zekâyı, istencin koşulları üzerinde çalışmaktan uzaklaştırdığı da hiç şüphesizdir. Bu da onarılamaz bir kayıptır.[1]

Artık yol, iradenin doğası üzerine moda olan teorilerden temizlendiğine göre, konunun kalbine gidebilir ve irade psikolojisini yakından inceleyebiliriz.

---

[1] Bu kanaati edinmek için, irade konusunda Cousin ekolünde üretilmiş olan en sağlam psikolojik çalışmaların nasıl derin bir unutuşla yüz yüze geldiğini bilmek yeterli. Burada, söz etmek istediğimiz, hayranlık uyandıran *Tableau de l'activité volontaire pour servir à la science de l'éducation*, DEBS. Amiens, 1844, 196 sayfa -8 °'de (a).

Debs'in otuz dört yaşında öldüğünü sanıyoruz. Kitabının sayfalarında, yapıtın tarihi düşünüldüğünde, olağanüstü bir kavrayış var.

30. sayfa ve sonrasında, W. James tarafından yeniden üretilen, "iradenin terminolojiyi sadece zihinsel bir düzen içinde ilişkilendirdiğini" savunan teorinin çok net bir sunumunun olduğuna dikkati çekerim.

Böyle bir düzen içinde çalışma için bir yere varmaz tartışmalarla doğru yoldan o zamanlar moda konu olan özgür iradeye saptırılmasaydı Jouffroy, neler yapmazdı! Bu kaderci teori, yarım asır boyunca irade konusundaki araştırmaların önünü kesti.

(a) Bu çalışmanın duyuruluşunu, Nancy Üniversitesi Edebiyat Fakültesi profesörlerinden, İçsel söz (*parole intérieure*) adlı güzel kitabı ve muhakeme yeteneği üzerine son zamanlarda meydana getirdiği azametli bir çalışmayla bilim dünyasında tanınan M. Egger'in nazik iyiliğine borçluyum.

İKİNCİ KİTAP
İRADE PSİKOLOJİSİ

BİRİNCİ BÖLÜM

FİKİRLERİN İRADEDEKİ ROLÜNÜN ARAŞTIRILMASI

Psikolojik hayatımızın unsurları basit olsaydı, özdenetime giden yolda meydana getirdikleri tehlikeleri ve sundukları kaynakları araştırmaktan daha kolay bir şey olmazdı. Ancak bu unsurlar kendi aralarında, ayrıntılı bir analiz çalışmasını hassaslaştıran alaşımlar, hatta kombinasyonlar oluşturur.

Bununla birlikte, iç dünyamızın tüm unsurlarının üçe indirgendiğini saptamak kolaydır: fikirlerimiz, duygulanım hallerimiz,[1] eylemlerimiz.

---
[1] Okuyucu bundan sonra duygulanım hali, duygu ve his olmak üzere üç terimle çok fazla karşılaşacaktır. Bunların arasındaki ince ayrımdan bahsetmek çok yararlı olabilir. Duygulanım hali, zihinsel ve fizyolojik süreçleri birbirine bağlayan yapıları ima eder. Örneğin, şaşıran birinin ağzını açması bir duygulanım hali sonucudur. Duygu, uyaranın yarattığı kısa süreli

§ I

Şu fikir sözcüğü birçok farklı unsuru içerir. Zekâyla irade arasındaki ilintileri inceleyen psikoloğun, fikirlerimiz arasında yapabileceği en derin ayrım, merkezcil (*centripète*) ve de merkezkaç (*centrifuge*) fikirler arasındaki ayrımdır.

Bize dışarıdan çok sayıda fikir gelir; Montaigne'in dediği gibi, sanki bir eleğin içine yerleşmişlerdir, hiçbir sindirilme işlemine tabi olmamış, ziyareti kısa tutan konuklardır. Zihnimiz de bunlara sadece depo işlevi görür. Birbiriyle çelişki içinde olanlar da orada yan yanadır ve biz kafamızda okumalarımızdan, sohbetlerimizden, hatta rüyalarımızdan, oradan buradan yığılmış düşünceler taşırız. Bunlar, çoğu da bir yazar ya da bir ustanın maskesinin altına gizlenip, zihinsel tembelliğimizden yararlanarak içimize girmeyi başarmış yabancılardır.

İyi ve kötü hep bu cephaneliğin içindedir; tembelliğimiz ve duyusal hazlara meylimiz, kendilerini temize çıkaracak gerekçeleri bunların içinden bulup çıkarır. Bizler bu türde fikirlerin efendisiyiz; onları sıraya koyabilir, keyfimizce geliştirebiliriz: onların üzerinde gücümüz olsa da onların bizim üzerimizde herhangi bir gücü yoktur. Çoğu sözcükten öteye geçmez. Ve sözcüklerin tembelliklerimiz ve duyusal hazlara yönelik meylimize karşı mücadelesi, toprak bir çömlekle, demir bir çömleğin dövüşmesi gibidir. M. Fouillee, *harekete geçiren fikirlerden*[1] söz ederken genelinde yanlış olan bir

---

tepkilerdir. Âşık olduğunuz kişiyi gördüğünüzde yaşadığınız heyecan bir duygudur. Hislere gelince, onlara duyguların kök salmış ve zamanla evrimleşen halleri diyebiliriz. Dondurmayı sevmeniz bir histir.

1 Fr. *Idée-force*: Bir uslamlamanın etrafında döndüğü ana fikir. Bir kişinin ya da grubun davranışında asli unsur olarak görülen fikir. (ç.n.)

tez savundu. Fikrin sahip olduğu eyleme geçirme gücünü hemen her zaman, gerçek güçler olan duygulanım halleriyle ittifak ederek edindiğini hiç göremedi. Deneyim, her an, fikrin gücünün zayıf olduğuna bizi ikna eder. Tamamen biçimsel bir onaylama ile verimli ve azmettirici bir inanç birbirlerinden oldukça uzaktır. Duyusal güçlerin acımasız sürüsüne karşı, dış yardım olmadan, tek başına mücadele etmek zorunda kaldığında zekâ iktidarsızlığa mahkûmdur. Sağlıklı iken, zekânın bu şekilde köşeye kıstırılması olanaksızdır: ancak hastalık bizi önemli eylemlere teşvik eden tüm güçlerin duyarlılıktan kaynaklandıklarının ispatını çok net bir biçimde sağlar. Zekânın kendi başına herhangi bir gücü olmadığını söylemiyoruz, ama ağır ve güçlü hayvansı eğilimleri harekete geçirme ya da bastırma gücünün olmadığı, işte bu, bizce çok kesin. Bay Ribot, duyarlık derinden yaralandığında, duyumun ardından neşe gelmeyip fikir kupkuru ve soğuk kaldığında, akıllı bir varlığın imza atmaya dahi takati olmayacağını çarpıcı örneklerle göstermiştir. Huzursuz bir gecenin sabahında, eksik bir uykunun ardından, kim kendini benzer bir durumda bulmamıştır ki? Derin bir uyuşukluğa dalmışızdır, ancak yine de zekâmız işler vaziyettedir; yapılması gerekenleri idrak etmemize karşın, yine de ne yazık ki fikrin tek başına pek bir gücü olmadığını hissederiz. Tam o sırada hizmetlinizin, unutmuş olduğunuz ancak geldiği haber verilen bir ziyaretçinizle konuşmakta olduğunu duyup hatalı sayılacak olmanın utancı –ki bu da bir duygudur– sizi aceleyle yataktan fırlatır atar. M. Ribot'nun[1] atıfta bulunduğu durumlarda, fikrin etkileri ile hislerin etkileri

---

1 *Maladies de la volonté*, s. 38, 39, 43, 50, 116, 117. Alcan.

arasındaki bu karşıtlık, canlı bir biçimde resmedilmiş. Bahsettiği hastalardan biri, zekâsı sağlam olmasına rağmen hiçbir istemli hareket yapamaz haldedir; bununla birlikte yolda bir kadın ezildiğinde arabadan ilk atlayan o olmuş.

Ne yazık ki, patolojik durumlarının bağımsız durumlar olduğuna inanılır, oysa sadece gerçekliğin abartılı halleridir. Nasıl bir cimri, hiç üzerine alınmadan, Harpagon'un yaptığı komikliklere hep gülmeye hazırsa, biz de aynı öyle, kendimizi akıl hastalığının net ve sınırları çizilmiş durumlarında görmeyi reddederiz. Ancak, tüm deneyimlerimizin sonucunda, fikrin iktidarsız olduğu içimizde yer etmiştir. Sarhoşluklarının sonuçlarını çok iyi *bilip* de onları ancak ilk inme inip her şey için çok geç olana kadar *hissetmeyen alkoliklerden bahsetmedik bile!* Öngörüsüzlük, gelecekteki tehditleri aklında canlandırıp da onları *hissedememek* değildir de nedir! Musibet başa geldiğinde "Ah, bilseydim!" derler. Böyle olacağını bilirlerdi bilmesine ama irade açısından tek geçerli olan, o hassas, insana dokunan bir bilmeyle değil!

İçe işlemeyen bu yüzeysel fikir tabakasının altında, geçici duyguların desteğinden yararlanabilecek fikirler vardır. Mesela, avarelikle geçirilen birkaç günden sonra okumaya koyuluyoruz, bitirmemiz gereken kitap önümüzdedir, bunu yapmak için kendimize sunduğumuz iyi gerekçelerimiz olsa da bu çaba hoşumuza gitmiyor, usandırıyor: birden postacı, bir sınıf arkadaşımızın başarı haberini getiriyor ve işte bu da bizi daha iyisini yapma isteğiyle dolduruyor: en yüce, en sağlam düşüncelerin üretemediğini, daha düşük seviyede bir duygusal dalga fazlasıyla yaratabilmiş oluyor. Fikir ile duygu arasındaki farkı, bana göz kamaştırıcı kanıtlarla gösteren bir olayı daima hatırlayacağım: Buet'de iken, şafak sökmeden önce, karanlıkta dibini göremediğim bir buzulkarı geçmem gerekiyordu. Kontrolsüzce kaymaya başladım. Bir an bile kendimi kaybetmedim. Kötü durumumun ve tehlikenin net olarak bilincindeydim. Ölümüme yol açacağımı düşünerek, yavaşlamayı ve yüz metre aşağıda kendimi zapt etmeyi başardım. Demir uçlu dağcı değneğinin yardımıyla, buzulkarı çok sakin, çok yavaş geçtim ve kayaların içinde, kendimi güvende, kesinlikle kurtulmuş hisseder etmez (belki de aşırı çabalamanın neden olduğu yorgunluk nedeniyle) beni şiddetli bir titreme aldı. Kalbim atıyordu, vücudum soğuk terlere batmıştı, işte ancak o zaman müthiş bir korku yaşadım. Bir anda, *tehlikeyi görmek tehlike duygusuna dönüşmüştü.*

Geçici duygulanım halleri tarafından geçici olarak benimsenen bu dış kaynaklı fikirlerin daha da derininde, her ne kadar kendileri de dışarıdan gelmiş olsalar da temel duygularla uyumlu ve onlarla alaşım oluşturan fikirler bulunur. Bu fikirler öyle bir alaşım içindedirler ki düşüncenin mi hissi, yoksa hissin mi düşünceyi içine çektiği bilinmez. Bu seviyede, iç kaynaklı, arka planımızdan gelen ve karakterimizin, derin eğilimlerimizin net formüller şeklinde tercümesi olan fikirlerden ayırt edilemezler. Hisseden kişiliğimiz, onlara sıcak bir ton verir; bir tür his olurlar. Belli bir derinlikteyken yıllar boyu ateş gibi olup yüzeyde hemen soğuyan lavlar gibi, bu fikirler de duygulanımsal kökenlerinin ısısını zekâya dönüşürken de korur.

Bu fikirler, uzun süreli, yönü belli her aktivitenin aynı zamanda hem ilhamı hem de destekçisidirler. Bununla birlikte, bu fikirlerin tam olarak fikir olmadığı fark edilmelidir: bunlar, hislerin net ve kesin, kolaylıkla kullanılabilen vekilleridir, yani güçlü ama yavaş, ağır, yönetilebilmesi zor psikolojik durumlardır. Yüzeydeki "konuşan insan"ı oluşturan o fikirlerden çok farklı ve çoğu zaman sadece birer kelime, gösterileni olmayan birer gösterenlerdir. Enerjileri bir şekilde köklerinden gelir. Hislerin, tutkuların canlı kaynağından, yani duygulanım hallerinden toplanmış, ödünç alınmış bir enerjidir bu!

Sözünü ettiğimiz fikir gibi bir fikir, onu ağırlamaya çok istekli bir ruhta, sonra inceleyeceğimiz çift ve gizemli bir endosmoz yoluyla doğduğunda, fikir kendisini döllemeye elverişli hisleri kendine çeker; bir şekilde bununla beslenir, kendini bununla güçlendirir. Öte yandan, fikrin netliği hislere geçer, onlara canlılık değil de *gidilecek yönü* verir.

Mıknatıslanma, iletken demir çubuklar içinden geçen sayısız akım için neyse; fikir de duygular için odur; onları aynı yöne yöneltir, çatışmaları yok eder, anlaşmazlıkları ortadan kaldırır, sadece tutarsız bir yığından ibaret olan bir şeyden, gücü yüz katına çıkmış, disiplinli bir akım oluşturur. Bu nedenle, siyasette, bir halk adamının mutluluk formülü, bazen, o zamana kadar anarşi içinde kalmış, bir demokrasi içinde çelişen ne kadar güç varsa, onları çok net bir sonuca yöneltmeye yeterli olur.

Ancak kendilerinden ibaret kalan fikirler, eğilimlerin hoyratlıkları karşısında güçsüz kalır. Bir gece anlaşılmaz bir korkuya kapılarak, şiddetle atan bir kalp, kan dolaşımının hızlanmasıyla şişen şakaklarla yatağa yapışmak, acz içinde kalmak, hangimizin başına gelmemiştir ki? Yine de mantık hiç zayıflamamış, zekâ pırıl pırıl kalmış olmasına rağmen bu saçma heyecanı yatıştıramamanın nedeni ne olabilir? Benzer bir deneyim yaşamamış olanlara, kırsalda dışarıda harika bir kış rüzgârı eserken, gece yarısından sonra Hoffmann'ın fantastik masallarından *Duvarla Örülmüş Kapı* öyküsünü okumalarını tavsiye ederim: mantıklarının ağırlığının, korku duygusuna karşı net fikirlerinin etkisinin ne denli az olduğunu kanıtıyla göreceklerdir. Bu kadar güçlü ve neredeyse içgüdüsel olan hislere hiç girmeden, *edinilmiş* duygular incelenerek, fikrin yaratıcı gücü ile duygusal durumlar arasındaki farkı açıkça saptayabiliriz.

Kasaba burjuvazisinin bütünüyle entelektüel "psittacique"[1] inancı ile, Dominiken[2] birinin içten hissettiği inancını karşılaştırın. İkinci, dini gerçekliği *hissettiğinden*, inancı için kendinden mutlak özveride bulunabilir, kendini dünyada değer verilen her şeyden mahrum edebilir, yoksulluğu, çile çekmeyi, en zorlu yaşam biçimini kabul edebilir.

İnancı entelektüel olan burjuva ise, kilise ayinlerine gider fakat en çirkin bencillikten hiç iğrenmez. Zengindir ve hem kötü besleyip hem de en yorucu işleri talep ettiği fakir bir hizmetçiyi acımasızca sömürür. Bir de kendisini hiçbir zevkten, hatta bir boş heves harcamasından bile mahrum bırakmayan bir bulvar sosyalistinin zayıf iradesini, asalet, servet, dehayla dolup taştığı halde bir Rus köylüsünün hayatını yaşayan Tolstoy'un *hissettiği* sosyalizmle karşılaştıralım. Yine bu şekilde, ölümün kaçınılmazlığı fikri, insanların çoğu için soyuttur.

Böylesine teselli edici ve dinlendirici olabilen, içimizdeki gurur ve egoizm gibi ihtirasları zayıflatmaya, ıstıraplarımızın kaynağını kurutmaya yönelik bir fikir, sonuçta davranışlarımız üzerinde hiçbir etki etmez. Nasıl etsin ki? Ölüme mahkûm kişilerde bile, genellikle bu fikir sadece son anda *hissedilir.* "Bu düşünce zihninde belli belirsiz ve ana hatlarıyla

---
1 Lat. *psittacus*: Papağan sözcüğünden. Söyleyen kişinin de anlamadığı cümlelerin mekanik tekrarı (papağan gibi). (ç.n.)
2 Dominikenler: İsa'nın öğretisi ve havarilerin metinlerini öğretmeyi amaçlayan Hıristiyan tarikatı. (ed.n.)

hep vardı, fakat bir türlü o düşünce üzerinde duramıyordu."
Yakında öleceğini düşündüğünde korkudan ürperiyor, yüzü ateş gibi kızarıyor, yine de istemeden mahkemedeki parmaklıkları saymaya koyuluyordu. Bir tanesinin kırık olduğunu gördüğünde şaşırmış, onarılacak mı diye merak etmişti...

Ancak son akşamındadır ki umutsuz durumunun düşüncesi ve yaklaştığı korkunç akıbet, tüm dehşetiyle zihninde canlandı; o zamana kadar, bu kadar erken ölme ihtimalini, yalnızca belirsiz bir şekilde sezinlemekteydi.[1]

Sizi boş yere örneğe boğmayalım. Herkes, geçmiş deneyimlerini karıştırarak, sonuçlarımızla güçlü bir şekilde örtüşecek karakteristik olgulardan hayli hayli bulabilir. Hayır, fikir tek başına bir güç değildir. Bilincin içinde yalnız olsaydı, bir güç olurdu. Ama orada da duygusal durumlarla çatışmada olduğu için, mücadele yolunda kendisinde bulunmayan gücü hislerden ödünç almak zorundadır.

§ II

Fikrin bu iktidarsızlığı, onun üzerinde tam bir güce sahip olduğumuzdan, daha da umut kırıcıdır. Bilince dair durumlardaki çağrışım determinizmi, ustaca kullanıldığında, bize entelektüel düzeyde neredeyse mutlak bir özgürlük verir. Birbirini çağrıştıran durumların zincirini yıkmamıza, aralarına yeni unsurlar eklememize ve sonra yeniden zinciri

---

[1] Charles Dickens, *Oliver Twist*, Hachette, 1883, III. Bölüm.

kurmaya olanak sağlayan, işte çağrışımın kendi yasalarıdır. Bu teorik ifadeyi "açacak" somut bir örnek ararken, bir fikir peşine düşen insanların sadık himayecisi şans, bunu bana sağladı. Bir fabrikanın düdüğü duyuldu. Bu ses, bu arz durumu (*état présentatif*), ben istemesem de izlemekte olduğum fikirlerin ağını bozdu ve birden bilincime deniz imgesini, Korsika'daki bir dağ profilini, sonra da Bastia rıhtımlarından keşfedilebilen büyüleyici bir manzarayı soktu. Duyduğum düdüğün sesi, üç yıl boyunca sık sık duyduğum gemi düdüğünün sesiyle aynıydı. Eh! İşte kurtarıcımız olan şey buydu: en güçlünün yasası. Bir arz durumu (*état présentatif*), kural olarak, betimleyici bir durumdan (*état représentatif*) daha güçlüdür ve duyulan düdük, düşünmek istediğimiz bir fikir dizisini kırabiliyorsa, bilinçli olarak aynı yöntemi kullanmamız yeterli olacaktır.

İstediğimiz zaman, kendi içimizde arz durumları üretebiliriz. Çok güçlü olan çağrışımdan kurtulmak için arz durumlarını harekete geçirerek zinciri şiddetle kırabiliriz. Bilhassa dikkate değer derecede kullanışlı ve elverişli bir arz durumu vardır: hareket ve hareketler arasında, dili oluşturan hareketler. Kelimeleri yüksek sesle söyleyebiliriz, onları okuyabiliriz, hatta dindar kişilerin cezbeye kapıldıklarında yaptıkları gibi, kendimizi kırbaçlayabilir, kırmak istediğimiz düşünce zincirini şiddetli bir biçimde parçalayabiliriz. Zaferini sağlamak istediğimiz ve sırası geldiğinde düşüncenin yeni bir yöne doğru çıkış noktası olacak fikri zorla dayatabiliriz.

Burada, büyük hafıza yasası, yaptığımız işte bize güçlü şekilde yardım etmektedir. Her anının hafızamıza derin bir biçimde kazınması için, sık sık ve uzun uzun tekrarlara gereksinimi vardır. Tabiri caizse, canlı ve sıcakkanlı bir dikkat ister. Ayrıca, bilincimizden kovduğumuz ve sürgünde tuttuğumuz fikir zincirlerinin zihinsel katmanları beslenemez, silinir ve ufalanıp giderken, ilgili fikirleri de kendileriyle birlikte yok ederler. Yani biz düşüncelerimizin efendisiyiz: yaban otlarını kökünden sökebilir, daha da ötesi, onları taşıyan toprağın bile yok olmasını sağlayabiliriz.

Tam aksi durumda, var olan düşünce çağrışımlarını korumak ve gelişmelerine izin vermek istediğimizde, ilkin nesnemize yabancı ve bilincimizde birden parlayabilecek arz durumlarını uzaklaştırır; sessizlik, sükûnet ararız. Hatta düşüncelerimizin ördüğü nakış narinse, gözlerimizi yumarız.

Ayrıca, bize hizmet etmesi için uygun az durumlarını da yardıma çağırırız: yüksek sesle konuşuruz, düşüncelerimizi kaydederiz: özellikle yazmak, uzun düşünmeler sırasında bizim için harika bir yardım sağlar. Yazmak düşünceyi destekler ve ellerle gözleri fikir hareketlerinin yardakçısı yapar. Mesleğimin güçlü bir biçimde geliştirdiği doğal bir eğilimim, *tane tane* okumamı zorunlu kılar; böylece düşüncem, arz duyumlarının üç zinciri, hatta dördü tarafından desteklenir, çünkü kelimeyi *duymadan* tane tane okumak zordur.[1]

Özetle, kaslarımız üzerinde, özellikle de duyu organlarının kasları ya da dilde kullanılan kaslarımız üzerinde

---

[1] Bir sözcüğün anısının çok karmaşık olduğunu ve dört öğeden oluştuğunu biliriz: 1) motor imge (telaffuz edilen sözcük), 2) görsel bir imge (basılı veya elle yazılmış sözcük), 3) işitsel bir imge (duyulan kelime), 4) motor grafik imge (yazılı kelime). Dil olmaksızın düşüncenin olanaksız olduğu düşünülürse, her düşünce örgüsü altında az önce söz ettiğimiz imgelerden oluşan bir veya daha fazla örgü ortaya çıktığı açıktır. İmge örgülerinin dördü de yazarken düşünceyi desteklemeye yarayabilir.

iktidarımız tam olduğundan, kendimizi fikir çağrışımlarının esaretinden kurtarabiliriz.

Elbette ki her birimizin doğasına bağlı farklılıklar olabilir. Günümüzde psikoloji içinde durumumuzu genelleştirmek istediğimiz için hataya düşüyoruz, çünkü her gün, şimdiye dek birbiriyle karıştırdığımız[1] yeni yeni tipler keşfediyoruz.

Kendime hep söylerim: Rotalarını değiştirmek için düşüncelerimin akışına her müdahale etmek istediğimde, aklıma gelen ilk ve tek şey, bir hareketi önceden tasarlamak olur. Düşüncelerim üzerinde güç kurabiliyorum, çünkü kaslarıma hâkimim.

Ne olursa olsun, bu bölümün sonuç kısmı, kendiliğinden irade terbiyesi açısından, oldukça cesaret kırıcıdır. Fikirlerimiz üzerinde tamamen güçlüyüz, fakat ne yazık ki! Tembellikle ve duyusal hazlara meylimizle savaşımızda, fikirlerimizin gücünün önemi neredeyse göz ardı edilebilirdir: Görelim bakalım, özdenetim çalışmamız için, duygulanım hallerinin sunduğu kaynakların incelenmesi bizi daha mutlu edecek mi...

---

1 Bkz. Ribot. *Revue Philos.: Enquête sur les idées générales*, Ekim 1891, Alcan.

İKİNCİ BÖLÜM

DUYGULANIM HALLERİNİN İRADE ÜZERİNDEKİ
ROLÜNÜN İNCELENMESİ

§ I

Duygulanım hallerinin irademiz üzerindeki gücünü istesek de abartamayız. Her şeyi yapabilir hatta tereddüt etmeksizin ölüm ve acıyla yüz yüze gelmemize yol açabilirler. Güçlerini meydana çıkarmak, evrensel bir ampirik yasanın gerçekliğini göstermektir. Ancak bu ampirik yasayı bilimsel bir yasaya dönüştürmek, yani daha yüksek bir yasadan türetmek ve onu türetilmiş, açık seçik bir gerçeğin vargısı olarak görmek mümkündür.

Hissi oluşturan, birbiri içinde erimiş ögeleri analiz yoluyla ayırsak, onların Beethoven'ın bir adacyosu gibi olduklarını keşfederiz: bazen tüm varyasyonların altında, onu kâh örten kâh öne çıkaran temel bir motif akar durur: her zaman bin bir şekle girerek yeniden doğan bu cümle, müzikal gelişime hayat veren, bazen farklı suretlerle beliren bazense biricik kalan bir ruh gibidir. Daima adacyonun bütününü olağanüstü zenginlikleriyle bezeyen bu cümlenin, histe karşılığı olan temel bir eğilim vardır. Bu eğilim hissiyata bütünlük verir.

Bu birlik içinde, duyumsamaların, hazın, acının, anıların çok zengin çeşitlemeleri gelişebilir. Ancak, tüm bu ikincil unsurları incelikli bir ayrımla renklendiren yine odur. Descartes'a göre yaratılmışların sadece Tanrı'nın devamlı yaratışıyla var olmaları gibi, burada da aynı şekilde zevklerimiz, acılarımız, duyumlarımız, hatıralarımız ancak bir tür sürekli yaratım sayesinde gerçeklik kazanır: İçlerinde ışıldayıp duran, eğilimlerinin yaşayan enerjisidir. O ışıldama kaybolduğu anda, geriye sadece bir sürü soğuk, ölü, bütünüyle soyut, renksiz ve işe yaramayan bir psikolojik durumlar yığını kalır.

Tüm hislerin özü olan bu önemli arka plan, bu durumların neden üzerimizde böylesine sarsılmaz bir güce sahip olduklarını anlamamızı sağlar. Gerçekten de eğilimler, bizim faaliyetimiz değilseler nedirler? Acıların güçlü bir şekilde disiplin altına aldığı yaşama isteğimiz, gelişiminde birçok istikametten vazgeçmek zorunda kaldı ve izin verilen yollara yayıldı. Ya yok olmak ya da organize olmuş özel eğilimler olan kanallara akmak seçeneklerinin bulunduğu bir yasaya tabi olacaktı. İşte bu anlattığımız yaşama isteği eğilimlerimizi teşkil eder.

Acının, yönettiği ve artık birbirine bağlı bir dizi kas hareketiyle kendini gösterecek olan, diğerlerinden açıkça farklı bir eylem veya falanca eylem grubunu oluşturan bu etkinlik, her eğilimin ilk halidir.

Acı disiplini olmayan etkinlik, kendini her yöne dağıttı ve kısırlaştı: deneyim, bu etkinliği eğilimlerimize kanalize olmaya zorladı. Bu eğilimler, bir şekilde bizim merkezi enerjimizi oluşturur. Yana yana akan bu ilkel enerji, edinilmiş fikirler, yani dış kaynaklı ikincil duyguların yüzeysel kabuğunun arasından sızıp, ortaya çıkar.

Bu, bizim, uygun kaslara dökülüp alışılmış eylemlerle kendini ifade eden yaşam gücümüzdür: bu da kendi başına, eğilimlerin itici gücünü açıklar. Bir grup hareket ya da daha doğru bir ifadeyle, bir yığın temel hareketten oluşur. Örneğin, öfke, sevgi vb. tarafından devreye sokulan kas kaynağı bütününde her durumda aynıdır. Üstelik türün tüm üyelerinde büyük ölçüde aynıdır. Bizlere varoluşu ileten sayısız kuşaklarda da şimdi ne ise oydu. Kabaca böyle bir temel üzerinde, herkes kendi kişisel yeniliklerini nakşeder, ama bütün öylesine tutarlıdır ki, beşikteki çocuklar bile anlamını kavrar. Falanca eğilim ile kaslarla ortaya konan filanca ifade dizisi arasındaki bağlantı, kalıtımdan gelir. Bu yüzyıllardan beri süregelen bir bağ. Egonun, falanca fikir ve falanca kas hareketi arasında bilinçli olarak bağlantı kurduğu yapıların gücünün, otomatik hale gelmiş diğer bağlantıların gücü karşısında, neredeyse esamesi okunmaz: bu eşitsiz mücadelede kırılmamak için tek şansımız, tahmin edildiği gibi, ittifaklar aramak ve kalıtsal eğilimlerle işbirliği yapmak olacaktır. Bu şekilde, fikri harekete bağlayan yapının şok darbesine maruz kalmayacağı bir mücadeleyi göze alabiliriz.

Hissin gücü, zengin etkileriyle kendini gösterir. Keskin bir his, mesela hassasiyet uyandıran nesnelerin algılanması, en bağımsız görünen psikolojik durumları sarsabilir. Tüm algıların, hatta temel olanların bile, bazı işaretlerin yorumu oldukları doğrudur. Bu portakalı görmesem de sadece bazı işaretlerle bunun bir portakal olması gerektiği kanısına varıyorum.

Ancak bu yorum, alışkanlıkla, şıpın işi olur, otomatikleşir, dolayısıyla da etkilenmesi zor hale gelir. Eh! elbette, his gerçek yorumu kovar hep, yerine de bilinçte onun yerini tutacak olan sanrısal bir yorum önerir. Geceleri, tamamen saçma yorumlamaktan dolayı, en doğal gürültülerin uyandırdığı korkuyu bırakın, nefretin bizi en açık gerçeklerin körü ettiğini bilmez miyiz? Gerçekliği tahrif eden bu ilginç çarpıtmayı fark edebilmek için, gelin, annelerin çocuklarının güzelliği konusundaki yanılgılarını ele alalım; aşkın neden olduğu boş hayallerle alay eden Molière'in nüktesini de bir kez daha okuyalım:

Solgunsa benzi, beyaz demektir yasemin misali;
Korkunç siyah bile olsa, harika bir esmer demeli?[1]

Ancak duygunun tahrif edebileceği sadece algı değildir. Güçlü duygular daha zayıf duygulara asla itibar etmez. Örneğin, birçok insanda öylesine diri bir duygu olan kibir, gerçekten hissedilmiş duyguları bilinçten kovabilir. Yakında bu konuya dönerek bu gerçeğin önemini tekrar vurgulamamız gerekecek. Hissetmenin uygun düştüğü hatta zarif olduğu duygular, güçlü bir biçimde özsaygımız tarafından telkin edilmektedir. Bu yabancı duygular bilincimize kurulur ve gerçek duyguları örterler. Aynı, duvarın önünde beliren bir hayaletin, sanki orada gerçekten biri varmış gibi, sanrıya

---

[1] *Misanthrope*, II, c.

kapılan kişinin duvar kâğıdının desenlerini görmesini engellemesi gibi.

Aynı böyle bir kendi kendine telkinle, yaşının ve durumunun sevinçlerini, kibrin ve çevrenin ördüğü kılıftan kurtulur kurtulmaz acınası bir görünüşe kavuşan sözde hazlar uğruna feda eder. Yine benzer şekilde, zevksizlik veya yetersizlik sonucu dünyevi hazlara bağlanmış insanlar, hiçbir zaman kendi iç dünyalarının derinliklerinde, hareketli, aptal ve kısır hayatlarında hissettikleri gerçek duygularının arayışına yeltenmezler. Onlar, herkesin benimsediği sıradan duyguları gerçekten hissettiklerini sanma alışkanlığı geliştirirler ve onların dünyalarında bunları hissediyormuş gibi görünmek makbul olduğundan, bu alışkanlıkları, içlerinde oluşabilecek herhangi bir gerçek duygu olasılığını öldürür. "El âlem ne der"e boyun eğmeleri, onları sevimli, terbiyeli, bir özgünlükleri olmayan varlıklar yapar: ipleri başkalarının elinde olan cici mekanik oyuncaklar. Aslında en zor zamanlarında hissettikleri bile basmakalıp şeylerdir.

Açıktır ki ağır ve sağlam şeyler olan algılarımıza ve hislerimize yabancı maddeler karıştırabilen duygulanım halleri, anılar denen kırılgan psikolojik durumları hayli kolaylıkla etkileyebilir. Her yargı gibi, her inanç, ardından unsurlarının kesin bir değerlendirmesi yapılan, az çok eksiksiz soruşturmalara dayanır. Hissin de burada olağanüstü sonuçları olabileceği açıktır. "Gerçeğe olan sevgimizin temel işlevi, sevdiğimiz şeyin doğru/gerçek olduğuna kendimizi ikna etmektir!"[1] Neredeyse hepimiz, karar aldığımızı, birçok yoldan birini seçtiğimizi sanırız. Ne yazık ki kararlarımız

---

1 Nicole, *De la connaissance*, I, VI.

çoğunlukla içimizde alınır, fakat o kararı biz almayız; bu işte bizim bilinçli isteğimizin katılımı hiç olmaz: eğilimler, sonuçta elde edecekleri zaferden emin, bir şekilde kararı zekânın duyurmasını onaylarlar; kendini kraliçe sanmanın kısır doyumunu ona bırakmak isterler, ama aslında bu yönetmeyip, sırf geçit törenlerine katılan, söylev veren, anayasal bir kraliçedir.

Gerçekten de duygulanım hallerinin şiddetine bu kadar itaatli bir biçimde katlanan zekânın, irade konusunda fazla bir doyumu yoktur. İrade, ondan aldığı kuru emirleri yerine getirmeyi hiç sevmez: duygusal bir güç olduğu için ona gereken, duygulu, tutkuyla renklemiş emirledir. Patoloji, bize istencin ne olduğunu hiç bilmeyen ama yolda ezilen bir kadına acil yardım sağlamak için otomobilden ilk atlayan kişi olan bir noteri örnek verir.[1] İşte size bir özel irade örneği.

Dahası, kalıcı ve güçlü bir iradenin, kendileri de güçlü, sürekli olmasa da en azından sık uyarılan hislerle desteklenmesi gerekir.

Mill, "Yoğun bir duyarlık" diyor, "kendi üzerinizde güçlü bir iktidar uygulamak için bir araç ve koşuldur, ancak bunun için bu duyarlığın yetiştirilmesi gerekir." Duyarlık böyle hazırlandığında, kendisini sadece bir şeye teşebbüs etmekle yetinen kimseler yaratmakla sınırlamaz, kendisine hâkim kalan iradenin kahramanlarını da yaratır. Tarih ve deneyim, en tutkulu karakterlerin, tutkuları bu yöne yönlendirildiğinde, görev duygularında daha sebatlı ve bildiklerinden şaşmaz olduklarını gösterir."[2] Kişi kendini özenle gözlemlesin;

---

1 Ribot. *Maladies de la volonté*. Loc. Cit. s. 48 ve 52. not.
2 Stuart Mill, *Assujetissement des femmes*, 150 vd; Ribot. *Maladies de la volonté*, 117, 118, 169.

birer otomatik alışkanlık haline gelmiş hareketlerinin dışında, iradesiyle yaptığı her eyleminin öncesinde bir heyecan dalgasına kapıldığını ve yerine getireceği işi duygusal olarak algıladığını görecektir.

Daha önce görmüş olduğumuz gibi, bazen yapmayı istediğimiz bir işin fikri bizi yataktan fırlatacak güçte değildir. Buna karşın, bir konuğa, bir gün önceden haber vermiş olduğumuz halde, yatakta yakalanmış olmanın verdiği utanç duygusu, hızlıca giyinmemiz için yeterli olur. Bazen de bir haksızlık duygusu bizi bedelini ödeyeceğimiz bir itiraza iter...

Zaten, günümüzde çocuklara verilmekte olan ve pek akılcı olmayan eğitim, kısmen gerçeğin müphem bir algısına dayanmaktadır. Tüm o kompozisyonlar, ödüller ve cezalar sistemi, iradelerin sadece duygularla harekete geçirilebileceğine ilişkin çok da net olmayan bir inanca dayanmaktadır. Ayrıca, duyarlığı çok düşük düzeyde kalan çocuklar, istenç durumları dolayısıyla eğitilemezler. "Kabul edilmelidir ki eğitimin karşılaştığı zorluklardan hiçbiri, duyarlığı olmayan çocukları yetiştirmekle karşılaştırılamaz ... tüm düşünceleri dağınıktır... *Her şeyi dinler ve hiçbir şeyi hissetmezler.*"[1]

Toplumları ve onların kolektif iradelerini, bireylerde olup bitenlerin üst düzeye taşınmış hali olarak görürsek, çok açık bir şekilde fikirlerin dünyayı sadece dolaylı olarak ve hislerden güç alarak yönlendirdiğini fark ederiz. Michelet, "Bir fikrin doğduğu an, ilk kez dile getirildiği an değil; kuluçkada sevginin güçlü sıcaklığına kabul edilip, yürek gücüyle döllenmiş olarak tomurcuklandığı andır"[2]

---

1   Fenelon, *Education des filles*, IV. Bölüm.
2   *Les Femmes de la Revolution*, 1854, s. 321.

der. Spencer, haklı olarak, hislerin "dünyayı yönetmekte"[1] olduğunu belirtir. Stuart Mill, "Dünyanın hareketini, insan duyguları ve tutkuları keşfetmedi,"[2] diyerek, ona itiraz eder. Keşfetmedikleri kesin. Ama bu buluş, onlar olmasa insanın tutumu üzerinde hiçbir etkisi olmadan kalacak güçlü hisleri lehine çevirdi. Bir Pascal'ın, bir Spinoza'nın ruhunda filizlendi bu fikir. Yerkürenin evrende anlamsız olması, bizim de hiçliğimiz, özellikle de Spinoza'nın ruhunda öyle derinlere işledi ki sonsuzluğa ilişkin şeylerin büyük sükûnetini hissetmeden artık kimsenin onun eserleriyle samimi bir alışverişi olamaz. Bu buluş, sadece kendini meditasyona veren düşünürlerde pratik etkiler yarattı, çünkü sadece onlarda derin duygular doğurdu. Bir ulusun, politik bir grubun iradesi, duygulanım hallerinin (çıkarlar, ortak korkular, ortak sempatiler, vb.) bir sonucudur ve halklara kılavuzluk etmekte salt fikirlerin pek yararı yoktur.

Zaten bu noktada okuyucularımızın dikkatini uyandırmamız yeterli olacaktır. Onlar tarihte fikrin, tutumlar ve duyguların gücü karşısındaki zayıflığı hakkında sayısız kanıtlar bulacaklardır.

Örneğin, salt duygusal olan fikirlerle, hepimizi canlandıran vatanseverlik duygusundaki acıyı, öfkeyi, korkuyu ve umutları ayırt etmeyi bileceklerdir. Bireysel kanıtlara gelince, "insanlık komedyasına" şöyle bir göz atmak bile düzinelercesini onlara sağlayacaktır. Bu kitabın birinci bölümünde verdiğimiz örneklerin dışında, bir ayin kaçırmayı dert edinirken, "hanım arkadaşlarının" itibarını paramparça etmekten hiç kaçınmayacak sofuları fark edeceklerdir.

---
1 Spencer, *Pourquoi je me separe d'Aug. Comte.*
2 *Aug. Compte et le Positivisme*, s. 100 vd, çev. Clemenceau. Alcan

İnsanseverlikleriyle gösteriş yapan, ama kümes gibi iğrenç yoksul evlerine girmekten, çoğunlukla kirli ve ağzı bozuk olan fakirlerle temastan kaçınan siyasiler göreceklerdir! Bazı anlarda, şehvete düşkün olmalarının kendi bilinçlerinde kışkırttığı bunalımlara, felce uğramış gibi şahit olacak, bedenlerinin bir noktasında biriken bir sıvının, normalde kendini dizginleme becerisi çok yüksek olan düşüncede, nasıl rezil fikirler yeşertebildiği karşısında donup kalacaklar. Fikrin bu zayıflığının karşısına mutlak özveriyi koyacaklardır; sadece varoluşlarını değil, aynı zamanda derin dini hislerin ruhta üretebileceği tüm özsaygıyı bile kurban etmeyi düşüneceklerdir. "Öykünme"ye ilişkin "Qui amat, non laborat"[1] özdeyişindeki gerçeği kavrayacaklar: gerçekten de sevenler için her şey kolaydır, işleri yerine getirmek de hoş ve kolaydır. Analık hissinin şeref, vatanseverlik gibi fikirleri ne kadar kolay tepetaklak edebileceğini görecekler: yaşasın, yaşasın da isterse adı kötüye çıksın, ama hayatta kalsın! Ancak zıt bir olgu ile, ikincil olan ve yapay olarak doğan hislerle, en güçlü hisleri alt etmenin hem de bundan zaferle çıkmanın mümkün olduğunu kanıtlayan bir Cornelie'nin[2] ateşli yurtseverliğini de görecekler. Bizce bu, en katı içgüdüsel hisleri kökünden sökme olasılığını kanıtladığından çok değerli bir örnek. Kısa da olsa böyle bir soruşturmanın ardından, kimse duygulanım hallerinin irade üzerindeki sınırsız gücünü görmeyi reddedemez.

---

1 Aziz Augustinus'a ait bir özdeyiş: "Seven, çabalamaz." (ç.n.)
2 Robespierre'in nişanlısı Elonore Duplay'a (1768-1832) taktığı isim. Sonradan kendini manastıra kapattığı için onun hakkında "Asil ruh, nasıl sevmek gerektiğini bildiği kadar nasıl öleceğini de bilecekti," denmiştir. (ç.n.)

§ II

Ne yazık ki mizacımızın duygusal doğası psikolojik yaşamımız üzerinde böyle açık seçik bir baskınlığa sahip olsa da bizim bu duygusal doğa üzerindeki gücümüz çok zayıftır. Daha da vahim olan, bu zayıflığın gerçek olduğuna sadece olguların incelenmesiyle ikna olmakla kalmayıp onsuz olunamayacağını da kanıtlayabiliriz. Bu iktidarsızlık, aslında hissin doğasının sadece bir sonucudur. Zaten, başka bir yerde,[1] dış dünyadaki her eylem için kaslarımızın alet olarak kullanıldığını göstermiştik: Kas yoksa, dışa dönük hareket de olmaz. Oysa her ne yolla gelirse gelsin, dışarıdan gelen itkiler fazlasıyla çeşitlidir; onları alan varlığın yanıt vermesini tetiklerler, ardından da kasların onlara ayak uydurması yine olağanüstü çeşitli olacaktır. Ancak kas hareketi, girdiği şekil ne olursa olsun, güç tüketmelidir. Doğa bu harcamanın gereğini ustaca yapmıştır; bir duyu bir izlenimle etkilediğinde, kalbimiz birden daha çabuk atmaya koyulur, solunum hızlanır, beslenme fonksiyonlarının bütünü kamçılanmış gibi olur.

Fizyolojinin bu ani coşkusu, tam da duygulanımın kendisidir. Coşku ne kadar güçlü ise, duygulanım o kadar güçlüdür. Bu coşku eksikse, duygulanım da yoktur. Öte yandan bu coşku otomatiktir, irademiz neredeyse hiçbir zaman müdahale edemez.

Bu da özdenetimimiz açısından can sıkıcı bir durumdur.

Ne kendimizi durdurabilir ne de kalp atışlarımızın ritmini hafifletebiliriz; bağırsaklarımızın yarı felç olmasını

---

1 *Revue Philosophique*, Mayıs 1890, *Sensation, plaisir et douleur*.

önleyerek bir korku nöbetini kısa kesemeyiz. Cinsel istek nöbetinde, seminal sıvının salgılanmasını ve birikmesini engelleyemeyiz. Kimsenin zihni bizden fazla, insanların kendilerinin efendisi oldukları fikriyle doldurulmuş değildir Özgürlüğün de pek az insanın denemeye cesaret ettiği uzun süreli çabaların bir ödülü olduğu fikrinde olan ise azdır. Sonuç, neredeyse tüm insanların determinizm yasasının köleleri, boş hevesleri ve şirret eğilimleri tarafından yönetilen kimseler, sonrasında da büyük bir çoğunluk olarak Nicole'ün dediği gibi, acımamız gereken "kuklalar" olmalarıdır. Bize onlardan ne kötülük gelirse gelsin, bir filozof için tek uygun tutum, sakin ve alabildiğine dingin kalmasıdır. Özgür iradeye inanan Alceste[1] boş yere kızarsa kızsın, ona müstahaktır da biz Philinte'nin gülümseyen sükûnetine bürünelim:

> ... Her adımda ortaya çıktığını görmek mümkün,
> Sizler gibi, beni öfkeli gören olmaz...
> Sonuçta ruhum daha fazla incinmez,
> Kalleş, haksız, çıkarcı bir adam gördüğümde
> Aç akbabaların katliama susadığını,
> Kötücül maymunlar ve kudurmuş kurtların
> Bulundukları durumu gördüğümdeki kadar...

Teorik olarak, düşünürün takınması gereken tutum budur. İntikam alsa bile, büyük sükûnetle yapmalı. Ama açık konuşmak gerekirse, bilge biri intikam almaz. Sadece

---

1   17. yüzyılda Molière tarafından yazılmış bir komedi olan *Adamcıl*'ın başkahramanı Alceste, aslında insan ırkından nefret etmektedir. Philinte de onun kalbini kırdığı arkadaşıdır. (ç.n.)

gelecekte kendini garantiye almaya uğraşmaktadır; dinlencesini bozanlara, bir daha kimsenin onu rahatsız etmemesi gerektiğini hatırlatacak şekilde terbiyesini verir.

Bu tepeden bakan, büyük sükûnet yerine gördüğümüz ne? Öz saygımızın yaralanması, bizi ele geçiren bir hoyratlık, anında elimizde olmayan fiziksel bir telaş yaratır. Kalbimiz düzensizleşir, delirmişçesine, çılgınca atmaya başlar; Kasılmalarının çoğu kusurlu, spazmlı, ağrılıdır. Kan kesik kesik ama şiddetle beynimize sıçrar, öylesine hassas bu organı adeta tıkayarak, şiddet dolu düşünce sellerine neden olur, intikam fikirleri, saçma sapan, abartılı, imkânsız fikirler oluşturur. Akıllı düşünme yetimiz, kabul etmediği ve kınadığı bu tamamen hayvani zincirden boşalış karşısında güçsüz kalır.

Bu çaresizlik niye! Çünkü duygunun, irademizin kontrolü olmayan, derinlerde ve önceden evreleri olan, koşulsuz bir bozukluğu vardır. Ve bu organik bozukluğun önünü alamadığımız için, onun temsilini, psikolojik alana geçişini, bilinci işgal etmesini engelleyemeyiz.

Örnekleri çoğaltmak gerekli mi? Nefsine düşkün olmak, psişik sıkıntımızın organik nedeninin "can alıcı" bir kanıtı değil midir? Geçici delilik, fikirlerimizin irade dışılığı, varsayılan neden devre dışı bırakıldığında, durur mu? Yukarılarda incelediğimiz korku örneğini yeniden ele almaya gerek var mı? Onları var eden temel nedenler, yani fizyolojik nedenler karşısında etkisiz olduğumuzdan hislerin önünde güçsüz olmamız *gerektiği* fevkalade açık değil mi? Düşüncelerimiz ve iç yapımız arasındaki bu eşitsiz çatışmayı gösterecek kişisel bir çözümleme yapmama izin verin. Kısa bir zaman önce bana, sabah evden çıkan çocuğumun gideceği yere gitmediği bildirilmişti.

Kalbim kabına sığmayarak çok daha hızlı atmaya koyuldu. Ama kendimi mantığa davet ettim ve bu kayıp olayına anında akla yatkın bir açıklama buldum. Ancak, çevremdekilerin aşırı kaygılanması ve kimin aklından çıktı bilmem, çocuğun evimin yakınından geçen çok hızlı ve çok büyük akarsuyun kenarında oynamış olabileceği fikri, beni allak bulak etti. Bu can sıkıcı varsayımın olasılığının gülünç derecede az olduğunu hissetmeme karşın, yukarıda sözünü ettiğimiz fizyolojik heyecan hemen zirveye çıktı: kalbim parçalanacakmış gibi çarpıyor, saç derimde, saçlarım diken diken olmuş gibi keskin bir ağrı hissediyordum, ellerim titriyordu. Delice saydığım bu alarmların tümünü yok sayma çabalarıma karşın, zihnimden olabilecek en çılgın fikirler geçiyordu. Yarım saatlik bir araştırmadan sonra çocuk bulunmuştu ama kalbimde sert vuruşlar sürmekteydi. Hem ilginçtir, yadsıdığım ve amacına ulaşamayan bu telaş, sanki yine de kullanılmak istemiş ve aynı malzemeyi işleyen öfke ve şiddetli kaygı, hırsımı daha fazlası elinden gelmeyen zavallı hizmetçiden çıkarmama yol açmıştı. Kızın yüzündeki acıklı ifade önünde hemen kısa kestim ve fırtınanın kendi kendine sakinleşmesine karar verdim ki bu biraz zaman aldı.

Herkes kendisi hakkında benzer gözlemler yapabilir ve herkes, duygularımıza karşı doğrudan yapabileceğimiz hiçbir şey olmadığı yolundaki hazin sonuca varacaktır.

§ III

İşte burada köşeye sıkıştık. Gördüğümüz gibi özdenetim işi yattı, bu açıkça imkânsız!

Kitabın adı da doğru değil. Kendi kendini eğitmek bir tuzak. Çünkü bir yandan sadece düşüncelerim üzerinde gücüm var. Determinizmin akıllıca kullanımı beni özgürleştiriyor ve çağrışım yasalarıyla oynamama izin veriyor. Ama diğer yandan fikrin iktidarı yok. Mücadele etmemiz gereken yontulmamış kaba güçlere karşı sadece gülünesi bir gücü var.

Öte yandan, hislerin içimizde gücü her şeye yeter ise; algıları, hatıraları, kararları, muhakemeyi keyiflerince yönetiyorlarsa; güçlü duygular zayıfları tamamen yok edip ortadan kaldırıyorsa, başka bir deyişle, neredeyse sınırsız bir despotizm uyguluyorlarsa, sonuna kadar despotik olur, ne sağduyunun komutlarını ne de irademizin kontrolünü kabul etmezler.

Burada, tam da eylem araçlarının kullanılmaz olduğu durumda, sadece eylem araçları bakımından zenginizdir. Psikolojik yaşamımızı yöneten oluşum, mutlak gücü tam anlamıyla disiplinsiz ve yönetilemez bir ayak takımına sağlar: mantıklı güçlerin isimlerinden başka gücü yoktur; onlar sadece danışma makamıdır, karar değil.

Bizlere ümitsizce bir hamle ile, mızrak ve kalkanımızı atmak, savaş alanını terk etmek, yenilgiyi kabul etmek ve tüm alçaklıklarımız, tembelliklerimiz ve bütün korkaklığımız için bize en azından bir teselli sağlayacak bir olan kaderciliğe sığınmak kalır.

§ IV

Neyse ki durum, inanması cazip gelecek kadar da umutsuz değil. Zekânın sahip olmadığı gücü ona, buraya dek atladığımız önemli bir faktör verebilir. Halihazırda yapamadığını, büyük özgürleştirici güç olan *"zamanın"* sağladığı olanakla uzun vadede başarabilecektir. Olmayan *"ivedi özgürlüğün"* yerini, doğrudan olmayan araçlarla, dolaylı bir stratejiyle doldurabileceğiz.

§ V

Ancak kendimizi özgürleştirmek için elimizdeki yöntemi gözler önüne sermeden önce, duygulanım hallerimizin *esasına* ilişkin elimizden bir şey gelmese ya da yapabileceğimiz az olsa da hiçbir kaynağımızı boşlamadan, ikincil duygu gereçleri üzerinde etki kurmaya çalışarak yine de bir eylem yaratıp yaratamayacağımızı araştırmak iyi olur.

İradeye, kalp başta olmak üzere tabi tutulmayan organların çoğunu içeren temel fizyolojik materyal üzerinde doğrudan hiçbir hükmümüz yoktur.

Bizim tek eylem aracımız dışsaldır ve kullanımı tedaviyle mümkündür. Şiddetli bir öfke, kalbin atmasını düzenli hale getirme işlevine sahip yüksükotunun bir miktar emilimiyle derhal kontrol altına alınabilir.

En şiddetli cinsel taşkınlıklar, bazı özel ilaçların alımıyla durdurulabilir. Kahve tüketilerek, tembellik, fiziksel ve entelektüel mahmurluğun üstesinden gelinebilir. Ancak o da kalp hareketini hızlandırır, işleyişini kasar ve birçok insanı öfkeye yatkın kılar. Çok sayıda sinirli insanda, nefes darlığına, daralma hissine ve uzuvların titremesine yol açar: aynı şekilde nedensiz evham ve endişelere, hatta mantıksız abartılı korkulara neden olabilir.

Ancak eylem araçlarımızı hızla saydığımızda sonuç, duyguların özü üzerindeki doğrudan gücümüzün, üzerinde durulmayı pek hak etmediğidir.

Bu, duygu malzemesi içindeki kas kullanımına bağlı şeyler için öyle değildir. Duyguların dışavurumu bize aittir, çünkü canımızın istediği hareketleri yapmak ya da yapmamak elimizde. Duygu ile dışavurumu arasında sürekli bir ilinti vardır. Oysa sık sık ilişkilendirilen herhangi iki unsurdan birinin diğerini uyandırmak gibi bir eğilimi olduğu, psikolojide genel bir kuraldır.

Bunun bir sonucu olarak, duygu eğitimiyle uğraşan pratik psikologların en derinlilikleri, Ignatius de Loyola olsun, Pascal olsun, ruhun istenilen duygulanım haline sokulmasına son derece uygun olan, inanca ilişkin dışa dönük hareketler önerirler. Hipnotik uyku durumunda, istenilen duyguyu tahrik etmek için, bu duyguya denk gelen tutumun üstünlük sahibi olduğunu biliyoruz. "Hastanın tavrıyla ifade etmek istediği patolojik durum ne olursa olsun, bu durum için gerekli kaslar devreye girdiğinde, durumun kendisi aniden parlar, organizmanın bütünü de buna cevap verir."[1] Dugald-Stewart, Burke, bir patolojik durum olan öfkenin dış belirtilerini taklit ettiği sırada, içinde de sık sık bir öfkenin uyandığını hissettiğini anlatır.

---

1 Bkz. Braid, *Neurypnology*.

Oyun icabı güreşen köpekler, çocuklar, hatta yetişkinler, genellikle sonunda iyiden iyiye kavgaya tutuşmazlar mı? Kahkahalar da gözyaşları da bulaşıcı değil mi? Ve insanlar ne kadar çılgın varsa o kadar çok gülündüğünü fark etmez mi? Hüzünlü ve kasvetli bir insan, bir suratsız, aile için musibet değil midir? Otorite hakkında isabetli bir fikir vermeye elverişli resmi Çin törenleri, Loyola gibi, jestlerin kendilerine karşılık gelen duyguları telkin etmeye eğilimli olduğunu düşünen Konfüçyüs tarafından kasıtlı olarak yaratılmadı mı? Şatafatlı Katolik ayinleri, öylesine derin psikolojileriyle, tuhaf bir biçimde, az inançlı ruhlar üzerinde bile büyük bir izlenim yaratmaya özellikle uygun değiller mi? İlahilerin ardından, müminlerin büyük bir sessizlik içinde, topluca yerlere eğildiği sırada, gönlündeki canlı bir saygı hareketini engelleyen bir inanana yazıklar olsun. Aynı minvalde, neşeyle dolup taşan bir arkadaşın ziyareti, en büyük endişelerin ortasında bile kaygı ve tasalarımızı dağıtmaz mı? Zaten, başkaca örnekler yığmak gereksiz: kişi onları arayarak kolayca bulacaktır.

Ne yazık ki, kışkırttıklarımız zaten *mevcut* hislerimizdir. Onları yaratmayız, böyle uyandırır, canlandırırız. Bu şekilde yenilenen hisler oldukça zayıftır; dışarıdan içeriyi etkileme yolu, ancak değerli bir yardım sayılabilir. Daha çok, hissi, bilincin aydınlığında *tutmaya* yarar. Daha önce görmüş olduğumuz gibi, düşünce için yapılan hareketler, özellikle de yazı yazmak neyse, o da böyle bir yardımdır: yani dikkati dağıtan oyalayıcı şeyleri engellemek için, her an kopmaya ve yerine yeni durumların girmesine izin vermeye hazır olan bilinç durumları zincirini ön planda tutmaya yönelik değerli bir yardımdır.

Ancak bir ruha, onda tohum halinde bile bulunmayan ya da sadece tohum halinde olan bir hissi aşılamayı tasarlamak, hislerdeki esas ögenin denetimimiz dışında olduğunu bilmemektir.

İçimizde bir heyecan fırtınası kopmakta iken, onun dışa taşmasına izin vermeyi reddedebiliriz. Öfkenin, kendini ifade etmek için sıkılmış yumruklara ve çenelere, yüz hatlarının gerilmesine, nefes nefese bir solunuma gereksinimi vardır: *quos ego*![1] Kaslarıma gevşemelerini, ağzıma gülümsemesini emredebilir, solunumdaki spazmları yatıştırabilirim. Fakat eğer doğmakta olan heyecanın ilk belirtilerini daha hâlâ zayıflarken söndürmeyi denemediysem, büyümesine izin verdiysem, özellikle de iradinin içinden, örneğin kişisel onur hissi, tatsızlık çıkarmaktan çekinmek vs. gibi başka hisleri imdada yollamadıysam, bu çabalarım yararsız kalabilir. Aynı gözlemi şehvet duygusu için de yapabiliriz. Zihin arzunun suç ortağı olursa, iç direnç zayıflarsa, arzunun emrinde çalışan kaslar da fazla direnemez. Onların önüne duvarlar örerek düşman ablukasına direnmenin bir anlamı yoktur ve genel bir kural olarak, kuşatma birlikleri liderlerinin yumuşadığını hissederlerse, anlaşmaya hazır olurlar. Kasların tutkuya itaat etmeyi reddetmesi, dayanışma içinde olan tüm iç güçler tarafından güçlü bir şekilde desteklenmelidir. Bundan, içeride olanlara, dışarıdan pek az şey yapabileceğimiz sonucu çıkar. Ruhtaki bir hissi kışkırtmakta ya da onu hareketsiz kılmakta, gücünü kırmakta, özellikle yok etmekte etkimiz çok zayıftır.

---

1 *Quos ego*, Vergilius'un *Aeneid*'inde, zaptedemediği, asi rüzgârlara karşı Neptün'ün haykırdığı tehdit: "Ben var ya ben!.." Bu ifadesi, *aposiopsis* adı verilen, suskunluk ya da üç nokta içeren konuşma şekline örnek olmuştur. (ç.n.)

Bu dışsal araçların bize sağladığı, sadece ufak bir katkı olabilir: şüphesiz, bu kıymetli bir katkıdır, ama zaten güçlü olan bir iç eyleme katılabilir ancak.

§ VI

Bu nedenle, şu ana mahkûm olsaydık, günü gününe, ön kestirim olmaksızın yaşasaydık, tüm mücadele gereksiz olurdu. İçimizdeki fikirlere, hislere, tutkulara acz içinde tanıklık ederdik. Mücadele ilginç olurdu da burada zekâ, cesareti baştan kırılmış bir seyirci olurdu. Yarışlarda bahse girdiğimiz gibi, zekâ, en fazla dövüşün sonucunun ne olacağını tahmin ederek eğlenebilirdi: hatta bu teşhiste bir tür yanılmazlık kazanırdı; üstelik çoğu insanda bunun dışında başka bir rolü zaten yok, çünkü neredeyse bu insanların hepsi, tahminlerini körü körüne takip ederler. Zira ne olacağını tahmin ederler, canlarının istediği olduğunda da kendilerini özgür sanırlar.

Zekâ güçsüzlüğünden utanca düştüğünde, egemen olduğu yönündeki tatlı bir aldanışla beslenmeyi sever. Oysa aslında eğilimler bütün işleri o olmadan halleder; onun çatışmanın sonucu üzerindeki etkisi, yarın yağmur yağacağını havanın neme doygunluk değerine bakıp tahmin eden bir meteorologdan farksızdır.

Ancak kural, özgürlüklerini kazanmak için hiç çaba göstermemişler için hak edilmiş kuraldan bahsediyoruz; hiç de gerekli bir kural değildir. Evimizde kendi yasamızı kendimiz koyabiliriz. Şu an bize verilmeyen özgürlüğü fethetmemize, zaman izin verir. Zaman bizim büyük kurtarıcımızdır.

O, zekâyı özgür kılan egemen güçtür; bu da ona hayvani tutkuların kölesi olmaktan kaçınma olanağı verir. Çünkü her türden duygulanım hali, kör ve kabadır ve bunu anlamayan insanlara düşen rol, Herkül bile olsalar, her şeyi net gören insanlar tarafından güdülmektir. Zekâ, kendisini becerikli kılıp, zamanla ittifak ederek, yani sabırlı ve ısrarlı bir taktikle, gücü hatta diktayı yavaşça ama güvenle ele geçirir: Bu dikta sadece hükümran olanın tembelliği ve ona tabi olanların geçici isyanlarıyla yumuşatılır.

Şimdi incelememiz gereken, özgürlüğüne zamanla kavuşmanın doğası ve etkileridir. Sonra da kendimizi özgürleştirmenin pratik yollarını inceleyeceğiz.

ÜÇÜNCÜ BÖLÜM

AKIL KRALLIĞININ OLASILIĞI

§ I

Kendini fethetme çalışmasında en büyük önem, fikir ve davranışların sağlam alışkanlıklarla birbirlerine bağlanmasına aittir. Bu öyle bir bağ olmalı ki zihinde bir fikir ortaya çıkar çıkmaz eylem hemen bir refleks hassasiyeti ve gücüyle onu izlemeli. Oysa, biz üzücü bir kesinlikle gördük ki eylemleri neredeyse yarı-otomatizmle üretebilen yalnızca histir. Bir fikirle bağlantı, örneğin çalışma fikri ve onun eyleme dönüşmesi arasındaki bu bağ, içten gelmeden kurulmaz.

Bağın sağlam ve kırılması zor olması için, kaynak işleminin duygulanım hallerinin sıcaklığıyla yapılması gereklidir. Böylelikle çok büyük bir sertlik kazanabilir.

Zaten, eğitim; düşünme, davranma alışkanlıkları yaratmak amacıyla güçlü duyguların işe koşulması değildir de nedir? Bu, çocuğun zihninde fikirlerin fikirlerle, fikirlerin hislerle, fikirlerin eylemlerle bağlanmış olduğu sistemler organize etmek demek oluyor. Başlarda korku, benlik saygısı, ebeveynlerini hoşnut etme arzusuyla teşvik edilen çocuk, yavaş yavaş dikkatini kontrol altına amaya başlar ve gürültü yapma eğilimini, taşkın hareketlerini bastırır; kendini temiz tutar, çalışır: başka bir deyişle, bazı eğilimler ve onların doğal ifadeleri arasındaki bağlantıyı koparmak için ve henüz birbirine sağlam biçimde kaynatılmamış belirli fikirler ve belirli eylemler arasında çalışmak için güçlü doğal hislerimizi beceriyle uygulayarak, kullanıyoruz.

Dini duygular, derin inançla dolu bazı dönem ya da ortamlarda aşırı enerji yığılması oluşturur, çünkü bu duygular zaten çok güçlü temel hislerden oluşur ve birbirleriyle bağıntılı bir demet halinde gruplaşmıştır. Kamuoyu korkusu, kutsal bir karaktere bürünmüş insanların otoritesine saygı, birikmiş eğitim anıları, ebedi cezaya uğrama korkusu, cennet umudu, her yerde olan, her yerde gözetleyen, her yeri dinleyen, en gizli düşüncelerin bile ayırdında olan, adalet dağıtıcı bir Tanrı'nın uyandırdığı dehşetli korku, son derece karmaşık olsa da bunların hepsi, bilincimize basit görünen bir duygulanım hali içinde erimiş gibidir. Böylesine güçlü bir hissin yakıcı alevinde, fikirler ve eylemler arasında kalıcı kaynamalar oluşur: böylelikle, dini doğası üst seviyede olanlarda hakarete uğramak öfkelendirmez, onlar hemen samimi bir tevekküle girerler. Ahlaken daha düşkün olan kimselerin beynini yakıp kavuran cinsel isteği uyandıran tahrikler o kadar yok edilmiş, yola getirilmiş, tasfiye edilmiştir ki iffet artık bir mücadele gerektirmez. Bu, çok güçlü eğilimlere karşı, yalnızca üstün hislerin muhalefetiyle elde edilen zafere güzel bir örnektir.

Renan, "Hayatımın hâlâ artık sahip olmadığım bir inanç tarafından yönetildiğini hissetmekteyim: inancın kaybolsa da iş görmek gibi özel bir yanı vardır," diyordu. Bu asla inanca özgü bir şey değildir. Uzun süre eylemleri bazı fikirlerle ilişkilendirmiş her içtenlikli duygu yok olabilir: ardında, doğru kabul edilen iki yargıdan üçüncü bir yargı çıkarma temeline dayanan bir uslamlamada, orta terim kaldırıldığında sonuca varılması gibi, o da böyle bir bağlantı bırakır. Ancak, hissin bu kadar kolay kurduğu bağlantılara benzer olarak, fikir de duygulanım hallerinin yandaşlığını kazanma koşuluyla bağlantılar oluşturabilir. Hiçbir şey bu kadar sık görülmez: ailede ve lisede aldığımız eğitimde, ebeveynlerimiz ve öğretmenlerimiz, daha önce gördüğümüz gibi istedikleri her kaynak işlemini yapabilirler. Din de aynı öyle.

Ancak iş *kendi kendimizi eğitmeye* gelince artık öyle olmaz. Ödev çok daha karmaşıktır; bu açıdan psikolojik doğamız ve kaynakları hakkında derinlemesine bilgi gerektirir. Liseyi bitirince, o zamana dek ebeveynleri ya da öğretmenlerinin rehberlik ettiği, lise kurallarının mükemmel bir biçimde tanımlanmış düzenli çalışma dayattığı genç insanlar, özel bir hazırlık yapmadan, herhangi bir gözetim olmadan, genellikle hiçbir tavsiye olmaksızın, özellikle de sınavlara hazırlanmak artık günlük zaman çizelgesine sahip olmakla aynı şey olmadığından, kendilerine açıkça tanımlanmış bir görev belirlenmiş olmadan, bir gecede kendilerini yalnız başlarına, büyük bir şehre atılmış bulurlar. Artık yaptırım yoktur: tek yaptırım, (bu da ne kadar uzaktadır ve etkisi ne kadar da zayıf kalır!) endişe veren yıl sonu başarısızlığıdır.

Ancak öğrencilerin çoğu, her şeye rağmen, neredeyse hiç çalışmadan kabul edilir ve bu tüm ciddi endişeleri siler atar: bir ay kala çalışırız!

Bu nankör koşulların ortasında, fikrin egemenliğini sağlamak ve öğrencide zaten var olan hisler arasında ona destek bulmak gerekecektir. Bu bir taktik meselesidir, ancak önce hiçbirini atlamadan mevcut kaynaklarımızı gözden geçirmeli ve falan fikirlerle filanca davranışlar arasında gerekli olan bağlantıların nasıl kurulacağı konusu ayrıntılı bir biçimde çok yakından araştırılmalıdır.

§ II

İlk olarak, *özdenetimin gerçekleştirilmesinde işe yarar olan duygulanım güçleriyle fikrin* ilişkisini inceleyeceğiz.

Zekânın, duygu ile ilişkileriyle ilgilenmiş az sayıda filozof (ne yazık!), iki tür bilgiyi ayırt etme eğilimindedir: tam anlamıyla entelektüel bilgi ile kalbî bilgi.[1] Bu, temel bir gerçeği ortaya çıkarmanın yanlış bir yoludur. Her bilgi entelektüeldir. Ancak bilgiye bir duygu eşlik ederse, artık söz konusu olan, entelektüel ve duygusal olmak üzere iki ögenin sıkı bir alaşımıdır. Bir bakıma hacmi ve yoğunluğu fikirden büyük olan his, bilincin en aydınlık yerine kurulur ve çağrışım içinde olduğu fikri gölgede bırakır. Daha yukarıda, aniden şiddetli duygular uyandıran soğuk fikirlere örnekler

---

1 Bkz. özellikle Clay, *L'Alternative*, çev. Burdeau, s. 220. Alcan,

görmüştük; öyle ki o andan itibaren fikir, bilinçte ne zaman belirse, ardından duygunun doğum anındaki halinden başka bir şey olmayan "duygunun anısını" da sürükler.

İşte, başıma geldiği zamandan bu yana hep yaşadığım, çok canlı bir deneyim:[1] Kendimi bir yamaçta kayarken hayal ettiğim anda hemen baş dönmesi hissine kapılırım. İşte size bir fikir ve daha önce tanımadığım bir duygulanım hali arasında, ne yazık ki bir anda otomatiğe dönmüş bir ilinti. Bu gibi bağları, çimento dökmüşçesine birbirine yapay olarak bağlamak mümkün müdür? Cevap olumsuz olsaydı, tüm irade terbiyesini çöpe atmak gerekirdi. Ancak, tüm eğitimin bu olasılığa bağlı olduğunu zaten görmüştük. Bununla birlikte, ebeveynlerimiz ve öğretmenlerimizin yapabileceği bu şeyi, kendisinden başka kimseye tabi olmayan özgür bir öğrenci de aynı şekilde, kendi kendine yapamaz mı? Cevap hayır olsa, kendi kendini eğitmek olanaksız olurdu.

Bunların kurulması zor çağrışımlar oldukları kesindir. Zaman ve azim gerektirdikleri daha da kesindir. Fakat mümkün oldukları, işte bu daha da kesinlikle inandığımız şeydir. O zaman, bu olasılık bizim kurtuluşumuz. Buna doğru demek, özgür olduğumuzu söylemektir. Elbette ki böyle bir şey söylemekten çekinmeyiz. Evet, özgürüz. Örneğin, hepimiz, istersek, itici bir çalışmanın fikriyle onu kolaylıklı kılacak bazı hisleri bağdaştırabiliriz. Hisler diyoruz, çünkü genel olarak, zihnen çalışanlarda, böyle bir ilişkilendirme çok sayıda duygulanım halinin dahliyle işler. Üstelik bunun, yukarıda belirtilen örnekteki gibi benzersiz bir deneyimin sonucu olması çok seyrektir. Bir çizer gibi kalemin ardışık

---

1 Bkz. s. 58.

vuruşlarıyla ilerliyoruz; kurulan her ilinti, alışkanlık yasası sayesinde, daha ilk deneyimden itibaren bir tür kaba taslak halinde işleme konur; enerjinin zirvede olduğu anlarda gerçekleşen ilintiler, ayrıntıları ekleyip kaba taslak halindeki bu işe son halini verir, daha sonra, sabırla rötuşlanarak tamamlanması kalır.

Bu yavaş detaylandırma gereklidir, çünkü düşüncenin yalnız çalışması, insan doğasına öyle aykırı, sürekli ve azimli dikkat genç bir insan için o denli zahmetlidir ki bu hareketsizlik halinin, özellikle de tüm dikkatin bir fikre verilmesinin doğurduğu iticiliğe karşı mücadele etmek için, insanı tembel ve eylemsiz bırakan tüm ölümcül güçlere gösterdiği dirençte, iradeye destek olan tüm duygulanım güçlerini sağlam ve tutarlı bir demet halinde bir araya getirmek hiç yararsız değildir. İşte, insanın tüm kalbiyle giriştiği, uzun soluklu bir kitap oluşturmak için gereken bu uzun ve titiz çabalar dizisindeki enerjiyi tedarik eden şeyi incelediğimizde, aynı sonuca yönelmiş hislerin güçlü bir koalisyonunu buluyoruz: Öncelikle ve vakit geçirmeksizin işin bize çok yüksek canlılıkla verdiği enerji hissi; alınan sonuçlar ve keşif sevinciyle ödüllendirilen tefekkürümüz, yüksek bir hedef peşinde olmanın getirdiği üstünlük hissi, uygun bir mecrada akmaya bırakılmış ve tamamen kârlı biçimde kullanılan faaliyetin verdiği dinçlik ve fiziksel olarak sağlıklı olma duygusu. Tüm bu çok güçlü güdülere, bazıları tam bir duygudaşlıkla, diğerleri bir miktar kıskançlıkla hiçbir şey yapmadan izimizde yürüyenlerin duydukları saygının farkındalığını, durmadan genişlemekte olan entelektüel ufkun sevincini de ekleyelim.

Tüm bunlara, umduğumuz gibi gururumuzun okşanmış olmasını, aklımıza koyduğumuz şeyin gerçekleşmesinin getirdiği doyumu, sevdiklerimizi sevinçli görmenin neşesini, son olarak da daha yüksek güdüleri, insan sevgisini; sokaklarda bir şey bilmeden dolanıp duran, kimsenin, kendini yönetmek gibi "bilimlerin bilimi" bir bilgiye ulaşabilmenin yolunu göstermediği onca genç insana dokunabilecek yararımızı ekleyelim.

Mevcut bencil hislerimiz ya da müstakbel diğerkamlığımız ve gayrişahsi hislerimiz, bize, yardıma çağırabileceğimiz eğilimlerden, heyecanlardan, tutkulardan, müteşekkil zengin bir hazine sağlarlar. Bizler, birbiriyle ilintisiz enerjileri buradan alıp, o ana kadar soğuk, rahatsız edici gelen amacı, canlı ve çekici bir hale dönüştürmek üzere eş güdümlü kılarız. İçimizdeki sıcak ve canlı coşkuyu, tıpkı bir sevgilinin sevdiği genç kızı rüyaları ve arzularıyla süslemesinde olduğu gibi ona yansıtırız: bir farkla ki sevgilinin hayallerinin somutlaşması toycadır; oysa bizimki istenmiş, kararlaştırılmış ve uzun vadede kendiliğinden gerçekleşecek bir somutlaşmadır.

Nasıl olur da cimri biri, sağlığını, zevklerini, dürüstlüğünü bile para uğruna feda etmeyi başarırken biz zihinsel çalışma gibi cömert bir hedefi, her gün tembelliğimizden birkaç saat feda edecek kadar sevemeyiz! Bir tüccar her sabah saat beşte kalkar ve bir gün emekli olup kırsal bölgeye çekilerek avareliği tatmak umuduyla akşam saat dokuza kadar müşterilerinin emrinde çalışır. Oysa gençlerimiz hem şimdi hem de gelecekte yaşayacakları yüksek entelektüel kültürün birçok sevincini tatmak için çalışma masalarının başında beş saat geçirmeye eriniyorlar! İş tatsız olsa da aslında yüreğini koyarak yapıldığında asla öyle değildir; fikirlerin çağrışım yasalarının yardımını alan alışma, çabanın verdiği sıkıntıları azaltacak, hatta çok geçmeden bu çaba hoşumuza bile gidecek.

Gerçekten de başlarda hiç çekici olmayanı, çağrışımlar kurarak çekici kılma yetimiz çok uzaklara varır. Önce, irademiz için elverişli duyguları, dönüşüm geçirebilecekleri noktaya kadar zenginleştirebiliriz. Kim, Aziz François de Sales'in ifadesindeki, "ruhunu akmaya ve Tanrı'da erimeye" bırakan mistiğin muhteşem hissiyatında sevginin ve kendi güçleriyle kıyaslanamaz azametteki doğanın ortasında çıplak ve terk edilmiş haldeki ilk insanların sefaletleri ve dehşetlerinin bir sentezini tanımayacaktır? Aynı şekilde, hayatın kısalığı hissi, "zamanın bu göze görünmez akışı, düşünüldüğünde çıldırtıcı olan bu yarış, insanların bedenini ve yaşamını kemiren hep acelesi olan saniyelerin sonsuz geçidi"[1] hissi bile, bütün pespaye eğlencelerimizi hor görmemizi öğreterek bize yardıma gelebilir.

Şüphe yok ki bilinçte hiç olmayan duyguları ne uyarabilir ne de yeniden yaratabiliriz. Ancak insan bilincinde temel duyguların hiç olamayabileceğine de inanmıyorum. Her durumda, şayet insanların diğerlerinden çok derin farkları olabiliyorsa da hitap ettiklerimiz asla onlar değildir. Biz, incelememizi normal gençler için yazmaktayız, hilkat garibeleri için bir el kitabı değil.

Ayrıca, öyle hilkat garibeleri de yoktur. Örneğin, belirleyici karakteri zulüm olan ve hiçbir koşulda ne ebeveynleri ne de kendileri için asla acıma duymamış insanlar nerede görülmüş? Asla diyoruz, çünkü böyle davranışlar çok nadir olsa da gerçek şu ki mümkünlerdir ve mümkün olacaklardır. Öte yandan, bildiğimiz gibi, en karmaşık, en yüksek hisler, pek çok temel ve samimi hissin bir araya gelmesinden

---

[1] *Fort comme la Mort*, Guy de Maupassant.

oluşan sentezlerdir;[1] diğer taraftan, açıkça belli olduğu gibi, herhangi bir bilinç durumuna akıl tarafından bağışlanan güçlü ve uzun süreli bir dikkat, onu bilincin tam aydınlığına çekmesine, sonradan da çağrışım durumlarını uyandırmasına, bir organizasyon merkezine dönüşmesine izin verme eğilimindedir. Biz şu ana kadar, sadece nefes alan, tedirgin, güçlü komşuları tarafından küçük düşürülmüş, şan şöhret olmadan ot gibi yaşamakta olan, aynı, gündüz parlaklığı daha az olmadığı halde cahillerin varlıklarından haberleri bile olmadığı şu yıldızlar gibi utangaç, gösterişsiz olan duygulanım hallerini yüreklendirebileceğimizi, güçlendirebileceğimizi savunuyoruz (herkes de bunu, kendi üzerinde doğrulayabilir). Sahip olduğumuz dikkat, sahip olmadığımız yaratıcı güç işlevini görür.

Romanların başarısı, nasıl açıklanabilir, özellikle herkesin onları anlaması neden ileri gelir? Bunun nedeni, her birinin sıradan yaşamda kendini sınama fırsatını hiç bulmamış bir hissiyat grubunu kullanmalarıdır. Gerçek bir savaşın yokluğunda, onun yerini tutan küçük bir savaş gibidirler.

Halkın büyük bir kesimi büyük ustaların romanlarını anlayabiliyorsa bu, okuyucuların çoğunda, bilicin gün ışığına çıkma fırsatını kollayan hislerin uyumakta olduğunun kanıtı değil mi? Romancının içimizde yapabildiklerini, dikkatimizin ve düş gücümüzün efendisi olan bizlerin yapamaması tuhaf olurdu. Oysa biz bunu yapabiliriz. Örneğin ben, içimde yapay öfke, merhamet, çaba gibi, kısacası, arzu ettiğim gayeye beni ulaştıracak hisleri uyandırmak istediğimde gereğini yapabilirim.

---

1 *Psychologie*. Spencer, çev. Ribot, I, Sentiments. Alcan.

Bilimsel keşiflerin, insani anlamda bütünüyle yeni hisler yarattığını görmez miyiz? Kartezyen mekanizmadan daha soğuk görünen başka bir şey olabilir mi? Bununla birlikte, Spinoza'nın ateşli ruhuna düşen bu soyut teori, o zamana dek dağınık halde olan hisleri, bizlerin birer hiç olduğumuza dair o güçlü hissin etrafında kümeleyerek yeni bir sistemle bu hislerin eşgüdümünü sağlamadı mı? Elimizdeki en tutkulu, aynı zamanda da en hayranlık uyandırıcı metafizik romanlardan birinin gün ışığına çıkmasına hiç mi önayak olmadı?

İnsandaki insanlık hissinin doğuştan geldiği söylenebilir mi? Bilinçli bir ürün, yeni bir sentez, benzersiz bir gücün sentezi olamaz mı? Mill, "insanlık kültünün bir insan hayatını ele geçirebileceğini, düşüncesine, hissine, eylemine, dinin hakkında ancak bir fikir, sadece bir tür ön izleme verebildiği bir güçle renk verebileceğini" yazdığında haklı olduğu açık değil mi?[1]

Zaten zekânın üzerine düşen rol, anarşi içinde olan temel hislerin net olarak ifade edilmesini ve birbirleriyle kaynaşmasını sağlamak, onları yönlendirmek değil midir?

Zira her duygulanım hali, her arzu, kendiliğinden oldukça belirsiz, kör, sonuçta da iktidarsız kalır. Zaten kendiliklerinden açığa vurulan öfke ve korku gibi içgüdüsel hisler dışında çoğu, zekânın işbirliğini gerektirir. Ruhu rahatsız eder, ona acı verirler: bu huzursuzluğa kesin anlamını zihin verir. Arzuyu tatmin etmenin yollarını aramak zihne düşer. Mont-Blanc'ta, soğuktan ıstırap içinde, korkunç bir ölümün dehşetini yaşıyor olsak, kar duvarında bir mağara kazıp orada tehlikenin sona ermesini beklememizi önerecek

---

1 Stuart Mill, *Utilitarisme*, III. Bölüm, çev. Monnier. Alcan.

olan zekâdır. Robinson Crusoe gibi, ıssız bir adaya atılmış olsak, onları tatmin etmeye uğraşacak bir zekâ olmazsa, acı bir umutsuzluk içindeki bütün eğilimlerimiz ne yapacak! Sefalete düştüysem ve bundan kurtulmak istersem, tutumuma iyice tanımlanmış, net bir yön verecek olan yine zekâdır. Bütünüyle saf ve cahil genç bir adamda, cinsel eğilimin yarattığı heyecan değişimlerini ve belirsizliği, ilk deneyiminden sonra arzunun yerini alan netlik ve enerjiyle karşılaştırdığımızda, duygulanım hallerinde zekânın nasıl da imdada yetiştiğini anlarız. Bundan ötürü, bir arzuya, bir hisse çok büyük bir canlılık kazandırmak için, ardından koşulan şeyin nesnesini, tüm hoş, çekici ya da sadece yararlı yönleri ortaya çıkarılacak biçimde, zihin için besbelli kılmak yeterlidir.

Görüyoruz ki zeki olmamız ve öngörme yeteneğimizin olmasıyla (sonuçta bilmek sadece öngörmekten ibarettir) gücümüzün yettiği ve incelemiş olduğumuz tüm araçları, dayanıştığımız hisleri pekiştirmek için kullanabiliriz. Duygulanım hallerimiz üzerinde dışarıdan, doğrudan doğruya yapılabilecek çok az şey vardır; ancak gücümüz, çağrışım yasasının akıllıca uygulanmasıyla çok geniş bir alana yayılır.

Bu güce, kendimizi bazı hislerin tomurcuklanmasını sağlayabilecek bir aile ortamına ya da aynı kafada arkadaşların, ilişkilerin, okumaların, örneklerin vb. olduğu uygun bir ortama yerleştirerek, ikiye katlayacak bir yardımda bulunabiliriz.

Zaten, kendimizi bu şekilde dolaylı etkilemek üzerinde uzun uzun çalışmamız gerekecek (Kitap V).

Yukarı bölümlerde gördüğümüz gelişmeler bize cesaret aşılamaya yöneliktir. Zaten fikir, yapılacak işle kaynaşmak için duygulanım hallerinin sıcaklığına gereksinim duyuyorsa, artık kimsenin şüphesi olmasın, bu sıcaklığı bize yararlı olduğu yerde üretebiliriz. Bunu, basit bir istekle değil, çağrışım yasalarının akıllı kullanımıyla yapabiliriz. Zekânın hâkimiyeti şimdiden imkânsız gibi görünmeyi bırakıyor.

Ancak fikrin ve duyguların ilişkilerini daha yakından incelememiz gerek. His yer kaplayan bir durumdur, ağırdır, uyanması yavaştır ve bundan ötürü, deneyimle doğrulanmış olanı *a priori* öngörebilir, hissin bilinç içinde nispeten nadir bir yeri olduğunu tahmin edebiliriz. Hislerin görünüp, kaybolmasının ritmi taşkındır. Duygular gelgit bir akıntıya sahiptir. Ruh, bazı aralar sakin haldedir, denizin çalkantısız dönemine benzer. Duygulanım hallerinin dönemlere bağlı bu doğası, mantıklı bir özgürlüğün zaferini sarsılmaz bir biçimde oturtmamıza olanak verir. Düşünce de doğası gereği sürekli bir gelgite sevk olunmuştur; oysa, zaten ciddi bir disiplinle, ebeveynlerin ve öğretmenlerinin eğitimi altında yetişmiş bir genç, düşünce üzerinde büyük bir güç elde etmiştir. Zihninde canlandırdığı, hoşuna giden tasarımları çok uzun süre bilincinde tutabilir. Bir fikir, duygulanım hallerinin değişkenliği karşısında hem süresiyle hem sürekliliğiyle açıkça onlardan ayrılır. His kabardığı sırada onun hareketini kullanmak üzere orada hazır durur; his geri çekilirken de düşmana karşı savunma çalışmaları hazırlamak ve kendi müttefiklerini güçlendirmek için geçici diktatörlüğünden etkin olarak yararlanabilir.

Bilinç içinde his kabardığında (burada söz konusu olan yalnızca hedefimize uygun bir his), kayığımızı itme fırsatını yakalamamız gerek. "Etkili kararlar almak için, iyi hareketlerden, bize seslenen Tanrı'nın sesi gibi yararlanmalıyız."[1]

---
1 Leibniz, *Nouveaux essais*, II, § 35.

Ruhu kaplayan müttefik his ne olursa olsun, gecikmeden onu işimizde kullanalım. Bir arkadaşımızın başarısını mı öğrendik? Bu bizim sallantıdaki irademize bir kırbaç darbesi olsun! Çabuk işe koyulalım! Kaç gündür bize eziyet eden bu işten cesaretle kurtulalım, çabuk! Ona yüz yüze saldırmaktan aciz olduğumuzdan, hem de onu saplantı haline getirip ondan kurtulmayı beceremediğimizden, sanki bir pişmanlıktı bizim için. Bugün bu okuduklarımızdan sonra, çalışmanın büyük ve kutsal bir iş olduğunu sezdik mi? Haydi eller kalem tutsun! Ya da daha basit bir biçimde, işi keyifli hale getiren fiziksel ve entelektüel bir canlılık duyuyor muyuz? Haydi çabuk iş başına!

Bu güzel anları, sağlam alışkanlıklar edinmek, yaratıcı ve verimli düşüncenin erkekçe neşesinin ve kendini kontrol edebilmenin gururuna, tadı ağzımızda uzun süre kalacak şekilde varmak için kullanmalıyız.

His yatışıp geri çekilirken ardında kutsal bir tortu misali, güçlenmiş bir çalışma alışkanlığını, iş yaparken tadılan sevinçlerin anısını ve capcanlı kararları bırakacak.

Sonra o his kaybolduğunda gelen sakinlik içinde, diktatörlük gücü bilinçte tek başına kalan fikre geçecektir. Ancak fikirler, Schopenhauer'ın saptadığı gibi, "her daim akmayan bir kaynak olan ahlaki kaynak açıldığında, iyi hislerin gelip biriktiği ve fırsatı gelmişken, dallanıp budaklanan kanallarla, nereye gerekiyorsa oraya dağıldığı, baraj ya da rezervuar gibidirler".[1] Bu, fikir ve hareketler arasındaki kaynağın, hislerin etkisi altında sürdüğünü ve diğer yandan da fikrin sıklıkla olumlu hislerle ilişkilendirildiğinden, harekete geçirici

---

1 *Fondement de la morale*, Alcan, s. 125.

hislerin yokluğunda bile, çağrışım yasalarıyla onları zayıf durumda da olsa eylemi tahrik edecek kadar uyandırabileceğini söylemek anlamına gelir.

§ III

Zekânın, olumlu duygulanım halleriyle ilişkilerini inceledikten sonra, özdenetim çalışmalarına düşman duygulanım hallerinin zekâyla ilişkilerini araştırmak kalıyor. Duygulanım hallerimiz, arzularımız, tutkularımız üzerindeki doğrudan gücümüzün, takdire değer olsa da pek zayıf olduğunu gördük. Kullanılacak araçlar ancak dolaylı olabilir. Sadece kaslarımız ve fikirlerin seyri üzerinde bir gücümüz vardır. Duyguların dış belirtilerini baskılayabilir, onların doğal dilini ortadan kaldırabiliriz. Saray mensubu kimse ve ondan daha zorba ama toplum efkârı karşısında anlayışı kıt, sıklıkla pısırık versiyonu olan sosyete insanı, kinini, öfkesini, küçümsemesini görünür kılacak her türlü yansımayı bastırmak için üstün beceri kazanmıştır.

Öte yandan, bir arzu, bir eğilim, dış dünyadan kesinlikle ayrıdır; onlar sadece kasların devreye girdiği eylemlerle doyum sağlayabilirler: öfke, ancak hakaret ya da vurup kırmayla tatmin olur; aşk ise kucaklaşmalar, öpücüklerle; ancak kaslarımız büyük ölçüde istencimize bağlıdır: Hepimiz de anlık olarak uzuvlarımızın bir tutkuya tahsisini reddedebiliriz. Gücümüzü geliştirebileceğimiz ve duygunun tezahürünü içimize gömmeyi başarabileceğimiz açık.

Gücün korunumu yasası gereği, her eğilim bir işe koşulmalıdır. Dıştan böyle önlenen eğilim içe atılır ve gidip beyni alevlendirmek mecburiyetinde olduğu için, orada fikirlerin düzensiz bir biçimde dörtnala koşturmasını, o fikirlerle ortaklaşmış hislerin uyandırılmasını şart koşar. Pascal bu anlamda, "Kişinin aklı ne kadar çoksa tutkuları da o kadar büyüktür," der.

Ama sakın unutmayalım, düşüncelerimizin yönetimi bize aittir; yangının giderek ilerlemesini önleyebiliriz. Bazen yangını söndürmenin olanak dışı olduğunu hissettiğimizde az zararla çok yarar sağlamanın hesabını yapabiliriz: İrademizi tedbirli bir geri çekilmeye zorlayan bu aptal ve kör coşkunluk yeterince sakinleştiği zaman kendimizi toplayacağımızdan emin hâlde, örneğin öfkemizi dışa vurabilir, kelimelere, intikam projelerine dökebiliriz. Yani, biz dönüp hücum etmeden önce, rakibin bir şekilde tükenmesine izin vermiş oluyoruz.

Bazen de bu işi doğrudan yapabiliriz. Zira gördük ki biraz karmaşık olan bir eğilim, körlüğü dolayısıyla, hep zekâya gereksinim duyar. O adeta bir fikre takılıdır. Bu gözü zayıf ve koku alamayan bir köpekbalığı ile onu avına doğru yönlendiren "pilot"unun birlikteliği gibidir. Köpekbalığı onun önünden basıp ayırt etmeden gider. Üstelik her tutkunun, her arzunun ilk yaptığı, zekâyı yoldan saptırmak, kendini meşru kılmaktır. Hiçbir şey yapmamak için mükemmel nedenler sunmayan ve işe koyulmasın diye kendisine telkinde bulunana karşı koyacak sağlam yanıtlar üretmeyen tembel yoktur. Bir despot, sömürdüğü kişilerin zihnine üstünlüğünü yerleştirmese, özgürlüğün çoklu sakıncalarını yakından incelememiş olsa, kusurlu olurdu. Bilgiçlik safsatalarıyla bu şekilde meşrulaştırılan bir tutku, kendisinden korkulur hale gelir. Bu yüzden, ona ulaşmak için, hedeflediğimiz duygulanım haline "pilot"luk eden ya bir fikir ya da bir fikir grubudur. Dağıtmamız gereken, tutkunun, nesnesini çevrelediği yanılsamalardır. Böylece, yalanı, hatayı net olarak görür; şimdinin aldatıcı vaatlerinin ötesinde hayal kırıklığı içinde bir geleceğin olduğunu keşfederiz.

Benliğimiz, sağlığımız, mutluluğumuz, öz saygımız açısından ortaya çıkacak acı verici sonuçların ön görüsü, arzunun karşısına, ona engel çıkaracak ve onu yenemeseler de şaibeli, bir yönden onursuzca ve sallantıda bir zaferden başka bir şey bırakmayacak başka arzuların, başka duygulanım hallerinin konulmasını sağlar. Böyle yapılmasa, bu arzu onu silebilecek çeşitli düşünceleri boğardı.

İradeyi sakin bir biçimde ele geçirmek varken, yerine savaşı, endişeyi koymak niye? Kendinden hoşnut tembelliğimize karşı, irademizin içinde, ona düşman, mücadeleye alışacak ve sonunda da sık sık, giderek daha kesin zaferler getirecek rakipler donatabiliriz. *Figaro'nun Düğünü*'ndeki sevimli Cherubin figürünü hatırlayalım: "Artık kim olduğumu bilmiyorum," diye bağırır. "Bir süredir yüreğimin bir kadın görür görmez yerinde duramadığını hissediyorum; bir kadının görüntüsü bile kalbime çarpıntı veriyor; aşk ve şehvet sözleri kalbimi titretiyor, allak bulak ediyor. Birine nihayet 'Seni seviyorum!' demeye ihtiyaç duyuyorum. Bu ihtiyaç beni öyle sıkıştırıyor ki bunu kendi kendime söyler oldum, parkta koşarken, senin metresine, sana, ağaçlara, rüzgâra... Dün Marceline ile karşılaştım... Suzanne'la (gülüyor): ha! ha! ha! ha! ha! Cherubin: neden olmasın? o bir kadın! o bir kız! bir kadın! ah! bu sıfatlar ne kadar tatlı!" Elbette Cherubin'de bir an kendini toparlama yeteneği olsaydı, Marceline'ye yakından bakmaya özen gösterip çirkinliğinin, yaşlılığının ve aptallığının farkına varsaydı, arzusu ciddi şekilde kırılır ve sönerdi. Kim söndürürdü o arzuyu? Dikkatli bir teftiş, gerçek. Güçlü tutku, eleştirel düşüncenin uyanmasına engel olur; ancak, tutku nesnesine *gönüllü olarak kara çalmak* mümkün olursa, tutkunun da yok olma tehlikesi doğar. Tembel, hatta bilgiç safsatalarla ve gerekçelerle kendini dışarıdan iyice zırhlamış bir tembel bile, zaman zaman çalışmaya hamle eder. Bazı anlarda, çalışma mutluluğunun aylak bir yaşam üzerindeki üstünlüğü pırıl pırıl kanıtlanır: bunun gibi bir an, daha sonra pişmanlık duymaksızın tembel bir yaşam sürmeyi olanaksız hale gelir.

Safsataların karşısına gerçekleri koymamız gerektiğinde mümkün olan, en zor görünen durumlarda da mümkündür: safsataların karşısına istemli yalanlar koymak ya da daha kötüsü, kendimize hâkim olmamıza engel olan bir gerçeğe bir dizi yararlı yalanla karşı koymak.

Açıktır ki isteyerek söylenen bir yalan, ancak biraz inanç eklendiğinde davranış üzerinde nüfuz sahibi olur. Eğer bu yalan sadece boş bir formül, sadece "papağan gibi" düşünmeden terennüm edilen bir cümleyse hiçbir şeye yaramayacaktır. Ama burada belki gülerek durdururlar bizi! Ne! kendimize yalan söyleyebilir miyiz? Hem de bilerek, kasten, kendimize yalan söylemek ve bu yalana kanmak? Bu çok saçma! Evet, görünüşte saçmadır da dikkat ve bellek yasalarının bize sağladığı olağanüstü kendimizi özgür kılma gücü üzerinde kafa yoranlar, bunu mükemmel bir şekilde açıklayabilir.

Gerçekten de zaman zaman yenilenmeyen her anının, berraklığını yitirme, bulanıklaşma, gitgide solma sonra da anında kullanılabilir[1] bellekten yok olma eğiliminde oluşu en genel bellek yasası değil midir? Oysa, bizler büyük ölçüde, dikkatimizin efendisiyiz ve sadece bir kez daha dikkate almayı reddederek bir anıyı ölüme mahkum edebiliriz ya da aksine, ona bilincimizde istediğimiz vurguyu yapabilir, dikkatimizin güçlü bir biçimde ona yönelmesine bol bol olanak veririz. Zihinle çalışan herkesin, anımsamak *istedikleri* şeyleri artık zihinlerinde tutamadığı olur. Dönüp üstünde durulmayan her şey, artık düşünmek istemediklerimiz, kesin olarak yok olur gider (elbette azınlıkta kalan birkaç istisna haricinde).

Leibniz, içimizde olmayan bir kanaati *uzun vadede* oluşturmak istediğimizde, bu yasanın bize nasıl etki edeceğini iyi anlamıştı. "Kendimizi istediğimize inandırabiliriz," der, "... gözümüzü hoşlanmadığımız bir şeyden çekip, sevilen başka bir şeye yönlendirip bunu yaparken sevdiğimiz şeyin nedenleri üzerinde daha çok durarak sonuçta onun ihtimalinin daha yüksek olduğuna inanırız." Son tahlilde, bir kanaat, mutlaka zaten zihinde olan dürtülerden kaynaklanır. Ancak bu dürtüleri bir araya getirmek, bir tür soruşturma yapmaktır. İstersek, bu soruşturmaya, dışarıdan bir şeyleri iki şekilde katıştırabiliriz: Birincisi, epeyce eksik bırakmak, bazı varsayımları, hatta önemli olanları bile dikkate almamak elimizdedir. Her soruşturma işi belli bir zihinsel etkinlik gerektirdiğinden ve tembellik doğamızda çokça mevcut olduğundan, erkenden kesip atmak kadar kolay bir şey olamaz. Hoşumuza gitmeyecek dürtülerle karşılaşmak korkusu, araştırmayı durdurmayı iki kat kolay hale getirir.

---

[1] Anıların tamamen kaybolup kaybolmadıkları sorusuna değinmemek için bu "anında kullanılabilir" sözcüğünü ekledik.

Daha sonra, yarıda kestiğimiz bu soruşturmanın karşılaştığı dürtüleri değerlendirirken, arzularımız yoluyla hoşumuza gidenlere ağırlık vermek ve ağırlıkları üzerinde oynamak da mümkündür. Bir genç kıza aşık ve onunla evlenmeye kararlı olan bir genç adam, onun ebeveynleri, sağlık durumları, servetlerinin kökeni hakkında bilgi edinmeyi reddedecektir.

Peki ya ona bu servetin kökenlerinin karmaşık olduğu kanıtlansa? Onun için bunun ne önemi olabilir! Bir genç kızın, ebeveynlerinin hatalarından sorumlu tutulması mı gerekir? Oysa o aksine, kendisini rahatsız eden bağlardan ve duyuların sürprizinin ve deneyimsizliğin ondan kopardığı vaatlerin ağırlığından kurtulmanın derdindedir. Aile sorumluluğu konusunda, atalarının en uzağındakilerine varana dek, uzlaşmaz olacaktır.

Dürtüler, kendilerine sürekli eş olan ağırlıklarla kıyaslanamaz! Aynı, bir diğerinin ya da ikisinin önüne yerleştirilen bir rakamın, sayıyı on ya da yüz katına çıkarması gibi, falan ya da filanca duygulara bağlı dürtülerin çok farklı değeri olur. Bizler bu bir araya gelişlere büyük çapta hâkim olduğumuz için de tercih ettiğimiz fikirlere, hoşumuza giden değeri ve etkililiği verebiliriz.

Dahası, içimizdeki bu gücü, dışarıdan gelebilecek her olumlu etkiyle destekleyebiliriz. Sadece bugüne değil, belleğimiz yoluyla, aynı zamanda geçmişe de sahibiz: aklımızın kaynaklarını ustaca kullanarak geleceğin efendisi oluruz. Okuyacaklarımızı seçmekte, duyusal hazlara ilişkin eğilimlerimizi uyarabilecek, bizleri tembelliğe çok uygun belirsiz, duygusal hayallere yatkın hale getirecek kitapları ortadan kaldıracak denli özgürüz. Özellikle de zekâlarının çapıyla, karakterleriyle, yaşam biçimleriyle kötü eğilimlerimizi güçlendiren, zihnimizi karıştıran, bizi peşlerine sürükleyen, tembelliklerini de doğru gibi görünen çeşitli gerekçelerle meşrulaştırmayı başaran arkadaşları ya bir kalemde ya da büyük bir soğukluk göstererek zamanla, hayatımızdan çıkarabiliriz. Her birimizin başında, bindiğimiz uğursuz gemiden bizi denize atacak bir koç dikilemez. Fakat, bir sefahat adasına demir atmaktan korkmamak için, ona hiç demir almamak gibi bir kozumuz var.

İşte mantığın düşmanı güçlere karşı savaşta kullanacağımız yöntemlerin tamamı: Onların, doğal dilleriyle kendilerini ifade etmelerine izin vermeyebiliriz; akıllı bir strateji ile, arzularımızın takılıp kaldığı yanlışları, safsataları darmadağın edebilir, hatta sakıncalı, uğursuz gerçeklere yönelttiğimiz tüm saygıyı, itibarı geri çekebiliriz. Bu eylem yöntemlerine, dış yollardan da akıllıca yararlanmayı, tutkularımızı besleyecek ortamlardan ve onları teşvik etmeye uygun koşullardan uzaklaşmayı da ekliyoruz.

§ IV

Fakat bu taktiksel prosedürler, savaşın kendisinden ziyade savaş hazırlığından ibarettir. Bu hazırlık, tüm çabalarımıza karşın büyüyen ya da daha doğrusu dikkatsizliğimiz ve irademinizin uyumakta olmasını fırsat bilen bir tutku tarafından aniden kesilebilir. Ancak fırtına gökleri gürlettiğinde, örneğin bilinç duyusal haz arayışıyla kaplandığında, tutkuyu besleyecek tüm gıdaların birer fikir olduğunu unutmamalı.

Tutkunun aklının estiği yere iliştirmek eğiliminde olduğu bu fikirleri biz, canımızın istediği şeylerle ilişkilendirmeye çalışabiliriz. Mücadele gerçekten eşit değilse de yangın giderek yakınımıza gelirken bile, "saf, keskin üstün irademiz", "zihnimizin doruğu"[1] buna razı gelmemelidir. Duygulanım hallerinin bu yükselen dalgası, biricik bir güce işaret etmez; ağır, bölünmüş güçleri gösterir.

Bunların çalkantılı sularında bunlara karşıt, ama mağlup olmuş güçler gölgede kalırlar. Bizim üzerimize düşen, dikkatimiz ve kardeşliğimizle bu mutsuz müttefiklerimizi desteklemektir.

Belki onları toplayabilir, saldırımızı zaferle sürdürebiliriz ya da en azından düzenli bir biçimde çekiliriz: Böylece sonradan kendimizi toparlamamız daha kolay, daha hızlı ve daha kararlı olacaktır. Örneğin, içimizde ani bir haz isteği alevlendiğinde, yenilgimizin utancını bir an bile gözden kaçırmayabilir, belki de doyumu izleyecek bunalımın görüntüsünü, yitirilen güzel ve sağlıklı, üretken iş gününü zihnimizde canlandırabiliriz. Aynı şekilde, en çalışkanların bile başına gelen tembellik krizi bastırdığında, ne ataletimizin ne de içimizdeki bu hantal "canavar"ın başkaldırısının üstesinden gelmeyi hiç başaramazsak, iş yapmanın, kendini bütünüyle kontrol etmenin sevincini vs. tekrar tekrar zihnimizden geçirmeliyiz. Böylece, krizin daha kısa, kendimizi toparlamanın daha kolay olacağı kesindir. Hatta, bazen doğrudan mücadeleden vazgeçmeli ve nefsimizin azışını yatıştırmak için, kalkıp bir yürüyüşe çıkmak, bir ziyarete gitmek vb. şeyler yapmak, yani bir yandan kafaya takılan

---

[1] Aziz François de Sales, *Introduction à la vie dévote*, IV. Bölüm

fikri ortadan kaldırmaya çalışırken diğer yandan da onu tam anlamıyla kullanmak, rahatsız etmek, hiç değilse bilinci, içine yapay olarak soktuğumuz bütün öteki durumlarla paylaşmak zorunda bırakmak gerekir. Aynı şekilde, bir seyahat kitabı okuyarak, çizim yaparak, biraz müzik yaparak insan tembelliğini dindirebilir. İnsanın ruhu böylece uyandığında, biraz önce ya yüreksizlik ya da uyuşukluk yüzünden bıraktığımız işe dönmeye çalışarak bu uyanıştan yararlanabiliriz.

Son olarak, irade yenilse de bu sık olabilecek durum bize cesaretimizi yitirtmemeli. Şiddetli bir akıntıyla karşılaşan bir yüzücü gibi, biraz ilerlemek yeterli olabilir; hatta, hiçbir şeyden umut kesmemek için, kendimizi oluruna bırakıp salmaktansa, sürüklenişimizi yavaşlatabiliriz. Her şeyi zamandan elde edeceğiz. Alışkanlıkları şekillendiren ve onlara doğal eğilimlerin gücünü ve enerjisini veren zamandır. Hiç umutsuzluğa kapılmayan birinin gücü müthiş olur. Alpler'de, yüzlerce metre derinliği olan "protogin"[1] boğazları vardır; bu mucizevi hendekler, onları oyan kum yüklü suların yaz aylarında yaptığı sonsuz aşınmalardır: Süresiz tekrarlanan ufacık eylemler bile, yinelene yinelene etkileriyle orantısız tepkiler üretir. Doğa gibi yüzlerce asrımız olmadığı doğru, ama granit kazmak zorunda da değiliz. Bizim için, sadece kötü alışkanlıkları kullanıp, onlardan yavaş yavaş mükemmel alışkanlıkların temelini çıkarmak söz konusudur. Hedefimiz, duygusallığa ve tembelliğe, onları tamamen hapsetmeden makul sınırlar içinde engel olmaktır.

Gerçekten de mükemmelleşmemiz için o kadar çok kaynağımız var ki yenilgilerimiz bile bizim lehimize dönebilir.

---

1 Protogin, Alplerin en yüksek noktası Mont-Blanc ve çevresindeki sivri dağ kütlelerini oluşturan karakteristik bir granit türüdür. (ç.n.)

Aslında, duyusal arzularımızın tatmin olduğunca ardında bıraktığı, bir tür acı iğrenme, fiziksel yorgunluk, entelektüel gevşeklik olan hayal kırıklığı, durmadan o sakızı tekrar tekrar alıp çiğneyen biri için tüm acıyı yeniden tatmak, anısını belleğine kazımak açısından mükemmeldir.

Birkaç günlük mutlak tembelliğin, ileri gidebilmemiz için çok değerli olan kendinden iğrenme duygusunun eşlik ettiği bir "tahammülsüzlük" duygusu uyandırması fazla uzun sürmez. Zaman zaman, böyle net ve kesin deneyimler yaşamak iyidir; böylece karşılaştırma yoluyla, erdemin ve çalışmanın aslında ne oldukları ortaya çıkmış olur: Katışıksız mutluluk kaynakları ve tüm hislerin en asil ve en yılmazlarının çıkış noktaları: kendi gücünü hissetmek, türdeşleri ve yurduna büyük hizmetler verecek çelikleşmiş ve takdire şayan şekilde hazırlanmış bir emekçi olmanın gururu! Kendini özgür kılma mücadelesinde, zafer değerinde yenilgiler de olabilir.

Ancak, artık genel yargıları terk etmenin zamanı geldi.

Artık, falanca irade gücünü, filanca davranış dizisiyle bir sistem halinde, adeta çimentolayarak, sağlamca bağlayabileceğimizi; tersine canımızı sıkan en sağlam ortaklıkları da kırabileceğimizi kavramış bulunuyoruz. Bundan, insanın iradesini kendi başına eğitmesinin mümkün olduğu sonucu çıkar.

Şimdi artık, bu ilişkilendirme, bir araya getirme işinin nasıl olacağını, yani insanın kendisine tam anlamıyla sahip çıkmasının en etkili yöntemlerini yakından incelemek kalıyor bize.

Tüm bu yöntemlerin içinde en iyi ve en etkili olanlar, çıkış yeri ve işleyişi tamamen bireye dayanan yöntemlerdir. Bunlar bütünüyle psikolojik usullerdir.

Diğerleri; dış, nesnel yöntemler olarak adlandırdıklarımızdır ve en geniş anlamıyla, dış dünyanın, nasıl kullanacağını bilenlerin emrine verdiği kaynakların akıllıca kullanılmasından oluşurlar.

ÜÇÜNCÜ KİTAP
İÇSEL YÖNTEMLER

§ I

Bazı duygulanım hallerini yaratmak, güçlendirmek ya da yok etmekte etkileri kesin olup dışsal araçlardan önce kullanılması gereken içsel araçlar şunlardır:
I. Derin düşünme
II. Eylem

Ekte de beden hijyeninin, çalışma konusu olarak ele aldığımız özel enerji şekliyle, yani zihinsel emekle ilişkilerinin incelemesini sunacağız.

BİRİNCİ BÖLÜM

DERİN DÜŞÜNME

§ I

Bu zihinsel eylemi benzeri eylemlerden tamamen ayrı bir yere koymak için derin düşünme ya da tefekkür adıyla tanımlıyoruz. Bu sözlerle hiç de hayallere dalmayı, hele hele, daha sonra göreceğimiz gibi, özdenetim çabalarımız sırasında atik bir biçimde savaşmamız gereken düşmanlarımızdan biri olan duygusal hayalciliği kastetmiyoruz. Hayal kurduğumuzda dikkat uyuklar, fikirsel ve duygusal doku bilinç içinde uyuşukça oynamaya, fikirler gelişigüzel, çoğu zaman da en beklenmedik çağrışımlarla birbirini izlemeye terkedilmiştir; oysa "derin tefekkür" hiçbir şeyi şansa bırakmaz.

Bununla birlikte, kesin bir bilgi edinmeyi amaçlayan bir çalışmadan farklıdır, çünkü "ruha bilgi yığmaya" değil de ona demirci gibi "biçim vermeye"[1] yöneliktir. Aslında çalışma içinde peşine düştüğümüz şey "bilmektir"; "derin tefekkür" de ise işler oldukça farklı yürür. Hedefimiz, ruhta nefret ya da sevginin devinimlerini kanıtlamaktır.

Çalışma süresinde, bize egemen olan uğraş "gerçek"ti, oysa "derin tefekkür"de gerçeğin hiç önemi yoktur.

Yararlı bir yalanı zararlı bir gerçeğe tercih ediyoruz: araştırmamızın tamamına, sadece *"faydalı olmak"* teması hâkimdir.

Bu işe verimli biçimde girişmek için, psikolojiyi yakından incelemiş olmak gereklidir. Doğamızın en ince ayrıntılarının bilimiyle yakınlık kurmalıyız. Her şeyden önce, bizdeki zihinsel olguların, istemlerimizin nedenlerini tanımalıyız. Bu olguların birbirleriyle ilişkilerini çözmüş olmak, etkileşimlerini, bir araya gelişlerini, ortaklıklarını, birbirleriyle bağdaşmalarını dikkatle incelemek, bunun da ötesinde, fiziksel, entelektüel, ahlaki çevrenin, psikolojik yaşamımız üzerindeki etkilerini de bilmek gereklidir.

Tüm bunlar, bu özel faydacı bakış açısıyla izlemeyi, büyük ve dikkatli bir gözlem alışkanlığını gerektirir.

Yine, bizim için bu iş, içimizde sevgi ya da nefret patlamaları uyandırabilecek tüm dürtüleri sabırla aramak ve düşüncelerle fikirler arasında, hislerle diğer hisler arasında, fikirler ve hisler arasında ittifakları, kaynaşmaları sağlamca pekiştirmek ya da felakete neden olacağı kanaatinde olduğumuz bağlaşmaları, ortaklıkları kırmaktır. Bu iş, yararlı gördüklerimizi bilince kazımak ya da tersine bilinçten silmek için bütün dikkat ve bellek yasalarını kullanmaktan ibarettir. İşimize yarayan, olumlu fikirleri ve hisleri "ruhumuzda

---

1 Montaigne, *Essais*, III, III.

demlemeli", soyut fikir halinde olanları ise canlı ve hassas duygulanımlara dönüştürmeliyiz.

"Derin düşünme", ruhta güçlü duygulanım hareketlerine ya da şiddetli olumsuz tepkilere yol açtığında gayesine ermiş demektir. Çalışma, bilmeye eğimliyken, -"derin düşünme" harekete geçme eğiliminde olmalı.

İnsan için eylemin her şey olduğunu, sadece iyi eylediğimiz oranda bir işe yaradığımızı düşünür öte yandan da eylemlerimizin neredeyse sadece ve sadece duygulanım hallerinden kaynaklandıklarını anımsarsak, yaptığımız işe uygun düşen duygulanımları geliştiren, yoğunlaştıran o hassas düzeneği incelememizdeki başat önem hemen anlaşılacaktır.

§ II

Kimyada, birkaç doymuş cisim içeren bir çözeltiye bir kristal batırdığımızda, çözeltinin derinliklerinde kristalle aynı doğadaki moleküller gizemli bir çekimle harekete geçer, yavaşça onun çevresinde gruplanır. Kristal yavaş yavaş büyür ve sükûnet haftalarca ya da aylar boyu sürdüğünde, hacimleri ve güzellikleriyle bir laboratuvarın neşesi ve gururu olan, hayranlık uyandırıcı kristaller elde edilir.

Sıvıyı her dakika sallayarak, yaptığımız işi bulandırmakta mıyız? O vakit, çökelti düzensiz olur, kristalin oluşumu iyi olmaz ve güdük kalır, büyümez. Aynı şey psikoloji için de geçerlidir. Herhangi bir ruh durumunu bilincimizde ön plana mı koyuyoruz: diğer örnekten daha az gizemli olmayan bir benzeşimle, aynı türden zihinsel durumlar ve aynı türden duygulanım halleri onun çevresini sarar. Bu durum uzun sürerse, o ruh durumunun etrafında hatırı sayılır bir güç yığını oluşabilir ve bilinç üzerinde, kalıcı bir şekilde, neredeyse mutlak bir egemenlik edinip "kendisi" olmayan her şeyi susturabilir. Bu "kristalleşme" yavaşça, darbe almadan, kesintisiz olarak gerçekleştiğinde, dikkate değer bir sağlamlık niteliği edinir. Böyle örgütlenmiş grupta sükûnet, güç, kesinlik vardır. Bilin ki biz istersek, belki de içimizde kendi "çetesini" kurmayacak hiçbir fikir yoktur. Dini fikirler, analık hissi, hatta para için para aşkı gibi sefil, utanç verici duygular da içimizde yükselebilir, tüm gücü ele geçirebilir.

Ancak, bu "kristalleşme" işi için gerekli olan böylesine büyük bir sükûnete kendi içlerinde yer açacak çok az sayıda insan ve özellikle de genç vardır.

Öğrenci için hayat, bilhassa da Paris'te ve büyük şehirlerde oldukça kolay ve çok çeşitlidir. Her tür dış uyarımdan oluşan bir sel gelir bilinç duvarlarını aşındırır: bir fikri bir başka fikir, sonra bir başkası izler, bir histen sonra çılgın bir yarış gibi otuz, kırk his daha sökün eder... Bu taşkınlığa, duyulara üşüşen binlerce duyumu, onlara da dersleri, okumaları, gazeteleri, sohbetleri ekleyin: Bilinç üzerindeki bu yarış, ancak sağır edici bir gürültü çıkararak yatağını tıkayan taşlara çılgınca çarpan, coşkun bir selin akışıyla karşılaştırılabilir.

Evet, bir anlığına düşüncelerini toplayabilen, şimdiki anın ötesinde geleceği görmeye çalışanlar o kadar az ki. Kendini düzensiz izlenimlerin istilasına kaptırmak ise o kadar kolay, o kadar az çaba ister! Tek yapmamız gereken, kendimizi sersemliğe koyvermek ve sürüklenmek!

Ve Channing'in belirttiği gibi, "insanların çoğu, kendilerine, bizim Orta Afrikalılara yabancı olduğumuz kadar yabancıdır".[1] Onlar asla gözlerini dış dünyadan alıp kendilerine çevirmemişlerdir: ya da daha doğrusu, bilinçlerini dışsal şeylere alabildiğine açtıkları ve bu dış kaynaklı sele maruz kaldıkları için, kendi varlıklarının sağlam ve kalıcı arka planını araştırmaya hiç cesaret edememişlerdir. Bundan çıkan sonuç, yaşamın içinden hem hiçbir özgünlük taşımadan hem kendilerine hükmedemeden, aynı sonbahar rüzgârının savurduğu yapraklarının kapıldığı girdaplar gibi, dış olaylara kapılıp bocalayarak geçerler. Deneyimlerinden elde ettikleri fayda sıfırdır: bakışların bu kadar çok şey üzerinde gezinmesine izin vermek, aslında hiçbir şeye bakmamak gibidir. Bir tek, sürüklemelerine izin vermeden, izlenim seline dalıp gerekli bir soğukkanlılıkla *seçtikleri* koşulları, fikirleri, hisleri geçerken uzanıp kapan ve sonra bunları hazmedenler büyük bir hasat elde eder.

İrademizi, özellikle de çalışma irademizi güçlendirmek olan hedefimizin bilincine bir kez vardığımızda, tüm dış koşulları, tüm izlenimleri, fikirleri ve hisleri ayıklamamız, olumlu güçleri durup etkilerini eksiksiz göstermeye zorlamamız, düşman güçlere de hiç ilgi göstermeyip onları yok oluşa bırakmamız gerekir. Başarının sırrı, kullanılabilir olan her şeyden amaçlarımız için yararlanmaktır.

---

1 *De l'education personnelle.*

§ III

Daha önceki tüm incelemelerimizde, psikoloğun yapacakları açıkça belirtilmişti. Ana hatlarıyla gözden geçirelim:
1. Yararlı bir his bilince geçtiğinde, hızla geçip gitmesini önlemek gerekir. Dikkati ona vermeli, gidip uyandırabileceği bütün fikir ve hisleri uyandırması için onu zorlamalı. Başka bir deyişle, onu üremeye, verebileceği her şeyi vermeye zorlamalıdır.
2. Bir duygunun eksikliğini duyduğumuzda ya da duygu uyanmayı reddediyorsa, hangi fikir ya da fikir grubuyla bağlantıları olabileceğini incelemeliyiz; dikkati bu fikirlere vermeli, onları güçlü bir biçimde bilinç içinde tutmalı ve doğal çağrışım düzeneğiyle bu hissin uyanmasını beklemeli.
3. Yapacağımız iş için elverişsiz bir his, aniden bilincin içine dalarsa, ona dikkat etmemek, onu reddetmek, düşünmemeye çalışmak ve onu tabiri caizse gıdasız bırakıp ölmesini sağlamak gerekir.
4. Olumsuz bir his büyüyüp onu reddedemeyeceğimiz şekilde dikkatimizi çekip kendini dayattığında, bu hissin bağlı olduğu tüm fikirler ve hissin nesnesi üzerinde eleştirel bir çalışma yapmak lazımdır.
5. Hayatın dış koşullarını, tüm kaynaklarını akıllıca kullanılmak ve kendimizi tüm tehlikelerden korumak üzere en ufak ayrıntılarına dek dikkatle gözlemlemek gerekir.

Demek istediğimiz, bu genel programın uygulanmasına çalışmak gerekir.

§ IV

Fakat üzerinde ısrar etmemiz gereken birkaç nokta var. Öğrenci, insanın "kendinden kaçmaması" gerektiğinin farkına vardığında, dikkat dağınıklığının, uzuvların titremesine benzer bir zayıflık olduğunu anladığında, kendi iç dünyasına dalıp düşünecek anlar bulacaktır. Bütün sınıf arkadaşlarının yaptığı gibi zihnini sağa sola dağıtmayı terk edecektir. Öğleden sonra on gazete okumayıp oyun kâğıtlarıyla boş yere zamanını harcamayacak, soğuk şakalar, saçma sapan sözlerle karamsar sohbetler etmeyecek, çeşitli biçimlerde kendini serseme çevirmeyecektir. Özüne sahip çıkmış olmaktan ötürü kendiyle gurur duyacak ve başkalarının sürüklendiği akımın, kendisini de hareketsiz halde sürüklemesine izin vermeyecektir.

Öte yandan, kişinin kendisine böyle sahip olmasının en etkili yolu, ruhunda güçlü duygulanımlar ya da şiddetli iğrenme ve tepkiler uyandırmaktır. Bu nedenle, işi kendine anında vereceği basit ve bildik tepkiler yoluyla "sevdirmeye", avarelerin aptalca, laçka ve yaramaz yaşamından nefret etmeye çalışacaktır. Deneyimi, bu düşünceleri ona her an sağlayacaktır. Onların *tadını çıkarmaya* özen göstererek başka fikirlerin bunları hemen kovmalarına izin vermeyecektir.

Onları, alabildiğine genişlik kazanarak gelişmeye zorlayacak, kaba saba biri gibi sırf sözcüklerle düşünmek yerine, düşündüğü şeyin *somut olarak ne olduğunu ayrıntılarıyla* görmek isteyecektir. Bir şeyi genel olarak görmek, aynı koşuda olduğu gibi, genellikle tembel ruhların benimsediği usullerdendir. Aksine, düşünüp taşınan zihinler, damla damla damıtmaya bırakarak, derin düşüncelerin akıllarında "ballarını yapmalarına"[1] zaman tanırlar.

Örneğin, herkes, çalışmanın pek çok açıdan sevinç getirdiğini tekrarlayıp durur, şunları sayıp döker: Çalışmak, öncelikle, öz saygının yoğun tatminini, nelere gücü olduğunu görerek mutlu olmayı, ebeveynlerini mutlulukla doldurmayı, mutlu bir yaşlılık için hazırlık yapmayı vb. getirir. Ancak öğrencimiz yine de tamamen sözlü olan bu sayıp dökmeden tatmin olmayacaktır. Sözcükler, düşünceye karmaşık gelen şeylerin yerini alan, daima hantal ve ayrıntılar ne kadar çoksa insanı bir o kadar daha fazla düşünme zahmetine sokan, kısa, kullanışlı işaretlerdir. Vasat zihinliler, böyle, iç dünyalarına yankısı olmayan soyut, ölü şeyler olan sözcüklerle düşünürler. Zaten, sözcüklerin birbirini çok hızlı izlediklerini ve onlar tarafından çağrıştırılan, doğmaya çalışan bu imge bolluğunda, hiçbir imgenin net olamadığını görmemek mümkün mü? Bu yüzeysel çağrışımların zihin açısından sonucu, kısır bir yorgunluk, bu düşük yapan imgelerin uğultusunun yarattığı bir tür baş dönmesidir. Bu sıkıntının ilacı, net olarak görmek, ayrıntılı görmektir. Örneğin, ailem mutlu olacak, demeyin! Babanızı gözünüzün önüne getirin, her bir başarınızda gösterdiği sevinci hayalinizde canlandırın, aile dostlarından alacağı övgüleri düşünün: annenizin duyacağı gururu, tatillerde kendisine gurur veren evladını koluna takıp yürümekten alacağı keyfi hayal edin; sizin hakkınızda konuştukları bir akşam yemeğine katıldığınızı düşleyin: küçük kız kardeşinizin bile ağabeyinin başarısından dolayı övündüğü fikrinin tadına varın. Başka bir deyişle,

---

1 G. Sand, *Lettre à Flaubert*.

bunlar gibi ayrıntıları, onların el, kol hareketlerini, sarf edebilecekleri sözleri, en ince ayrıntısına dek, tam olarak çağrıştırıp sizin için bu kadar değerli olan ve size hissettirmeden, en ağır fedakârlıkları üstlenen, size daha mutlu bir gençlik yaşatmak için kendilerini pek çok sevinçten mahrum eden ve onca varoluş yükünü omuzlarınızdan alıp sırtlayan bu insanların mutluluğunu derinden tatmaya çalışın.

Aynı şekilde, çalışma yaşamını taçlandıracak yaşlılığın sevinçlerini, en küçük somut detaylarına varana dek zihinde canlandırmak gerekir: Yazdıklarımızın, söylediklerimizin yetkinliği, saygı görmesi, insanların bize gösterdiği itibar, tüm maddi zevklerden yoksun olduğumuzda bile yaşama duyduğumuz büyük ilgi vb... Nitekim, çalışmanın, güçlü olma duygusunun sağladığı "bağımsızlık" düşüncesinin ve onun içimizde geliştirdiği kuvvetin, enerjik olanlara getirdiği sayısız mutlulukla ikiye katlanan tadını çıkarmalıyız.

Tüm bunları ve daha başkalarını sık sık düşündüğümüzde, düşüncenin uzun süre ve sık sık bunların kokusunu içine çekmesine izin verdiğimizde, sakin ama yiğit bir coşkunun iradremizi canlandırmaması olanaksızdır. Ancak, bir kez daha tekrarlayalım ki bilincinizde tutkulu bir hareket, yürekten bir çaba şekillendiğinde, ısrarla alabildiğine geniş boyutlu ve enerji dolu olmasını sağlamak gerekir. Hatta bu dışarıdan bir olayın sayesinde, örneğin bir bilim insanının onuruna düzenlenen bir tören sırasında, bilincinize aniden girmiş bir his olsa bile, hemen onu geliştirmeye, güçlendirmeye girişmek gerekir.

Söylemeye gerek yok, göz önünde tutulan düşüncelerin doğası, kaçınılan hayata karşı bir antipati yaratacak nitelikte ise, aynı şekilde o da en canlı ve en kesin ayrıntılarıyla zihinde resmedilmelidir. Bir biçimde, tembel hayatın ne denli çirkin olduğunu dönüp dönüp tekrar düşünmeli. Eskilerden biri, karabiberden tek bir tane yuttuğumuzda bir şey anlamayız, der. Tersine onu çiğner, ağzımızın içinde döndürüp durursak, dilimizi damağımızı yakar, dayanılmaz bir acı tat verir, hapşırtır, gözlerden yaş akmasına yol açar. Tembellik içinde ve nefsine düşkün bir hayata karşı içimizde iğrenme ve utanç uyandırmak için de böyle yapmalı. Bu tiksinme, sadece uygunsuz olana karşı olmamalı, "onun bağlı olduğu ve ona bağlı" her şeyi kapsamalıdır. Her seferinde hastalığını nüksettirdiği için doktorların kavunu yasakladığı obur adam gibi yapmamalıdır. "Hiç yemiyor, çünkü doktor kavun yersen ölürsün diyor; ama bu yoksunluktan eziyet çekiyor, durmadan kavun hakkında konuşuyor ... en azından onu koklamak istiyor ve kavun yiyenleri çok bahtiyar addediyor."[1] Hakikaten sadece aylak kalan aklın kendi kendini yediği; cılız, gülünç tasalara yem olduğu tembellik hayatından nefret etmekle kalmamalı, işsiz güçsüz kimselerin yaşamını kıskanıp, ondan bahsetmekten de kaçınmalıyız. Bizi üşengeçliğe iten arkadaşlardan ve zevklerden tiksinmeliyiz. Hülasa, sadece hastalıktan değil, onun nüksetmesini tetikleyen kavundan da nefret etmeliyiz. Gördüğümüz gibi, içimizde herhangi bir hissi güçlendirmenin en büyük sırrı, üzerine takılıp kaldığı fikirleri uzun süre ve sıklıkla bilinçte tutmaktır. Bu, fikirlere bir belirginlik, canlılık, çok büyük bir hassasiyet kazandırmaktır. Bunu yapmak için, canlı ve karakteristik ayrıntılarla, *somut görmek* çok önemlidir.

Ayrıca bu yöntem, benzer hisler üzerinde yarattığı çekim ve birbirini uyandıran düşüncelerin zenginliğiyle, hissin gelişmesine ortam hazırlar.

---

1 *Introduction à la vie dévote.*

Bu işe yardımcı olmak için, herhangi bir özel hissin tomurcuklanması gibi somut bir amaçla bazı okumalar yapmak iyi olabilir. Kitabımızın pratik bölümünde, bu şekilde geliştireceğimiz örnekler, böyle düşünme alışkanlıkları olmayanlara çok yardımcı olabilir. Çalışıp çabalamanın yararlarını ya da sevincini, aylak bir yaşamın çirkinliklerini ortaya koyan tüm kitapların incelenmesinin, Mill'in anıları gibi bazı anı kitaplarını, Darwin'in mektuplarını vb. okumanın, mükemmel bir yardımı olacaktır.

Derin düşünme iyi uygulanırsa, duygusal hareketlere bilincin derinliklerine yayılma izni veren sessizlik, iç ve dış sükûnet sağlanabilmişse, bir çözüme kesinlikle ulaşılacaktır. Buna karşın hiçbir çözüm oluşmadığında bile, bizi ileri götürecek tüm bu çabaların boşa çıkacağına asla inanmamalıyız. Mill'in belirttiği gibi: "İnsan böyle bir istisnai durumda olduğunda, beklentileri ve becerileri, başka anlardaki hislerini ve eylemlerini karşılaştırıp tarttığı ve ona göre bir sonuç çıkardığı bir modele dönüşür. Her zamanki alışıldık eğilimleri onu örnek alır ve gelip geçici olmalarına rağmen bu soylu heyecana göre biçimlenir."[1] Gerçekten de bu, büyük bir sanatçının parmakları dokunduğunda sesi daha güzel çıkan enstrüman gibi, bize bağlı bir şeydir. Tüm hayatımıza sağlam bir bakış attığımızda, yaşamakta olduğumuz şimdiki anın, günü gününe yaşamakta olduğumuzda içerdiğinden bambaşka bir anlama bürünmemesi olanaksızdır. İmgelem gücümüzle çalışmanın verdiği tüm sevinçleri yaşayıp, "iradesi olmayan birinin" kişiliksiz yaşamının acılarının tümüne katlandığımızda, bütün düşüncemizin ve yaptığımız her şeyin

---

1 *Assujetissement des femmes.*

bundan daha güçlü bir diriltici uyarı alması imkânsızdır. Taslağı tamamlamak ve hatlarını güçlendirmek için çizmeye giriştiğimiz resme sık sık dönmezsek, dışarıdan gelecek cezbedici talepler seli, yine bilincimizden geçecek, kısa zamanda her şeyi silip süpürecektir. İyi hareketler tekrarlanmadığında, eylemler asla verimli bir hasat vermez.

§ V

Bu nedenle, dışarıdan gelen izlenim kalabalığına atılmak için acele etmemek çok önemlidir. Derin düşüncelere dalmalı, işe yönelik coşku dolu atılımlara ve tembelliğe yönelik iğrenmeye, amaçlarına ulaşabilecekleri, yani ayakları yere basan bir kararlılık kazanabilecekleri kadar zaman verilmelidir.

Bu kendini yenileme işinde, net bir şekilde formüle edilmiş, canlı bir kararlılık mutlak bir gerekliliktir. Her ikisi de derin düşünmeyle üretilen, iki tür kararlılık vardır: Tüm varoluşu kucaklayan, hayatı kuşku duymaksızın kutuplardan birine yönlendiren büyük kararlar vardır. Bu kararlar genellikle, birçok yaşam olasılığının orta yerinde yaşanan büyük tereddütlerin ardından gelir. Daha genel bir biçimde söylersek, bunlar acı verici mücadelelere iten kararlardır; büyük ruhlu insanlara, bir coşku krizi esnasında, ailenin güçlü isteklerinden oluşan telkinleri ve genç insanların yaşamını herkesin girdiği, bildik yollara sürüklemeye yeltenen dünyevi önyargı ilişkilerini ani ve kesin şekilde reddettirirler.

Zayıf ruhlar, koyun mizaçlı olanlar için çözüm, yenilmişlerin korkakça ve utanç verici uzlaşması olacaktır: bu onların içindeki sıradanlığın zaferidir, tüm mücadele girişimlerinin kesin olarak terk edilmesi, herkesin yaşamını kabul etme ve ruhlarının niteliksizliğine fazla gelen, daha yüce bir idealin ısrarlarını artık dinlemeyi reddetmektir.

Geri alınması imkânsız kararlarla sonuçlanan bu iki net durumda, daha yüksek düzey bir yaşamın çağrılarını susturmayı başaramayan, irade yoksunluğundan dolayı, gerisin geri hor gördükleri yaşamın içine düşen genç insanlarda, her dereceden zayıflıklar bulunur. Bu başkaldıran ve canı sıkkın köleler de bir öncekiler gibi başarısızlıklarını hiç kabul etmez, çalışılan bir yaşamın ne denli güzel olduğunu hisseder ama çalışmayı beceremezler, tembel bir yaşamın çirkinliğinden acı çekseler de hiçbir şey yapmazlar!

Ancak, psikolojinin yasalarını bilmek, kurtuluşlarına dair umutsuzluğa erken düşmeseler ve sabretmeyi bilseler, bu köleleri kurtarabilir.

Bu kararların önemli olmasının nedeni, bunların aslında bir tür sonuç olmalarıdır. Bunlar, sayısız hevesin, deneyimlerin, düşüncelerin, okumaların, pek çok hissin, eğilimlerin kesin ve kısa ve öz ifadeleridir.

Mesela, davranışın genel yönetimi için, evrenin amacı üzerine mevcut iki büyük hipotez arasında seçim yapmamız gerekir. Ya dünyadaki şüphecilerle birlikte, dünyanın, atılan zarların bir daha tekrarlanması imkânsız, mutlu bir tesadüf sonucu var olduğunu, bu dünya üzerinde yaşamın, bilincin ortaya tesadüfen çıktıklarını kabul ederiz ya da karşıt tezi kabul ederiz: yani, evrenin giderek daha da büyük bir mükemmelliğe evrimleştiğine inanırız. Şüpheci tezin tek bir savı vardır: hiçbir şey bilmediğimiz! "Doğadan uzaklaştırılan bu bölgeye", bu "küçük hücreye" hapsedilmiş olduğumuz ve "hiç" diye bildiğimizi evrensel yasa olarak yüceltmenin büyük bir iddia olacağı. Karşıt tezin kendisine ait olgusal bir gerçekliği ve bir tür zilyetliği vardır. Dünyamızdan başka bildiğimiz yok. Ancak bu dünyanın bir düzeni var ve uzun zamandır bu böyle, çünkü hayat, doğa yasalarının değişmez istikrarını esas alır. Örneğin, bugün bir buğdayın görsel nitelikleri ile tüketilebilirliği bir arada var olup yarın farklı vasıflar ortaya çıktığında, ertesi gün zehirli özellikler peyda olduğunda, hiçbir yaşam düzeni olamaz. Yaşıyorum, öyleyse doğanın yasaları daimidir. Hayat Silüryen döneme dayandığına göre, doğa yasaları birkaç milyon yıldır hep aynı kalmıştır. "Ahlakçı" tezin bir zilyetliği olduğunu söylerken kastettiğimiz şey buydu.

Öte yandan, binlerce yıl süren bu uzun evrim, düşünen varlıkları yarattı; bu düşünen varlıklar da ahlaki varlıkları. Öyleyse, işlerin gidişatının düşünceye ve ahlaka doğru bir yönelişi olmadığını nasıl kabul edebiliriz! Doğal tarih ve insanlık tarihi, *yaşam için mücadele*nin (*struggle for life*) yarattığı tüm vahşetlerle, daha yüksek bir insanlığın oluşumuna vardığını öğretmektedir.

Öte yandan düşünmek, tıpkı hayat gibi düzen ve istikrarı ön koşul alır. Kaos düşünülemez. Düşünmek organize etmek, sınıflandırmaktır. Düşünce, bilinç, bildiğimiz tek gerçek değil miydi? Şüpheci tezi kabul etmek, bildiğimiz tek gerçeğin saf bir hülya olduğunu ilan etmek mi olur? Bunu ilan etmenin *bize göre* pek bir anlamı yoktur. Bunlar, sözlü olarak telaffuz ettiğimiz, içi doldurulamaz önermelerden ibarettir.

Dolayısıyla, teorik olarak sebepler, ahlakçı tez lehine çok güçlüdür. Pratikte kesindirler. Şüpheci tez, kişisel bencilliği haklı çıkarmaya varır, beceriden öte değer tanımaz. Erdem, biraz övgü aldıysa, bu ancak üstün beceriye edilmiş bir övgüdür.

Bu görüşlere, seçimin isteğe bağlı olmadığını da ekleyelim. Zorunludur, çünkü seçmemek de yine bir seçimdir. Tembellik ve haz dolu bir yaşamı kabullenmek, insan hayatının ancak haz aracı olarak bir değerinin olduğu varsayımını fiilen kabul etmektir. Ancak, bu tez basit ve safça olmakla birlikte, son derece metafizik olmaktan uzak bir tez de değildir. Birçok insan sandıklarından da çok metafiziğe teşnedir. Bundan haberleri bile yoktur ama öyledirler, işte bu kadar.

Bu nedenle, iki ana metafizik hipotez arasında seçim yapmamak olanak dışıdır. Bunun gibi bir seçimin öncesinde, yıllar sürmüş öğrenim ve düşünme olabilir. Sonra aniden, günün birinde, bir sav canlı olarak öne çıkar, ahlakçı tezin güzelliği ve ihtişamı ruhu ele geçirir ve insan kararını verir. Ahlaki tezi kabul etmeye karar veririz çünkü ahlak, tek başına varoluşumuza bir neden sağlar; çünkü o tek başına, iyiliğe yönelik çabalarımıza, adaletsizliğe ve ahlaksızlığa karşı mücadelelerimize anlam katar.

O andan itibaren, seçimimizi yapar yapmaz artık şüpheci öğütlere bir anlığına bile ruha nüfuz etme izni verilmez; onları hor görüp, iteriz; çünkü felsefe yapma zevkinden üstün bir görev vardır: eyleme yükümlülüğü, dürüstçe eyleme yükümlülüğü. Yaşam ilkesi haline gelen ve varoluşumuza bir tat katan; zihinleri sevgiyi, sağlam ve mert bir etkinliği üretmekte güçsüz kalan *dilettant*[1] kişilerin asla tanımayacakları

---

[1] Bir konuyla ilgilenen veya ilgilenirmiş gibi yapan ancak konuyu anlamayan ya da anlayışı çok derin veya ciddi olmayan kişi. (ç.n.)

bir lezzet, yücelik, tazelik getiren ahlaki inancımızı kıskançlıkla koruruz.

Bu törensel karardan itibaren yaşam, yönünü bulmuştur. Davranışlarımız dış olayların keyfine göre bocalamaktan vazgeçer. Artık uysal bir enstrüman gibi daha enerjik insanların elinde olmayacağız. Fırtınalar bizi vurduğunda bile yolumuzdan çıkmayacağız; daha büyük işler için olgunlaşmış haldeyiz: bu çözüm, madeni paraların darp edilmesi gibidir. Yıpranma birkaç çizgiyi silebilir, ancak bronzun üzerine hak edilmiş yüzün ana hatlarını tanımama gibi bir durumumuz olamaz.

Çalışan bir kişide bu büyük ahlaki karara bir başka karar eşlik etmelidir: O, aynı kötülük ve erdem tarafından iki yana çekiştirilen Herkül gibi, kararlı bir biçimde çalışma hayatını kabul edip tembel yaşamı reddetmelidir.

Varoluşumuz boyunca tek bir kez almamız gereken genel kararlar konusunda söyleyeceklerimiz bu kadar. Bu görkemli kararlar bir ideali kabul etmektir, hissedilen bir gerçeğin onaylanmasıdır.

Fakat ona, hedefi belirleyip bir anda ulaşamayız; ancak gerekli araçları *isteyerek* ulaşabiliriz. Dikkatli bir incelemeyle isabetli araçları görebiliriz. Bu araçlar istenmeli ve her istem bir karar dayatır. Ama bu kısmi kararlar, ana karar doğru dürüst alındığında benzersiz biçimde kolaylaşır. Sonuçlar nasıl teoremden çıkarsa bu yan kararlar da ana kararın sonuçları olarak çıkarlar. Ancak, örneğin Aristoteles'in bir metnini tercüme etmek kararı gibi özel bir kararı almak bize pahalıya mal oluyorsa, aklınıza, bu işten tat almayı sağlamaya yönelik görüşleri getirin. Yıldıran bir metinle karşı karşıya iseniz, belki de hiçbir zaman anlamlı olmamış bir sayfadan bir anlam çıkarmak için gerekecek çabanın sıkı bir idman olduğunu inkâr edemeyiz. Güçlü bir zihinsel kavrayış, arkasını mantıklı bir şekilde getirmek için, her bir sözcük, her bir tümceye karşı adım adım mücadelenizde gelişme sağlayabilir. Sekiz günün sonunda, deneyim kazanmış yetinizi, Descartes'in ya da Stuart Mill'in derin düşüncelerinden bir sayfaya yönelttiğinizde bahsettiğimiz zihinsel kavrayışınızın bilincine hemen varırsınız. Tatbikatlarını, sırtlarındaki yükü savaş zamanı istenenin iki katı olarak yapan Romalı askerler gibiyiz. Bütüncül kararımız sapasağlam dururken bazı basit, tanıdık ve küçük çaplı kararlara ilişkin kimi düşüncelerin iradeyi harekete geçirmeye yeterli olmaması enderdir.

Şu ana kadar değindiklerimiz, öğretmenlerin her çalışma talimatı öncesi, öğrencilerin bu eğitimden edinecekleri büyük genel kazanımlardan ve yararlardan söz eden ikna edici bir sunum yapmayarak kendilerini öğretmede ne denli önemli bir başarı ögesinden mahrum ettiklerini çok iyi göstermektedir. Kimse bana faydasını göstermediğinden, yıllarca Latinceyi iğrenerek öğrendiğimi söyleyebilirim. Öte yandan, aynı illete yakalanan öğrencilerdeki bu tiksintiyi, onlara M. Fouille'nin, klasikleri incelemenin gereği konusundaki hayran kalınacak sunumunu okutarak ve kendi eklemelerimle tamamlayarak iyileştirmeyi başardım.

§ VI

Ancak elbette, bazı okuyucularımızın zihninde inatla bir itiraz belirecektir. Uzun uzun düşünme ile etkin olma arasında bir zıtlık olduğunu o kadar çok duymuşlar, düşünürlerin de genellikle pratik yaşama uygun olmadıklarını öyle çok işitmişlerdir ki onlar artık, uzayan bir derin tefekkürden, eylem adına gelecek faydadan pek emin olamıyorlar. Bunun sebebi, taşkın insanlarla adlarına layık eylem adamlarını birbirleriyle karıştırmalarıdır. Taşkın biri, eylem adamının tam tersidir. Taşkın birinin hareket etmeye gereksinimi vardır: hareketliliği sık sık bir şeyler yapmasıdır, tutarsızdır, günü gününe yaşar. Ancak hayatta olsun, siyasette vb. olsun tüm başarılar, ancak aynı yönde çabaların sürekliliğiyle elde edildiğinden, bu uğultulu kıpırdanma halinin patırtısı çoktur da iş çıkmaz, özellikle de iyi iş! Oysa, özgüven dolu, yönlendirilmiş bir etkinlik, derinlemesine düşünmeyi içerir. IV. Henri ve Napoléon gibi çalışkan tüm büyük kişiler, bir işe girişmeden önce ya kendi kendilerine ya da bakanlarıyla (Sully) uzun uzun düşünmüşlerdi. Derin düşünceye dalmayan, izlenecek genel amacı daima belleğinde tutmayan, kısmi amaçlara ulaşmak için kendini vererek özenle en iyi yolu aramayan, mecburen koşulların oyuncağı haline gelir: öngörülemeyen onu rahatsız eder ve zorlar, her an, sonunda gideceği yönü şaşırmasına neden olacak yol değiştirmelere mecbur kalır. Bununla birlikte, göreceğimiz gibi, hareket, her ne kadar verimli yaşamın gerekli koşulu ise de, tek başına asla yeterli olmaz: daima derin düşünmeyi takip etmelidir.

Gerekli bir koşul diyoruz, çünkü hepimiz kendimize sandığımızdan daha yabancıyız. İnsan, bin kişi içinde ancak birinin kişilik sahibi olduğunu gözlemlediğinde haklı olarak üzülebilir: neredeyse hepsi, tüm davranışlarında ve özel tutumlarında, şaşılacak bir biçimde kendi güçlerini aşan, çok daha kuvvetli bir güçler birliğiyle oynatılan kuklalar gibidirler. Dereye attığım ve ne niçin ne de nasıl sürüklendiğini bilmeden akıntıya kapılan şu tahta parçasından daha fazla bir şahsi hayata sahip değildirler. Bilinen bir imgeyi tekrarlayalım, herkes, deviniminin bilincinde olup kendisini harekete geçiren rüzgârın bilincinde olmayan rüzgâr gülü gibi hareket ettirilir. Eğitim, dilin güçlü telkinleri, arkadaşların ve çevrenin görüşlerinin inanılmaz baskısı, genel geçer gibi görünen atasözleri, son olarak da doğal eğilimler, çoğumuzu güder. Onca şüphe duyulmayan akımın çalkantısında, kararlı bir şekilde önceden seçilmiş bir limana doğru seyrüsefer eden, sık sık durarak durum değerlendirmesi yapan ve rotasını ona göre doğrultan kişi çok azdır.

Kendilerini tekrar böyle ele geçirmeyi denemeye cesaret edenler için bile, kendine sahip çıkacak süre ne kadar sıkışık! Yirmi yedi yaşına gelene kadar, siz kaderiniz üzerinde fazla düşünmeden sizi iterler; hayatınızın gideceği yönü elinize geçirmeyi istemeye başladığınızda ise, sizi yönlendiren çarkların dişlerine yakalanırsınız. Uyku, varoluşumuzun üçte birini kaplar; gündelik düzenli işler, giyinme, yemek yeme, sindirim, dış dünyanın gerekleri, çalışma hayatının talepleri, halsizlikler, hastalıklar, daha üstün bir yaşam için çok az zaman bırakırlar! Gideriz, gideriz; günler birbirini takip eder ve varoluşumuzu net bir biçimde görmeye başladığımızda artık yaşlı biriyizdir. Katolik Kilisesi'nin gücü buradan ileri gelir işte. İnsanları nereye götürdüğünü bilen Katolik Kilisesi, günahların itiraf edilmesi ve insan ruhunun, pratik psikolojinin en derin gerçeklerinin aktığı yatağa yönlendirilmesiyle, büyük kukla sürüsü için geniş bir yol çizer, ayağı sürçen zayıflara destek olur ve o olmasa, ahlaki açıdan ya hayvan düzeyine ya inmiş ya da onda kalmış olacak bu kalabalığı, gözle görülür biçimde tek tip bir yöne doğru iter.

Ah! evet, neredeyse herkes, inanılmaz derecede dışarıdan gelen telkinlere maruz kalıyor! Bu, önce ailede alınan eğitimdir, filozof aileler ise nadirdir! Ardından, akılcı bir eğitim alan çocuk da enderdir. Bu şekilde eğitilmiş insanlar bile, bir bakıma aptallık atmosferinde yüzerler. Toplumun görüşlerinin güçlü saldırısı altındaki çevre, hizmetkarlar, arkadaşlar, çocuğun kafasını toplumda hüküm süren formüllerle dolduracaktır. Aile, bu önyargılara karşı geçirimsiz duvarlar örse de çocuğun, düşüncesi kıt öğretmenleri ve genel geçer anlayışla zehirlenmiş sınıf arkadaşları olacaktır. Buna ek olarak, en iyi yetiştirilmiş çocuk bile, kendisi gibilerle yaşadığından, onların dilini konuşmak zorunda kalacaktır. Oysa, dilin kaynağının halk olduğunu bilmeyen yoktur. Kalabalıklar kendi suretlerinde bir dil yaratmışlardır. Kendi vasatlıklarını, üstün olan her şeye duydukları nefreti, görünümlere takılıp kalan, kaba ve safdil yargılarını bu dile boca ederler. Ayrıca bu dilde, servete, iktidara, savaş marifetlerine övgüler düzen ve iyiliği, çıkarlardan arınmayı, sade bir hayatı, zihinsel çalışmayı hor gören bir sürü fikir çağrışımı buluruz. Hepimiz de bu dilin telkinlerine yüksek düzeyde katlanıyoruz. Kanıt mı istersiniz? Bırakın önünüzde "büyüklük" sözcüğü söylensin. Bu sözcüğün, ahlaki yücelik hiç akla gelmeksizin güç, kuvvet fikirlerini, gösterişi çağrıştıracağına bahse gireriz. Herkesin andığı Cesar olacak, Epiktetos değil. Mutluluktan mı söz ediliyor? Buyurun size servet, güç fikirleri, şak şak! Benim yaptığımı yapın, bir düşünür için hayatı yaşamaya değer kılan en karakteristiklerinden on beş sözcük seçip hiç kimsenin bu egzersizin ahlaki öneminden şüphelenmemesi için, insanları psikoloji açısından bu sözcüklere eşlik eden imgeleri araştırmakta olduğunuza inandırın, o zaman gerçeği anlarsınız. Dilin, aptal ve kaba cehaletin, değerli zihinlerin aleyhine sahip olduğu en güçlü telkin aracı olduğu sonucuna varacaksınız.

Oysa, öğrencimizin her sınıf arkadaşının elinde bu evrensel ahmaklığa ilişkin, yeri geldikçe ve günlük giderleri itibarınca, bozuk paraya çevireceği bir deste tahvil kâğıdı vardır. Atasözleri, canlı ve özlü bir biçimde, ulusların bilgeliğini taşırlar: yani iyi gözlemin temel kurallarını bilmeyen ve kanıtlayıcı bir deneyimin ne olduğundan hiç şüphe duymayan insanların gözlemlerini içerirler. Sürekli tekrarlanan bu atasözleri, sonunda, onları yadsımanın kötü bir yaklaşım sayılacağı bir otorite edinir.

Zevk sözcüğünün anlamına layık şeyleri, bayağı ve kaprisli bir kadını koluna takıp kafelerden biraevlerine sürüklemek adına aptalca feda eden genç bir adamdan mı söz ediyoruz: Geniş fikirli görünmek isteyen ağır başlı biri, böylesi çılgınlıklar yapma döneminin kendisi için geride kalmış olmasından derin bir üzüntüyle, "Gençlik işte!" deyip, genç adamı devam etmeye teşvik etmekten mutlu olacaktır.

Eh! Söyleme cesaretimiz olsun: Kabul edilmiş, kutsal bilinen bu ifadelerin, onu düşünmekten, gerçeği görmekten alıkoyarak, genç adama zararı dokunduğunu söylemek abartı sayılmaz: Tüm Avrupa ve Amerika ülkelerinde olduğu gibi, mezun olur olmaz hiçbir gerçek gözetim, hiçbir ahlaki koruma olmaksızın büyük bir şehrin orta yerine atılıveririz; öğrenci çevrelerinde soluduğumuz o saçma önyargılar atmosferine karşı kimse bizi uyarmadığından, tutarsız ve vahim gidişatımızın nedeni açıkça gözler önüne serilmiş olur.

Bu gürültücü öğrenci çeteleri, artık *hizaya gelmiş* insanlarca onay görmez ama, bu öğrencilerin hali, aslında bu "hizaya gelmiş" adamların beynine doluşmuş, eleştiri görmemiş fikirlerin vücut bulmuş ve gerçekleşmiş halidir.

Bu telkin o kadar güçlüdür ki ondan olgun yaşta kurtulmayı başaranlar kıskançlık uyandırıcıdır. Çoğunluk, irade zayıflığı ve alttan alta eğilimlerinin yardımıyla, atasözlerinden destek alarak, ziyan olmuş, fakat olgun yaşlarında sürdürdükleri gençliklerini meşrulaştırmak derdine düşerler. Tüm bu hatalar, eğitimle birleşip yığıldığında, eğilimlerin tercih ettiği emsaller, dil, ortam, zihinde kalın bir sis perdesi oluşturur, göze her şeyi olduğundan farklı gösterir. Bu sisi dağıtmanın tek bir yolu vardır: Sık sık derin düşünme yalnızlığına sığınmak; büyük bir zihnin telkinlerini, içinizde, çevrenin vasat telkinlerinin yerine geçirerek, bu yararlı önerilerin ruhun derinlerine nüfuz etmesini sağlamaktır. İçselleştirmeye yardımcı olan bu yalnızlık, öğrenciye kolay gelir: ama daha sonraları, asla böylesine dolu dolu özgürlük bulamayacak ve bu eksiksiz bağımsızlık çağında insanın kendine bu kadar az hâkim olabilmesinden dolayı gerçekten üzüntü duyacaktır.

Ancak gerçek şu ki ister kendi kendimize olsun, ister büyük düşünürlerin düşüncelerinden destek alarak olsun, bu içsel inziva, yavaş yavaş yanılsamalarımızı dağıtır. Olayları başkalarının onlara verdiği öneme göre değerlendirmek yerine, onları gerçekte oldukları gibi görmeye alışırız. Özellikle de zevkimize ve izlenimlerimize, başkalarının görüşleri üzerinden değer biçme alışkanlığımızı kırarız. Kaba saba insanların, üstün zevkler karşısında yetersiz kaldıkları için, nasıl da düşük düzeyde zevklerden mutlu olduğunu, onları sahte kisvelere bürüyüp bir yandan dildeki tüm övgü terimlerini hasredip, diğer yandan da üstün zevkleri küçümseme ve alaylara boğduğunu, saygıya değer her şeyin tazeliğini soldurduğunu görürüz. Ona göre, düşünen ve hiçbir akımın ardından gitmeyen bir filozof ya ham hayalci ya değişiğin biri ya da delidir. Derin düşünceye dalan biri, yıldızlara bakarken kuyuya düşen, hasından bir düşünce simyacısıdır. Tüm övücü yakıştırmalar, şen şakrak uyaklar, ahlaksızlık için; uzun heceli ağır sözcükler erdemler içindir: biri ne kadar zarif, hoş ise, diğeri bir o kadar soğuk, kekre, katı, bilgiççedir. Molière, tüm o dehasıyla bile bizi ahlaksızlığa güldüremezdi. İçinde iyilik, doğruluk bulunmayan, flörtçü Celimene gülünç değildir, komik olan, tüm kelimeleri, tüm davranışları ve hareketleri büyük bir dürüstlük içinde olan, doğrucu adam Alceste'tir. Komik olma yeteneği Alceste'e ihsan edilmiştir. Her iki cinsiyetten öğrenciler, Alceste'in aslında zarif bir genç adam olduğunu öğrendiklerinde çok şaşırırlar; bu da erdem sözcüğünün, bir kez daha vurgulayalım, bayağı ve pespaye olan her şeyin korunduğu bir depo olan gündelik dilin içerdiği telkinleri nasıl da güçlü bir şekilde peşi sıra sürüklediğini gösteriyor. Max Müller, eğitimli bir İngiliz'in kullandığı sözcük sayısını üç ya da dört bin olarak tahmin ediyor; büyük bilginlerin kullandıkları sözcükler ise on beş yirmi bindir; elbette bunlar, sıradan konuşma içinde çok nadiren kullanılan ve sıradan insanının birikimiyle düşünürünki arasındaki farkı oluşturan, büyük, soylu, yüksek düzeyde olan her şeyi içinde bulunduran sözcükler kataloğundadırlar. Ne yazık ki düşüncenin dilde neden olduğu bu kabarma aynı dağlardaki gibidir: kaba insanlar zirvelerde kısa gezintiler yapabilir, ancak yaşadıkları yer düzlüklerdir.

Bu yüzden fikir çağrışımları, yüksek düzey olan her şeye ters gider. "Çocukluktan itibaren bazı şeylere iyi bazılarına kötü dendiğini işittik." Bize bunları öğretenler, o sözcüklerin temsil ettikleri hareketin fikrini de aşıladılar. Onları böyle görmeye, aynı hareketleri ve aynı duyguları onlara katmaya alıştık":[1] "Artık onlar hakkında kararımızı, gerçek değerlerine göre değil de insanların görüşüne göre veriyoruz."

Bir kez daha tekrarlayalım, öğrenci çaresini ancak dikkatli düşünmeyle bulacak ve kendi gözleriyle bakmayı öğrenecektir. Tüm diğerleri gibi hayata atılsın, ona gerekli olan budur: Bu olmazsa, hiçbir deneyimi olmayacak ve hiçbir tehlikeden kaçınmayı öğrenemeyecektir. Ancak, ortak yaşam deneyimini yaşadıktan sonra, kendi içine dönecek, dikkatlice izlenimlerini analiz edecek: bundan gayrı şeylerin değeri, yüceliği ve özellikle kendisiyle ilişkileri hakkında yanılmayı bırakacak; hatta onların arasındaki yabancı maddeleri de ayıklayacaktır. Sıradan bir öğrenci yaşamından, kısa bir zamanda bu yaşamı özetleyen şöyle bir sonuç çıkaracaktır:

Kalıcı zevklerin, yüce ve dingin sevinçlerin mi, boş işlerin mi fedakârlığa değeceğini bilememek, özgürlüğüne kavuşmuş görünme merakı, birahaneleri haykırışlar ve gürültü patırtıyla doldurmak, ayyaş gibi içmek, palavracılık edip evine sabahın ikisinde dönmek, kendini, ertesi gün yerini alacak bir başkasının kollarında göreceği kadınlarla her yerde teşhir etmekten gururlanmak.

Yatılı okulda onca sıkıştırıldıktan sonra, ebeveynlerin o endişeli gözetiminin ardından, böylesi bir tutumun, bağımsız olmanın aşikâr bir tezahürü olduğu açıktır. Peki ama

---

[1] Nicole, *Danger des entretiens*.

bunu gösteriye dönüştürmek neyin nesi? Bağımsızlığın verdiği gerçek his, işte asıl büyük sevinç! Gerisi sadece boş işler. Bu gürültücü, cafcaflı hayatın mutluluk olarak net getirisine çok yanlış değer biçilmekte. Ayrıca, söz konusu boş kibirse, onu daha akıllıca tatmin etmek öyle kolay ki! Öğretmenlerince takdir edilmek, sınavlardan tam başarıyla çıkmak, ebeveynlerin isteklerini bütünüyle karşılamak ve küçük kasabasında büyük bir adam olarak taçlandırılmak, tüm bunların sevinci; öğrencinin zevk dünyasından elde edeceği boş mutluluğu, en aptalların, hamalların ya da aylığını henüz alan bir mağaza çalışanının kolaylıkla erişebileceği doyumu, katbekat geride bırakır.

Dememiz o ki öğrenci kendi iç dünyasına dalsın ve kibir yanılgısı altına gizlenmiş bir yorgunluktan ve fiyaskodan ibaret bu zevklere yönelik, zekice, kavrayıcı bir özeleştiri yapsın. Dahası, tüm önyargıları, entelektüel çalışmaya karşı hızla çoğalıp duran bilgiçlikleri, safsataları tek tek irdelesin; gözlerini iyice açıp bazı günlerine ve ona rehberlik eden ilkelere *ayrıntılı* olarak yakından baksın. Edindiği bu düşünceleri iyi seçilmiş okumalarla desteklesin ve iradesine yardım etmeyen her şeyi bir yana bıraksın. Böylece yeni bir dünya keşfedecektir. Artık Platon'un mağarasındaki zincirlenmiş mahkûmlar gibi her şeyin salt gölgesini görmeye mecbur olmayacak: Gerçeklerle yüz yüze gelecek, onları saf gün ışığında görecek.

Böylece kendisine sağlıklı ve mert bir izlenimler atmosferi yaratacak, kendisinin efendisi olan bir zekânın sahibi, bir kişilik olacaktır. Kör eğilimler olsun, dil olsun, arkadaşlar olsun, dünya ve çevreden telkin edilen, birbirine zıt yönlere savrulmayacaktır.

Yine de insanın en derin yalnızlığa sığınıp, dünyanın orta yerinde o yalnızlık içinde düşünceleriyle yaşayabileceği açıktır. İstediğimiz yalnızlık, küçük kaygılara erişimi reddetmek, kendimizi, sadece, ruhumuzda duymak istediğimiz hisleri tahrik edecek nesneleri ve düşünceleri kabul etmekle sınırlandırmaktan ibarettir. Böyle bir çalışma, Grande-Chartreuse manastırında inzivaya çekilmeyi gerektirmez ve mükemmel bir şekilde, olağan gündelik meşgalelerimizle uyumludur. Yeter ki ya sadece bir yürüyüşle ya da evde "iç dünyaya çekilme" ile tüm dikkati, nefret ya da sevgi dürtülerini uyandırabilecek konulara verip, az ya da çok, her gün ya da her hafta yoğunlaşılabilsin.

§ VII

O zaman, genç adamımız, bayağı telkinlere bağımlı olmaktan ve bağımlılığın yol açtığı hatalardan kaçınabilecektir; sadece davranışları gerçeğin kalıbına girmekle kalmayacak, aynı zamanda ciddi tehlikelerden de kaçmış olacak. Özdenetim, aslında, dış dünyadan gelen sayısız telkinden kendini kurtarmayı, özellikle de zekânın, duyusallığın kör güçleri üzerinde hâkimiyet kurmasını esas alır. Çocukların, birçok kadın ve erkeklerin büyük çoğunluğunun davranışlarına dikkatle bakarsak, hepsinin ilk andaki itkilere göre hareket etme eğiliminde olduklarını, davranışlarının da azıcık bile olsa uzak amaçlara ayak uydurmakta ne denli yetersiz kaldığını hayretle görürüz. Her seferinde, içlerindeki duygular onlara hâkim olur, şöyle ya da böyle hareket etmeye iter. Ardından da vicdanlarında bir kibir dalgası, sonra bir öfke fırtınası, bunu takip eden bir sevgi kabarması, vb. uyanır. Alışıldık ya da zorunlu hareketler aradan çıkarıldığında geriye sadece, değer ölçüleri genellikle çok yüksek olmayanlar üzerinde, ilke olarak iyi bir izlenim bırakmak gereksinimi kalır. Ve bu eğilim, saf bir şekilde kendini iyi bir şeyin modeli olarak kabul etmek için o kadar güçlüdür ki halk ancak ortalığı karıştıran, yerinde duramayan huzursuzları hareket adamı olarak görür. Yalnızlığına kapanıp meditasyon yapan ve derin derin düşünenler ise, yaftalanır. Ancak yeryüzünde her yapılan büyük ve kalıcı şey, düşünürler tarafından başarılmıştır. İnsanlığın yaptığı verimli çalışmalar, o sözünü ettiğimiz, "yıldızlara bakarken kuyuya düşen", düşçüler tarafından, yavaşça, rahat, telaşsız ve gürültüsüz patırtısız gerçekleştirilmiştir. Diğerleri, tarihi aptallıklarıyla dolduran o gürültücü olanlar, siyasiler, fatihler, yerinde duramayanlar, uzaktan baktığımızda, insanlığın geleceğe yürüyüşünde çok vasat bir rol oynamışlardır. Bugün anladığımız şekliyle, sıradan okuryazar kamuoyunun biraz budala merakını gidermeyi amaçlayan bir avuç anekdotun ötesine geçmeyen tarih, yerini düşünürler tarafından düşünen insanlar için yazılmış bir tarihe bıraksaydı, o büyük "hareketli" kişilerin, medeniyetin ana akışının değişmesine katkılarının ne kadar az olduğunu gördüğümüzde nasıl da şaşırırdık. Tarihte gerçek kahraman olanlar, bilimlerde, sanatta, edebiyatta, felsefede, endüstri alanındaki büyük mucitler, hak ettikleri yeri bulacaktır; yani ilk sıraya yerleşeceklerdir. Kapıcısının bile alay ettiği, asla para kazanmayı beceremeyen

Ampere gibi yoksul bir düşünce adamı, toplumda, hatta modern savaşta devrim yaratan buluşlarıyla bir Bismarck, bir Moltke'nin bir araya gelip yaptıklarından çok fazlasını yapmıştı. Bir Georges Ville, tarım sektöründe elli tarım bakanı bir araya gelse yapamayacağından fazlasını yaptı ve daha da yapacak.

Bir öğrencinin, verimli iş yapmakla karıştırdığı için, kıpırdanmayı, hareketliliği övgülere boğan genel geçer düşüncelere direnmesini nasıl beklersiniz? Kendisine yaşadığını belirten bir yanılgı bulma ihtiyacı hissetmemesini, yani gürültü etmemesini, hesapsızca hareket etmemesini, bunlar böyle geçer akçe kabullerken, ondan nasıl bekleyebilirsiniz! Tüm talihsizliklerimiz, bu uğursuz hemen eyleme geçme gereksiniminden gelir, kanaatin övgüleriyle kışkırtılmış bir ihtiyaç… Yalnızlık içindeki insan, enerjisini neyle harcayacağını bilemediğinden, bu taşkınlık kendi başına fazla bir tehlike oluşturmazdı. Ancak, böyle bir düşüncesizce hareket etme eğilimi olduğunda, öğrenci dış koşulların oyuncağı haline gelir. Tam çalışma sırasında bir arkadaşın gelivermesi, bir toplanma, bir kutlama, herhangi bir etkinlik buna yol açabilir; çünkü, beklenmedik, bir anda olan şeylerin, zayıf iradeyi "darmadağın" ettiği kolayca fark edilecek bir şeydir. Kurtuluş bir tek derin tefekkürde bulunur: dış olayları öngörmek, yoksun olduğunuz enerjinin yerini bile tutabilir. Oysa öğrenci, varoluşunu anlık rastlantılardan kurtarabilir. Ortaya çıkabilecek zihin dağıtıcı durumları kolayca öngörebilir. Örneğin, filanca arkadaşın onu birahaneye ya da gezmeye sürüklemeye çalışacağını bilir, onu reddetmenin yollarını mükemmel bir biçimde önceden hazırlayabilir ya da açıkça reddetmek ona zor geliyorsa, bir özür dileyip ısrar olduğunda kısa kesebilir;[1] ama bir kez daha tekrarlayalım, önceden, sağlam bir biçimde yapılacak somut işler için eve dönmeye karar vermemişsek ve işe koyulmak yerine, zamanınızı boşa harcamanın önünü kesmek için kestirip atmanın yolunu bulamamışsak, o günün yitirileceği neredeyse kesindir. Psikolojik açıdan öngörmek, olacakları hayalinde önceden canlandırmaktır. Bu ön kestirim keskin ve netse, tepkinin veya eylemin büyük bir hızla gerçekleşmesini sağlayan bir yarı-gerilim durumuna denk gelir: öyle ki verilecek tepki ya da eylemin düşüncesiyle bu düşüncenin gerçekleştirilmesi arasında, dış olayların yönlendirmeleri veya arkadaşların davetlerinin müdahalesine yetecek zaman yoktur. Aslında kararımıza muhalif olaylar, bir bakıma sadece karara uygun davranışların otomatik olarak yerine getirilmesine yol açar.

Hayatta gafil avlanmak, sadece zayıf kişiler için söz konusudur. Net bir amaç belirlemeyenler ya da önceden belirlenmiş bu sabit hedeften gözlerini ayırmamayı bilemeyip sürekli düşüncelerinin dağılmasına yenilenler için, hayat tutarsız hale gelir. Aksine, sık sık "pusulayı ayarlayıp" direksiyonu doğrultmayı ihmal etmeyenler içinse, öngörülemez diye bir şey yoktur: Ancak bunun için, nasıl biri olduğumuzun, her zamanki hatalarımızın, zamanımızı genellikle boşa harcamamıza neyin neden olduğunun net bir biçimde

---

1 Kant'ın bu konudaki uzlaşmazlığını hiçbir şekilde onaylamıyoruz. Kendini savunma halindeyken bir adamı öldürmeme izin verilecek ama davetsiz misafirlere karşı bu aynı kendini savunma durumunda birinin bozulmasına izin verilmeyecek! Onlara karşı işini ve düşüncesini savunmak bir haktan da öte bir görevdir. Çoğu zaman, başkalarını ciddi şekilde yaralamadan kendimizi korumak için kullanabileceğimiz tek silahtır. Affedilemez, iğrenç mazeret, birine zarar veren mazerettir. Zarar verme niyetiyle söylenen bir gerçek, bir yanlışlık kadar suç unsuru taşır. Suç eylemini yaratan kötü niyettir.

farkına varmalı ve kendimize bir davranış yolu çizmeliyiz: Bir biçimde kendimizi görüş alanımızdan kaçırmamalıyız.

Böylece, günbegün, varoluşumuzdaki şansa kalmış şeylerin payını azaltmayı başarabileceğiz. Bir arkadaşla selamı kesmek, oda değiştirmek, başka lokantaya gitmek, kendimizi bir süreliğine kırlara atmak gibi bir dış olay ortaya çıktığında tereddüt etmeden ne söylemek ve yapmak gerektiğini bilmekle kalmayıp aynı zamanda içimizde gerçekleşebilecek tüm rastgele olaylara karşı tastamam ve ayrıntılı bir muharebe planı da hazırlayabiliriz.

Bu plan çok önemlidir. İyi tasarlanırsa, cinsel bir telkin zihnimize sokulduğunda ve onu kovamadığımızda ne yapacağımızı biliriz; belirsiz duygu patlamalarının üstesinden nasıl gelineceğini, üzüntünün, cesaret kırılmasının nasıl yenileceğini biliriz. İyi bir general gibi, düşmanın niteliklerinden, zeminin zorluklarından, kendi birliklerimizin eksikliklerinden kaynaklanan tüm engelleri ölçüp biçer, aynı zamanda da düşmanın komutasındaki noksanlıkları, arazideki bir engebeyi ya da birliklerin taşıdığı heyecanı tartar, başarı şanslarının oranını çıkarsayabiliriz. Böylece yol alan biz oluruz. Dış ve iç düşmanları tanıyoruz, taktiklerini ve zayıflıklarını da biliyoruz: Nihai zaferden şüphe etmeyiz, çünkü her şey, hatta kısmi bir yenilgiyi takip eden düzenli bir geri çekilme bile plan dahilindedir.

Öğrenciyi kuşatabilecek, dikkatimizi vermemiz gereken iç ve dış tehlikeler tam olarak bunlardan ibarettir. Onları mağlup edecek taktikleri incelemek gereklidir. Dış koşulları, hatta genelde ruhen çökmemizi hızlandıran şeyleri bile, irademizi kendi kendimize eğitebilmek üzere nasıl kullanabileceğimizi göreceğiz. Düşünmenin, zekânın güvenilir özgürleştiriciler oldukları ne denli doğruysa, bu aydınlatıcı güçlerin, duyuların ağır ve kör güçlerine karşı zaman içinde zafere ulaşacakları da o kadar kesindir!

§ VIII

Derin tefekkürün sonuçları açısından müthiş verimli olduğunu gördük: Bu yöntem güçlü duygulanım hareketlerinin doğmasına yol açar, arkası gelmeyecek girişimleri enerjik çözümlere dönüştürür; dilin ve tutkunun telkinlerini etkisizleştirir, geleceği net görmeyi sağlar, iç tehlikeleri öngörmeyi mümkün kılar; dış koşulların ve ortamın doğal tembelliklerimize destek olmasını önler. Bu hayırlı güçten bekleyebileceklerimiz sadece bu önemli avantajlardan mı ibaret? Hayır, bize doğrudan dokunan yararına eklenecek dolaylı sonuçları da az değildir.

Her günkü deneyimlerimizden, önce geçici olan kurallar çıkarır; ancak bu kurallar doğrulandıkça, giderek netleşip kesinleşecek yönetici ilkeler elde edilir. Bu ilkeler, sayısız ayrıntıdan çıkarılan gözlemlerin yavaş yavaş düşüncenin alt katmanlarında birikmesiyle oluşur: Böyle bir birikim ne dikkatsizlerde ne de yerinde duramayan hareketlilerde asla oluşmaz; ayrıca bunlar geçmişten yararlanmaz ve ilgisiz öğrencilerde olduğu gibi, hep aynı yanlış dil kullanımları ve hataları sergilerler – tabii burada söz konusu olan, sözcüklerdeki yanlışlar ve hatalar değil, davranıştakilerdir. Aksine, düşünen kişilerde, geçmiş ile şimdiki zaman kesintisiz süren bir ders gibidir, önlenebilir hataların gelecekte tekrarlanmamasını sağlayan bir dersten bahsediyoruz. Bu dersler, kademeli olarak kurallar halinde yoğunluk kazanır, sonunda da kesifleşmiş deneyime dönüşür, şifalı iksir gibi olur. Özlü sözlere dönüşen bu kurallar, çeşitli arzuların, farklı yönlere giden doğal hareketlerin disiplin altına alınmasına yardımcı olurlar, böylece istikrarlı ve güvenli bir düzenin hayata hâkim olmasını sağlarlar.

Net bir biçimde ifadeleştirilen her ilkede içkin olan bu güç, aynı sonuca giden iki nedenden kaynaklanır.

Birincisi, psikolojide neredeyse mutlak bir kural vardır: Eğer gerçekleştirilecek veya gerçekleştirilmemesi gereken herhangi bir eylemin fikri, çok farklı, belirgin bir fikirse ve ortalıkta düşmanca duygulanım halleri yoksa, bir gerçekleşme gücüne de sahiptir. Bu güç, fikirle eylem arasında temel bir fark olmaması olgusuyla izah edilebilir. Tasarlanmış bir eylem zaten başlamakta olan bir eylemdir. Kafada canlandırma, yapılacak şeyin *"genel provası"* gibidir; bir hareketi gerçekleştirecek kasın nihai kasılması öncesi bir yarı kasılma gibidir; böylece önceden tasarlanmış eylem hızlı bir şekilde yürütülür; saldırgan eğilimler gürühunun ses edecek zamanı bile olmaz. Örneğin, işe gitmeye karar verdiniz ama geçen gün tiyatroya gitmeyi teklif etmiş bir arkadaşın, gelip tekrar ısrar edeceği kanaatine vardınız. Cevabınızı hazırlar, gördüğünüzde onu uyarırsınız: "Sana eşlik etmeyi planlıyordum ama özür dilerim, kesinlikle geri dönmemi gerektiren beklenmedik bir aksilik çıktı." Bunu kararlı ve çok kesin bir ses tonuyla söylemeniz hem arkadaşın her türlü ısrarının hem de sizin vazgeçmenizin önünü kesecektir.

Siyasette olduğu gibi, kararsızları, pısırıkları, ukalaları peşlerinde sürükleyenler, net ve gözü pek girişimleri olan insanlardır. Benzer şekilde, bilinçte de net ve kararlı durumlar vaziyete hâkim olurlar. Öyle ki takınacağınız tavrı ayrıntılarına dek saptarsanız, önceden belirlediğiniz program, tembelliğin ve boş heveslerin telkinlerinin önünü kesecektir.

İşte bu ilkelerin güçlü olma nedenlerinden ilki. Bu tek, hatta en önemli neden değil. Gerçekten de sırf düşünmek için, koskoca bir imge yükünü peşimizden sürükleyemeyiz. Sınıfladığımız belirli nesneleri kullanışlı kısaltmalarla, elimizin altında olan ve aslında sözcüklerden başka şeyler olmayan işaretlerle değiştiriyoruz. İstediğimiz zaman belirli imgeleri ortaya çıkarabilmek için, dikkatimizi o işaret üzerinde biraz sabitlememizin yeterli olacağını biliriz. Aynı üzerlerine bir damla su damlatıldığında yüzlerce kurumuş *rotifera*'nın[1] canlanması gibi. Aynı şey hislerimiz için de geçerlidir. Onlar, düşüncenin zor baş ettiği, ağır ve hantal şeylerdir: Onları da günlük kullanımda, kısa, yönetilebilir işaretler olan sözcüklerle değiştiriyoruz. Bu sözcükler, temsil ettikleri hisleri çağrışımla uyandırmaya son derece yatkındırlar. Bazı sözcükler, anlamını taşıdıkları duygularla dolup taşarlar: Şeref, ruh yüceliği, insan onuru böyle sözcüklerdir... Hainlik, korkaklık vb. de öyle. Öyleyse, prensipler de özlü, enerjik kısaltmalardır, günlük bilinçte temsil ettikleri, gücü az ya da çok olan, karmaşık, zor hisleri tek başlarına mükemmelen uyandırabilirler. Derin düşünme, ruhta sevme hareketlerine

---

[1] Rotifera, çarklı hayvanlar ya da tekerlekli hayvanlar sınıfından solucan benzeri mikroskobik omurgalı ya da omurgasız olabilen akuatik canlılardandır. Deniz ve tatlı suda yaşayabilen yaklaşık 2000 türü vardır. İki türü su ürünleri yetiştiriciliğinde kullanılır. (ç.n.)

ya da itilme hareketlerine yol açtığında, bu hareketler kısa sürdüğünden, gerektiğinde onları anımsatabilecek ve bir şekilde özetleyecek bir ifadeyi yedekte tutmak isabetli olur. Böylesi, düşünce içinde somut bir ifadenin sağlam bir biçimde sabitlenmesinden çok daha yararlıdır. Akla kolayca gelip peşinden de gücünü aldığı ve uygulamada işaret ettiği çağrıştırılmış hisleri getirir; karşılığında bu duygulara netliğini, basitçe uyandırılma kolaylığını ve nakil rahatlığını verir. Kendi kendimizi eğitirken kurallarımız net olmazsa, çevreye ve tutkulara karşı mücadelede tüm esnekliğimizi yitirir, durumu bütünlük içinde göremeyiz. Kurallar olmadan mücadelemiz gölgelenir, en büyük zaferlerimiz kısır kalır.

Böylece davranış kuralları irademize, zaferin garantisi olan kararlılık ve kuvveti verir. Bunlar uyandırmak istediğimiz duyguların yerini kullanışlı şekilde tutar. Kendimizi özgür kılmak için edindiğimiz bu yeni ve paha biçilmez yardımcıları uyandıran da yine derin düşünmedir; çünkü sadece bu derin düşünme, zihnin bitmek tükenmek bilmez deneyimlerimizden, birlikte var olma durumları ve durmaksızın birbirini takip eden unsurlar ortaya çıkarabilir. Bu durum ve unsurlar yaşam bilimizi var eder, yani öngörme ve geleceği yönetme gücümüzü.

§ IX

Özetle, nasıl kullanacağımızı bildiğimizde, derin düşünme ruhumuzda değerli duygulanım atılımları üretir. Üstelik büyük bir kurtarıcıdır, çünkü bilincin ışığına düzensizce saldıran hislerin, tutkuların, fikirlerin fokurdayışına direnmemizi sağlar. Ayrıca, dış dünyadan gelen heyecan selinin orta yerinde durabilme olanağı verir ve kendini bu şekilde toparlama becerisi, kendi olarak kalma gücü, verimli bir mutluluk nedenidir, çünkü asla gerip dönüp bakmadan kendimizi tepkisiz bir biçimde akıntıya koyvermek yerine, varoluşun hoş anılarına geri dönebilir, onları kafamızda evirip çevirebilir, yeniden yaşayabiliriz.

Ayrıca, insanın güçlü bir biçimde kendi kişiliğinin farkına varması ne kadar önemli! İyi bir yüzücü, dalgalarla mücadele ederken, bazen kabaran dalganın onu okşar gibi altından geçmesine göz yumarken, bazen de onu tahrik edip, zorlanmaktan, sevinç benzeri bir şey yaşamaz mı? İçimizdeki güçlü olma hissi, bazı unsurlara karşı mücadelede, her zaman derin ve hoş duyguları harekete geçiriyorsa, duyulara bağlı hoyrat güçlere karşı bu istenç mücadelesine nasıl heyecan verici bir ilgi duymayız ki? Özdenetimin doğurduğu sevinçleri resmettiği içindir ki Corneille sonradan gelen kuşakların büyük takdirine mazhar olmuştur. Karakterleri bu kadar zor zaferler elde etmeselerdi, hayvansal doğamızın alınyazısı olan ölüme karşı mücadeleleri daha uzun sürseydi, tiyatrosu daha da derin biçimde insani olurdu. Corneille bize böyle soylu bir ideal sunduğu için, sadece dramatik şairlerimizin önde geleni değil, tüm zamanların en yüce ve takdir gören dehasıdır.

İKİNCİ BÖLÜM

DERİN DÜŞÜNME NEDİR VE NASIL UYGULANIR?

§ I

Derin düşünme, özgürlüğümüze kavuşma çalışmalarımızda bu kadar büyük bir öneme sahipse, derin düşünmeyi nasıl tatbik edeceğimizi hemen araştırmamız, psikoloji yasaları ile deneyimlerden gelen bilgilerin bize ne tür somut yardımlarının dokunacağını keşfetmemiz gerek.

Bir kez daha, derin düşünmede söz konusu olanın, güçlü şefkat veya nefret hareketlerini içimizde tahrik etmek, ortaya kararların çıkmasını sağlamak, davranış kurallarını saptamak, iç dünya ve dış dünya tarafından kışkırtılan bilinç durumlarının çifte girdabından kaçınmak olduğunu belirtelim.

Yararlı bir biçimde düşünmenin ve tefekkür etmenin en büyük kuralı, düşüncenin doğasını incelemekten geçer. *Sözcüklerle* düşünürüz. Daha önce belirttiğimiz gibi, düşünmek için gerçek görüntülerden kurtulmak zorundaydık, çünkü bunlar ağır, hantal, idare edilmesi zor şeylerdir. Onların yerine, iletebilmek ve hatırlanması kolay, kısa işaretleri koyduk: Bu işaretler aslında cins isimlerdir. Şeylerle ilişkilendirilen bu sözcüklerin, istendiğinde o şeyleri çağrıştırma nitelikleri olur. Bunun tek şartı, sözcüklerin, o şeylerle olan deneyimlerimizin ardından belleğe kazınması ya da hiç değilse, deneyiminin de o sözcüğe dahil edilmesidir. Ne yazık ki çocukken önce sözcükleri öğreniriz (temel bilgiler, basit algılamalar vb. ilgili olanların haricinde). Bu sözcüklerin çoğunu öğrenmeye, onların başaklarına şeylerin tanesini eklemeye zamanımız, fırsatımız ya da cesaretimiz olmamıştır. Bu başaklar hafif, hatta boştur. Hepimizin istisnasız, belleğinde böyle sözcükler çoktur. Ben hiç fil kükremesi duymadım; kükreme sözcüğü benim için boş bir başak. Halktan basit birinde ise, böyle sözcüklerden yığınla bulunur. Böyle bir kişi, "Tecrübe konuşuyor" deyip tartışmayı kapatır. Oysa bir deneyimin geçerli olması için gerekli koşullardan kesinlikle haberi yoktur. Bu iş bu minvalde sürüp gider. Ağzımızdan çıkan sıradan cümleleri incelediğimizde, çoğu düşüncemizin belirsiz olması bizi hayrete düşürür. Hatta en zekilerin sözlerinin hiçbir gerçekliğe oturmadığını, papağan gibi konuştuklarını keşfederiz.

Demek ki derin tefekkür, taneyi düşürmek için harman dövmektir. Burada hâkim kural, sözcüklerin yerine daima şeyleri koymaktır. O şeyler, belirsiz ve de açık seçik olmayan imgeler olmamalı, tüm ayrıntılarına dek ince ince görmüş olduğumuz şeyler olmalıdır. Düşüncemiz daima kendine özgü nitelikler taşımalı ve onu somut hale getirmeliyiz. Örneğin, kendi kendimizi artık sigara içmeme konusunda karar almaya zorlamak söz konusuysa, sigara içmenin sakıncalarını, kararan dişlerden tutun, her yemek sonrasında tüttüreceğimiz tek bir puronun her ay bize mal olduğu yüz franka varana dek, tekini bile atlamadan inceleyeceğiz. Tolstoy'un tütünün zihni körelttiğine dair sözünün doğruluğunu araştıracağız. Bir gün zihnimiz iyice berrak durumdayken, zekice bir felsefi çıkarsamayı anlamaya çalışacak, bunu yaparken de sigara içmeyi sürdürmeye çalışacağız. Sigara içtikten sonra zihnimizi toparlamakta, düşüncemizi sabitlemekte zorlandığımızı fark edeceğiz. Bunun gibi birkaç deneyim, tütünün ince kavrayış yeteneğini körelttiğine bizi ikna edecektir. Öte yandan, sigara içmekten keyif almanın, er geç yok olup yerini zalim bir alışkanlığa bırakan fiziksel zevklerden biri olduğunu düşünecek, bu zulmün neden olduğu durumları aklımıza getireceğiz. Bu ve benzeri gözlemlerin sonunda almış olduğumuz bir daha sigara içmeme kararının, kendimize hâkim olduğumuz o anların arkasında duracağız. Çalışmanın bize getirdiği çoklu tatminlerin ayrıntıları için de aynı işlemi yapmak gerekir.

Yine, çözümlemelerimizin en ince ayrıntılarına inerek ve yalan dolu iddiaların kaynağını titizlikle araştırarak dilin bize dayattığı telkinlerin, tutkudan kaynaklanan yanılsamaların, savların yalancılığını savuşturmayı başaracağız. Bu kitabın pratik bölümünde, bir tek Paris'te iyi çalışıldığına ilişkin sık sık tekrarlanan iddiayı da inceleyeceğiz.

Son olarak, ayrıntılı bir gözlemle, tutkularımız ve tembelliğimizden kaynaklanan tehlikeleri öngörmeyi kusursuzca becerebiliriz. Yine, çevre, ilişkiler, meslek, kazara vuku bulan durumlardan vb. kaynaklanan tehlikelerin öngörüsünü de bu şekilde mükemmelleştiririz.

Derin düşünme sırasında kendimize yardımcı olabilmek için, gürültüden kaçınmamız gerekir, iç dünyamıza daldıktan sonra da o günkü derin düşünme sırasında aklımızdan geçirdiklerimize ilişkin kitaplara başvurmamız, aldığımız notları yeniden okumamız, sonunda da enerjik bir imgeleme çalışmasıyla yüz yüze olduğumuz tehlikenin net ve kesin bir biçimde tüm ayrıntılarını, takınılacak şu ya da bu tutumun avantajlarını gözümüzde canlandırmamız gerekir. Hızlıca üzerinden geçmek asla yeterli olmaz; görmek, duymak, hissetmek, dokunmak gerekir. Yoğun bir düşünmeyle incelediğimiz nesnenin, gerçekten orada imiş gibi zihnimizde canlanmasını sağlamamız gerek. Hatta daha da canlı olsun: Sanat bir sahneyi, bir manzarayı daha mantıklı, hatta gerçeğinden daha gerçek yansıtabiliyorsa, bizim imgelemimiz de derin düşünme sırasında ilgi nesnemizi bize bir o kadar daha net, daha mantıklı, aslında olduğundan daha gerçek ve daha da canlı, daha etkileyici biçimde yansıtmalı.

§ II

Düşüncelerimizin etkilerini tam olarak göstermeleri için, katkıda bulunan bazı tartışılmaz uyarıcılar vardır. Kendileri için, ruhta güçlü heyecan dalgaları yaratmanın, bizim için olduğu gibi bir araç olmayıp yüce nihai amaç olduğu Katolik bilincin büyük yöneticileri, öncekilerin deneyimleriyle zenginleşen, günah çıkarmalarla sürekli besledikleri zengin kişisel gözlemleriyle, bizlere, psikolojideki en ufacık uygulamaların bile ne denli önemli olduğunu gösterirler. En küçük ayrıntıya varana dek yöneten kusursuz bilime hayranlıkla dolmadan bir kilise törenine katılamazsınız.

Örneğin, bir cenaze töreninde, tüm jestler, tüm tavırlar, el kol hareketleri, tüm ilahiler, org, hatta vitraylar üzerinde oynaşan ışık bile, aile bireylerinin acısını büyük dini devingenliklere dönüştürmek amacıyla, harika bir mantık içinde adeta yarışır. Bu gibi törenlere samimi bir inançla katılanlarda duygu, ruhun en kişisel derinliklerine nüfuz etmelidir.

Ancak kilisede bile etkisi bu kadar güçlü törenler istisnadandır. Ruhun böyle heyecanlanması için, vicdanların yöneticileri, bir dizi çok güvenilir pratik yöntem önerir. "İnzivaya çekilme" bir yana, kendimizi sadece onların önerdiği yalnızlık uygulamalarından başka bir şeyle meşgul etmemek adına, yürek gücünü desteklemek için talep ettikleri fiziksel yardımdan hayrete düşmemek işten değildir. Aziz Dominik dua tespihini icat ederek bir şekilde derin düşünceye, bir el uğraşısı oyunuyla can vermiş olur. Aziz François de Sales, özellikle duygusal kuraklık dönemlerinde, dış eylemlerden yardım umulmasını, düşünceleri telkin etmeye yatkın davranışlara, okumalara, hatta yüksek sesle tekrarlanacak sözcüklere başvurulmasını önerir. Pascal sürekli olarak, "otomata boyun eğdirmek"ten söz etmez mi? Leibniz'in kendisi (*systema theologicum*) az bilinen bir metinde şunları söyler: "Ruhlarında ve gerçekte tapınmak bahanesiyle, insanlığın sakat yanlarını hesaba katmadan, duyulara dayanan, hayal gücünü harekete geçiren her şeyi Tanrı kültünden sürmelerini onaylamam imkânsız... Ne dikkatimizi iç fikirlerimize sabitleyebiliriz ne de dışarıdan yardım eklemeksizin bunları zihnimize kazıyamayız... Hem bu işaretler dışa vuruldukları ölçüde verimlidirler.

Yine, bu deneyimden yararlanarak, derin düşünme sırasında ilham gelmediğinde, amacımıza uygun okumalardan yardım almalı, yüksek sesle söyleyeceğimiz sözcüklerle dikkatimizi desteklemeliyiz. Bu daha önce gördüğümüz gibi,[1] gözümüzde canlananlara baskın vermemizin ve boyun eğdirtmenin emin bir yoludur. Hatta, derin düşünmede aklımıza gelenleri yazmalıyız, böylece, arz durumlarının, bilhassa da önerdiklerimizin (telaffuz edilen sözcükler, yazılar vb.) temsiller karşısındaki öncelik hakkını, temsillerimizi dilediğimizce yönlendirmek için kullanırız. Böyle yaparak, başlıca düşünce engellerini, duyusal zevklerin anısını ve imgelemin kafa dağınıklıklarını bilincimizden çıkarabilir, yerine istediğimiz fikir dokusunu ekebiliriz.

Bu tür bir duygulanımsal derin düşünme için en uygun zamana gelirsek, bize göre bu, tatili sona erdiren, derslerin başlamasından önceki haftadır. Her tatilde, yani yılda üç kez, ormanda veya deniz kenarında kaybolarak yapılacak bir tür iç açıcı inziva sırasında, bu yararlı derin düşünmeleri sürdürmek iyi olur. Bu tür "inzivalar" sonsuz yarar sağlar. İradeye yeniden güç verir, öğrenciyi bilinçli bir kişilik haline getirir. Ancak, okul yılı boyunca, çalışma aralarında kendinize, kendi hakkınızda düşüneceğiniz pek çok düşünme anı ayırmayı gözetmelisiniz. Akşamları uykuya dalarken ya da gece uyandığınızda ya da dinlenme anlarınızda, küçük kaygıların bilinci işgal etmesine izin vermek yerine, iyi

---

1 Bkz. s. 64.

kararlarını yinelemek ve ne ile meşgul olacağına ya da dinlencelerine karar vermekten daha kolay ne var?

Sabah kalkıp, giyindiğinizde, işe koyulduğunuzda, "iyi isteklerin bitkisini yeşertmekten",[1] gün içinde yapacak olduklarınızı planlamaktan daha yararlı bir uğraşı var mıdır? Sık sık böyle derin düşünmeye çok çabuk alışılır. Zaten bu alışkanlıkları edinmek öylesine verimlidir ki gençlere bu alışkanlığı adeta bir gereksinim haline getirmeleri için gerekli gayreti göstermelerini ne kadar tavsiye etsek azdır.

---

1 Aziz François de Salle'den bir alıntı: "Derin düşünce ruhlarımızı kusurlarından yıkayıp, yüreğimizin susuzluğunu giderir." (ç.n.)

ÜÇÜNCÜ BÖLÜM

İRADE TERBİYESİNDE HAREKETİN ROLÜ

§ I

Derin tefekkür mutlaka gereklidir, ancak tek başına gücü yoktur. Ruhun dağınık güçlerini ortak eylemde bir araya getirir, ona ivme verir, ama açık denizlerin en güçlü rüzgârının, şişirecek ve itecek bir yelkenle karşılaşmazsa tükendiği gibi, en güçlü duygular da yaptığımız işlere enerjilerinden bir şeyler katmazlarsa, kısırlaşıp ölürler. Eğer, öğrencinin yaptığı işin bir kısmı, belleğine anılar şeklinde tortusunu bırakıyorsa, bizde de etkinliklerimiz etkin alışkanlar şeklinde birikir. Psikolojik yaşamımızda hiçbir şey kaybolmaz: Doğa titiz bir muhasebecidir. Görünüşte en önemsiz eylemlerimiz bile, onları azıcık tekrarladığımızda, haftalar, aylar, yıllar sonunda büyük bir toplam olarak birikir, sökülüp atılamayacak alışkanlıklar şeklinde organik belleğimize kazınır. Özgürlüğümüzün değerli müttefiki zaman, onu bizim için işlemeye zorlamadığımızda aynı sakin inatla bize karşı çalışır. İçimizde, bizim için ya da bize karşı, psikolojinin baskın yasasını, alışkanlık yasasını kullanır. Alışkanlık her şeye hâkim olduğundan ve zaferinden emin olarak sanki acelesi yokmuşçasına, sonsuzca tekrarlanan, yavaş eylemlerin müthiş etkisinden haberi varmış gibi, tuzağa düşürecek, sinsi bir yürüyüşe koyulur içimizde. Zorlu da olsa, işin ilk bölümü bittiğinde, tekrarı zaten daha düşük maliyetli olacaktır. Üçüncü, dördüncü tekrarlarda harcanan güç gitgide azalarak yok olana dek hafiflemeyi sürdürür. Yok olmak mı dedim! Başlangıçtaki bu zahmetli eylem yavaş yavaş bir gereksinim haline gelecek ve açıkçası başta tatsız gelecek bu eylem, zamanla asıl yapılmadığında acı verici olacaktır. İstediğimiz eylemler için alışkanlık amma da değerli bir müttefik! Girmeye ayak sürüdüğümüz kayalık bir patikayı, hızlı ve geniş bir yola dönüştürmeyi nasıl da ustaca bilir! Alışkanlık, gitmeyi kararlaştırdığımız, ancak tembelliğimizin daha önce gitmeyi reddettiği yere bizi götürmek için şefkatli bir şiddet gösterir!

Enerjimizin alışkanlıklar halinde böyle sabitlenmesi, derin düşünmeyle başarılamaz, bunu beceren eylemdir. Ancak, genel anlamda eylemin gerekli olduğunu ilan etmek hiç yeterli değildir. Eylem kelimesi, tayin ettiği gerçekleri içine alır, hatta onları sıklıkla gizler. Burada bizi ilgilendiren, öğrencinin ne yaptığıdır. Gelgelelim, öğrenciye göre, harekete geçmek, birçok belirli işi yerine getirmektir ve bunların yapılmasında nasıl irade olmayıp sadece basitçe istemli hareketler varsa, aslında eylem de yoktur, sadece belirli hareketler söz konusudur. Örneğin felsefe öğrencisi için eyleme geçmek, saat yedide kalkmak ve Leibniz'den, ya da Descartes'ten bir bölümü, inceliklerine dalan bir dikkatle okumak; notlar almaktır vb. Tek başına, okuma işi, art arda, sayısız dikkat çabası içerir. Eyleme geçmek ise alınan notları gözden geçirmek, onları canla başla öğrenmektir; bir yazılı ödev için malzeme aramaktır, genel planını sonra da her paragrafın planını düzene sokmaktır; üzerinde derin derin düşünmektir, aramaktır, karalamaktır, vb.

Hayatta parlak işler yapma fırsatı pek ele geçmez. Nasıl Mont-Blanc'a yapılacak bir gezi sayısız miktarda adımla, gayretle, sıçrayışla, buza kazma vurmakla olursa; büyük bilginlerin hayatı da uzun süren bir dizi çabadan oluşur. Bu nedenle harekete geçmek binlerce ufak ufak eylem gerçekleştirmektir. Bilinçleri hayranlık uyandıran şekilde "büyük atılımlarla çıkılıp derin düşüşlerle inilen büyük çabalara" yönlendiren Bossuet, "Zaman zaman en kıvrandırıcı ve yıkıcı hale gelen küçük fedakârlıkları", mütevazı ama güvenilir kazanımları, kolay olup sürekli yinelenerek anlaması zor alışkanlıklara dönüşen hareketleri tercih ederdi. Her gün böyle ufak kazanımlar edinilirse, hiçbir gün dahasını istemez...[1] Gerçekten de yiğit insan, büyük bir cesaret eylemi gerçekleştiren değil, daha çok tüm hayat işlerini cesaretle yerine getirendir. Bu, hiç hoşlanmasa da kalkıp sözlükte bir sözcük aramak için kendini zorlayan, tembellik etme isteğine karşın ödevini tamamlayan, sıkıcı bir sayfayı okuyup bitiren öğrencidir. İrade, görünüşte önemsiz görünen bu bin hareketle çelikleşir, "her çalışma gelişme getirir". Büyük çabaların yokluğunda mükemmel bir biçimde, seve seve, her an ufak çabalar göstermeli.

Qui spernit modica paulatim decidet.[2] Buradaki en büyük kural, en ufak davranışlarımıza dek, tembelliğin, arzuların

---

1 Bkz. Bossuet de Lanson.
2 Lat. Küçük şeyleri küçümseyen yok olmaya mahkûmdur!

ve dışarıdan gelen itkilerin kulu kölesi olmaktan daima kaçınmaktır. Hatta bu küçük zaferleri kazanacak fırsatlar gözlemeliyiz. Tam çalıştığınız sırada biri size seslendiğinde, isyan edersiniz: Hemen kalkın, hızla ve neşeyle kendinizi çağrıldığınız yere gitmeye zorlayın. Dersten sonra bir arkadaşınız sizi bir yerlere sürüklemek mi istiyor, hem hava da çok güzel: Çabucak işinizin başına dönün! Tam eve dönerken şu kitapçının vitrini size cazip gelir: Hemen karşı kaldırıma geçip, hızlıca yürüyün. Bu gibi "eziyetler" sayesinde, eğilimlerinizi yenmeye, her yerde ve her zaman aktif olmaya alışırsınız... Hatta uyurken ya da aylak aylak dolaşırken bile, o dinlenmeyi siz istemiş olmalısınız. İşte lisenin sıralarında öğrenim gördüğü sırada da çocuk, Latinceden ya da öğreneceği matematikten daha değerli bir ilmi bu şekilde edinecektir: kendine hâkim olma, dikkatsizlikle, sözlük veya dilbilgisi kitabı karıştırma sıkıntısıyla ve zamanını hülyalarla yitirme arzusuyla mücadele etme bilimi! Teselli edici bir sonuç olarak öğrenimde kaydedilen ilerleme, kim ne derse desin, daima özdenetimde kaydedilen ilerlemenin doğrudan bir sonucudur: İrade enerjisi, zahmetli uğraşların semerelerinden hem en değerlisi hem de mutlu sonuçlar açısından en bereketli olanıdır!

Peki, bu ufak çabalar neden böylesine önemli? Çünkü hiçbiri yitirilmez: Her biri alışkanlık oluşumuna kendi katkı payını getirir; her biri sonradan yapılacakların daha da kolay olmasını sağlar. Yaptıklarımız, alışkanlıklar yaratarak bize etki eder: dikkatli olma alışkanlığı, hızla işe koyulma alışkanlığı, arzularımızın taleplerini sinek vızıltısından fazla dikkate almama alışkanlığı.

Bunun yanı sıra, daha önce görmüş olduğumuz gibi, iş, düşünceye etkin bir destek verir. Her anı, fikirlerimizle aynı türden arz durumlarını bilince atarak, dikkati güçlendirir, tam dağılacakken canlandırır. Düşüncelerini yazmak, okuduklarınızdan notlar çıkarmak, itirazlarınız varsa bunları ifade ederek netleştirmek, daha önce söylediğimiz gibi, bilim insanı için elle yapılan laboratuvar çalışması ne ise, bir geometrici için formüller ne ise, tüm bunlar da düşünceye aynı destek rolünü üstlenir.

Ancak eylemin son derece önemli bir sonucu daha vardır. Harekete geçmek, aslında irademizi açığa vurmak, ilan etmektir. Hareketlerimiz gerçekten de aldığımız kararı herkesin önünde taahhüt etmemizdir. Tüm ahlakçıların söylediği gibi ödevlerine uygun bir yaşam tarzı benimsemek isteyen her kişi, "tüm alışkanlık ve tüm geçmiş eğilimlerine karşılık pek yürekli ve hızlı bir şekilde doğru yola kendini atmalı; her şeye meydan okuyup kendini eski kendinden söküp atmalıdır". Veuillot'nun o canlı ifadesiyle, tanrıya "yüzsüzce" hizmet etmeliyiz. Yani, ulu orta ve patırtılı bir gösterişin hissiyata ve iradeye kattığı enerjiyi ne kadar anlatsak abartı olmaz. Önceki eylemlerimiz, bizi hayal ettiğimizin ötesine götürür: Öncelikle, tutarsız bir yaşamı öylesine hayret verici bir durum kılan bir sağduyu ihtiyacından, sonra da insana duyulan çok güçlü ve haklı bir saygı dolayısıyla; çünkü, hareketlerimizdeki bu tutarsızlığın deliliğe komşu bir irade zayıflığının işareti gibi görüneceğini hepimiz biliriz. İşte bu nedenle, bir tembellik yaşam döngüsünü kırdığımızda, onu gösterişli bir biçimde kırmak, kendinin ve başkalarının önünde şerefi üzerine söz vermek önemlidir. Gittiğimiz restoranı, dairemizi ve ilişkileri değiştirmeliyiz; kişinin ağzından çıkan her sözcük, onun iyi bir şey eyleme iradesinin teyidi olmalıdır: Cesaret kıran her safsatayı, terbiyeli ancak güçlü bir biçimde reddetmeli. Asla önümüzde çalışmaya laf söylenmesine izin vermemeli, asla akıntıya kapılmış öğrenci yaşamının övülmesine müsaade etmemeliyiz. Başkalarının bizi olmak istediğimiz gibi görmesi ve buna inanması, iyileşme gücümüzü iki katına çıkarır, çünkü bu başkalarının, hatta hiç tanımadığımız insanların bile onayını gereksinen zayıflığımızın hizmetine bu onayı sunmaktır.

Eylemin çeşitli etkilerine, harekete geçmiş olmanın zevkini de ekleyelim; bu zevk o kadar canlıdır ki birçok insan amaçsız, kazanımsız olarak, sırf bir şeyler yapmış olmak için, çoğunlukla da bundan zarar görerek hareket eder. Bu zevkte sarhoş edici, baş döndüren bir şey vardır; bu belki de bir şeyler yapmanın, bize her şeyden çok, gücümüzü ve varlığımızı hissettirmesindendir.

Bu nedenle, derin düşünceye eylemi de katmanın gereği her bakımdan kaçınılmazdır: Bu zorunludur, çünkü sadece eylem sağlam alışkanlıklara düzen verebilir, daha da öteye giderek, başlangıçta açıkça tatsız görünen hareketleri ihtiyaç haline getirebilir. Ancak hareket içinde olarak, doğamızın ölümcül eğilimlerine karşı savaşma alışkanlığı kazanır, özdenetimimize düşman olan her şey karşısında sürekli olarak ve her dakika zafer kazanmaya yöneliriz. Ayrıca, istencimizi dışarıya da göstererek eyleme şerefimizle atılırız; çevrenin görüşlerinin gücünü yardıma çağırıp kararlarımızı onunla pekiştirir ve dahası onun sayesinde mükâfatımız olan mertçe ve güçlü neşelere kavuşuruz.

§ II

Ne yazık ki isteyerek yaptığımız faaliyetler çok kısa sürer, bedensel ve sosyal gereksinimler de varoluşumuzun büyük bir kısmını kemirir. Bir çocuk beş ya da altı yaşına kadar hayvansı bir hayat yaşar. Varoluşu uyku, yemek ve oynamaktan ibarettir: Bilincinin eşiğini aşındıran dış izlenimler kaosuyla başa çıkmaya kendisini öylesine kaptırır ki bırakın dış dünyaya hâkimiyet kurmayı, üzerinden henüz sersemliğini atamaz bile. On sekiz yaşına kadar, başkalarının ne düşündüğüne kafa patlatmaktan kendi başına düşünme fırsatı olmaz. Kendi benliğini, ancak lise öğrenimini bitirdiğinde bulacak, kendi kendini ve girmek üzere olduğu toplumu incelemeye girişecektir. Yıllardır ilgi duymadığı kültürün içinde yüzmüş olan tüm melekeleri, yetileri keskinleşmiştir ama içinde evrimleştiği doğaya, maddeye, nesnelere ilişkin fiziki dünyayı yeterince iyi tanısa da ne yazık ki görme yeteneği aniden bulanıklaşır, bir yandan gözlem yeteneğiyle kendisinin arası adeta bulutlanırken, diğer yanda da eleştirel aklı ile toplumun arası sislenir. Belirsiz hülyalar, amaçsız büyük atılımlar bilincini kaplar: Ancak o yaşta ergenin bedeninde bir devrim olur: Buluğ çağı başlar. Tam kendini ele alabilmesi mümkün olan o yaşta, tutkular ruhunu doldurur. Şayet, Avrupa ve Amerika'nın tüm fakültelerinde olduğu gibi, hiçbir desteği, bilincini yönetecek biri, onu boğan kalın yanılgılar atmosferini kırma imkânı olmadan, kendisini özgürlüğün kucağında bulursa, felaket!

Öğrenci kendini sersemlemiş hisseder! Etrafında hâkim olan önyargıların sürüklemesiyle kendini yönetmekten acizdir. Düşüncesini geçmiş günlere çevirip de lise ya da *gymnase*'dan çıkışta, tamamen yalıtılmış bir biçimde, hiçbir ahlaki destek vermeksizin hayvansı bir yaşamdan başka bir şey olmayan bir hayatı yaldızlı renklerle süslemek adına, birkaç aptal basmakalıp tavsiyeden başka bir şey sunmadan bizleri büyük bir şehre fırlatıp atan toplumun öngörüsüzlüğünü lanetlememiş bir insanoğlu var mıdır? Tuhaf bir şey! Mevcut fikirlerin etkisi o kadar büyüktür ki birçok aile babasında çalışkan ve dürüst bir öğrencinin hayatına karşı bir tür önyargı oluşur.

Buna, bunca yalıtılmış o genç adamın, üstelik çalışmayı bile bilmediğini eklemek gerek; ona hiçbir zaman güçlü yönlerine ve zihninin doğasına uygun bir çalışma yöntemi verilmemiştir. Üstelik, yüksek öğrenim yılları, genelde kendini özgürleştirme çabası açısından kayıp yıllardır. Oysa bunlar hayatın en güzel ve ışık saçan yıllarıdır. Öğrenci neredeyse tamamen kendine aittir. Toplumsal yaşamın binlerce ayak bağıyla neredeyse hiç muhatap olmaz. Boynunun etrafında gelecekteki mesleğinin izi daha belirmemiştir, yani takip edilecek işi, bir kariyeri henüz yoktur. Aile reisi olarak yükleneceği kaygıları da daha yok. Günleri, kendisine aittir, sadece kendinindir. Ancak ne yazık! Kendilerinin efendisi olmayanlar için dışarıda özgür olmak nedir ki? Ona söylenebilecek tek şey: "Burada kendiniz dışında her şeyi yönetmektesiniz."[1] Günler de sıklıkla verimsiz geçer. Zaten, tam özgürlükte bile, kaderimiz olan pek çok var olma uğraşı zamanımızı çalar: Kalkmak, tuvalet için yarım saat, odamızdan fakülteye, odadan restorana gerekli gidiş gelişler; yemek öğünleri, zihin çalışmalarıyla bağdaşmayan sindirim

---

1 Beaumarchais, *Figaro'nun Düğünü*.

süresi; birkaç ziyaret, birkaç mektup yazma, öngörülemeyen sıkıntılar, gerekli gezintiler, rahatsızlıkların götürdüğü onca saat, çalışanlar için gereken sekiz saatlik uyku da eklendiğinde, günde neredeyse on altı saat eder. Hesaplaması kolay! Daha sonra tüm bu gereksinmelere, kariyer de eklenecek. O zaman yemek saatlerinden, yürüyüşlerden ne kadar kırparlarsa kırpsınlar, sevdikleri işi yapacak ya da rahatça derin düşünceye dalacak, günde kendilerine ait beş saat ayırabilecekler çok seyrek çıkar. Öte yandan, eğer kitaplarda araştırma yapmak için, kopyalamak, yazmak, hatta hiçbir çaba istemeyen teneffüs için gereken zamanı, görünürdeki işlere ayrılan vakitten ölçüp biçersek; *zihne ayrılan gerçek çaba* için ne kadar kısa zaman kaldığını görürüz. Ve içtenlikle düşünen herkes, *günde on beş saat çalışan* bilim adamları, politikacılar gösterilen, gençleri caydırma eğilimindeki o sahte biyografilere öfke duyacaktır!

Neyse ki, daha önce alıntıladığımız bir bölümde Bossuet'nin belirttiği gibi, her gün ufak kazanımlar edinilirse, hiçbir gün dahasını istemez: Hiç durmadan gidersek, en düşük hızda bile ilerleme kaydederiz. Entelektüel çalışma için önemli olan, düzenlilik değil süreklilıktır. Deha uzun bir sabırdır, derler. Tüm büyük işler, azimli bir sabırla tamamlanmıştır. Newton bunu aklından çıkarmayarak evrensel "yerçekimi" yasasını keşfetmiştir. Lacordaire, "Beklemek ve acele etmemek için sabrımız olduğunda zamanla yapabileceklerimiz inanılmazdır," diye yazmıştı.

Doğaya bakın: Saint-Gervais Vadisi'ni tahrip eden, selin getirdiği sadece önemsiz miktarda bir çökeltidir. Bunun aksine, donup çözülen sular ve yağmurların yavaş hareketi, buzulların zar zor algılanabilir yürüyüşü, kayalardan duvarların, taşların bir şekilde neredeyse tek tek parçalanmasıyla, her yıl vadilere inanılmaz alüvyon yığınları taşır. Seller dağlarda çakılları yuvarlayarak, her gün üzerinde aktıkları graniti aşındırarak, yüzyıllar boyunca kayaları kazıp derin geçitler, boğazlar oyar. İnsanların verecekleri yapıtlar için de aynı şey geçerlidir: Hepsi, tek başlarına ele alındıklarında ortaya çıkan işle orantısız kalan, ufak ufak çabaların birikmesiyle ilerler. Bir zamanlar ormanlar ve bataklıklarla kaplı olan Galya ıslah edilip tek başlarına önemsenmeyecek, sayısız miktarda kas gücü harcanarak, toprakları altüst edilip üzerinden geçen yollar, kanallar, tren yolları, köylerle, kasabalarla dolduruldu. Aquina'lı Aziz Thomas'ın devasa *El kitabı*'nı oluşturan harflerin her birini Aziz Thomas tek tek yazmak zorundaydı; daha sonra baskısı için, işçilerin kurşun harfleri teker teker dolaptan çıkarıp dizmeleri gerekti. Bu müthiş eser her gün birkaç saat ve elli yıl boyunca sürekli tekrarlanan böyle bir emekle ortaya çıkmıştı. Eylem, cesur işler, değerleri eşit olmayan iki ayrı biçime girer. Bazen büyük düzensiz aralıklarla, durup kalkmalarla, ya da ani enerji patlamalarıyla ilerler, bazen ise tam tersine inatçı, azimli, sabırlı bir işe dönüşür. Hatta savaşta bile, yorgunluğa ve cesaretin kırılmasına karşı direnme niteliği temel niteliklerdendir.

Ses getiren eylemler zaman zaman bunlara dayanarak tomurcuklanır.

Ancak iş yerinde ses roketlerle getirilmez: Aşırı çalışma patlamaları hiçbir açıdan önerilecek bir şey değildir ve neredeyse daima ardından çöküntü ve çok uzun tembellik dönemleri izler. Hayır, burada gerçek cesaret, uzun süreli direşken sabırdan ibarettir. Öğrenci için önemli olan, hiçbir zaman aylak olmamaktır. Kaybedilen anlar sonsuza kadar geri döndürülemez olduğundan, zamanın eşsiz bir değere sahip olduğu kolayca fark edilebilir. Bunun için de idareli kullanılmalıdır. Fakat ben yine de hiçbir zaman, katı kuralların, saatlerin nasıl kullanılacağını önceden sabitleyen çok iyi çizilmiş böylesi zaman çizelgelerinin yanlısı değilim. Onları tam olarak izlememiz nadirdir ve tembellik, mantıklı görünen bahaneler yaratmakta o kadar beceriklidir ki onları sıklıkla mola için belirlenmemiş zamanlarda hiçbir şey yapmak için mazeret olarak kullanırız. Titizlikle uyduğumuz yegâne maddeler, dinlenmeyi, gezmeyi belirleyenlerdir. Öte yandan, kurallara saptanmış ayrıntılarına dek uymaya kendini zorlamanın imkânsızlığı, iradeyi gösterdiği çabalarda kendisini yenilgiye uğramış olarak algılamaya alıştırır: Kurallar için mücadelede yenilmiş olduğumuz ve daima yenileceğimize dair bu his, cesaretimizi kırmaya çok elverişlidir.

Öte yandan, gün gelir kişi işe tahsis edilmiş saatlerde iş yapmaya yatkın olmaz da tam da gezintiye ayrılmış saatte iş yapabilecek kıvamda olur.

Zihinsel çalışmada daha çok özgürlüğe ve daha çok içten gelişe yer açmak gereklidir; enerjimizin eğitiminde izleyeceğimiz hedef de asla Prusyalı onbaşıların talimatları gibi, dar anlamda itaatkârlık olmamalıdır. Kesinlikle hayır!

Öğrencinin edinmesi gereken amaç, tamamen farklı olmalı: O her zaman ve her yerde etkin olmaya çaba göstermeli. Böyle işler için saat konmaz, çünkü her saat elverişlidir. Aktif olmak, sabahları yataktan cesaretle fırlamaktır, sabah temizliğini hızlıca, adamakıllı yapmak, kararsızlığa düşmeden, ne yapacağını bilerek, herhangi bir yabancı şeyin zihni oyalamasına izin vermeden çalışma masasına oturmaktır; işinde aktif olmak, asla pasif okuma yapmamak, sürekli çaba sarf etmektir. Ancak, depolanmış sinir gücünün tükendiği ve uğraşların artık verimli olamayacağını hissettiğinizde, bir yürüyüşe çıkmak, bir müze ziyaret etmek de aktif olmaktır. Zira yorucu ve cesaret kırıcı kısır çabalarda uzun uzun ısrar etmek büyük bir aptallıktır. Bu gevşeme anlarından, akıllı arkadaşlarla sohbet için, resim koleksiyonlarını vb. ziyaret için yararlanmayı bilmeli. Yemek yerken bile aktif olunabilir, midenin fazladan çalışmasını önlemek için kendinizi yiyeceklerinizi iyi çiğnemeye zorlayabilirsiniz. Yıkanmak için saatlerinizi veriyor, esneyip durarak sabahlarınızı harcıyor, bir kitaba, sonra da bir başkasına uyuşuk bir biçimde göz gezdiriyorsanız bilin ki öğrencinin en büyük zavallılığı, utanç verici bir tembellik içinde, aptalca boşa harcadıkları, âtıl kaldıkları bu anlarıdır. Böyle anlarda, açık açık herhangi bir tercihte bulunmaz, ne herhangi bir şey yapmamak ne de çalışmak arasında karar verebiliriz. Aktif olmak için fırsat aramaya gerek yoktur, çünkü bu fırsatlar her gün uyandığımız andan, yatmamıza kadar gözümüzün önündedir.

İnsanın kendi enerjisinin kontrolünü ele geçirebilmesinin ana yolu ertesi gün tam olarak ne yapacağını tespit etmeden asla uykuya dalmamaktır. Burada ne kadar iş yapılacağından söz etmiyorum, çünkü bir dakika önce söylediğim "iş çizelgeleri" ile ilgili durum burada da geçerlidir; benim bahsettiğim sadece işin niteliğidir. Böylece, ertesi sabah uyandığınızda, zihninizi hızlıca toparlayıp, hatta sabah temizliği sırasında bile oyalanarak dağılmasına izin vermeden, çalışma masasına sürükler, hevesle işe girişmesi için onu zorlar, geri tepme imkânı vermeden kalemi eline verip masa başına oturtursunuz.

Ayrıca, bir yürüyüşte ya da bir okuma sırasında vicdanda aylaklık etmenin pişmanlığı uyanırsa, insan, ruhunda iyi bir hareketlilik yükseldiğini fark eder, kendini ilahi lütfa mazhar olmuş hissederse, bundan derhal yararlanmalıdır. Asla cuma sabahı kahramanca bir kararla, kaçarı yok, pazartesi gününden itibaren çalışmaya koyulacaklarına karar verenlere özenmemeliyiz: *Hemen* başlanmazsa, sözüm ona kararları kendilerine söyledikleri bir yalandan, zayıf iradenin geçici bir hevesinden ibaret kalır. Leibniz'in dediği gibi, iyi bir hareketimizden, "Tanrı'nın bize seslenen sesiymişçesine" yararlanmalıyız: Bu iyi hareketleri ziyan etmek, gerçekleştirilmelerini daha sonraya erteleyerek onları boşa çıkarmak, onlardan hemencecik yararlanmamak, iyi alışkanlıklar yaratmak ve iş yapmanın diri, sağlıklı sevinçlerini tadını hep damağımızda korumak üzere ruhumuza tattırmamak, enerji eğitimine karşı işlenebilecek en büyük suç olur.

Amaç, yapacaklarımızı bir düzenlemeye tabi kılmak değil de her zaman, her yerde canla başla hareket etmek, zamanı çeyrek saatlerine, dakikalarına kadar kullanmaktır. Oğlunun Darwin'in hakkında söylediklerini dinleyin:[1] "Karakterinin bir özelliği de zamana duyduğu saygıydı. Bunun ne kadar önemli olduğunu hiç unutmazdı... Dakikalardan bile tasarruf ederdi... İşe koyulmanın artık bir işe yaramayacağını düşünüp önüne gelen hiçbir dakikayı yitirmezdi... Her şeyi sürekli kontrollü bir şevkle, hızlıca yapardı." Herkesin, o kadar kısa sürede yeni bir şeye başlamaya değmeyeceği gerekçesiyle, öylesine bir aptallıkla yitirdiği o dakikalar, o çeyrek saatler, yıl sonunda devasa bir toplam oluşturur.

Sanırım bunu yapan D'Aguesseau'ydu: Öğle yemekleri hiçbir zaman tam zamanında hazırlanmadığından, bir gün

---

[1] *Vie et Correspondance de Ch. Darwin*, Reinwald, 1888, 2. Cilt. I, s. 135 vd.

karısına, on beş dakikalık bekleme sürelerinde yazılmış olan bir kitabı derdini ima etmek için takdim etmiş. Düşüncenizi beş ya da on dakikalığına "kabartmak", hararetle bir paragraf okumak ya da çalışmanızı birkaç satır ilerletmek, bir metni kopyalamak, tuttuğunuz notları ya da okuduklarınızı güncellemek o kadar kolaydır ki!

Bu yüzden de "Zaman, onu nasıl kullanacağını iyi bilenlere asla kıt gelmez," dediğimizde haksız olmayız. En çok boş zamanı olanların, yapmaları gerekli işlere zaman bulamadıkları tespiti ne kadar da isabetli: Cidden de işe zamanı olmadığından hayıflanmak, yüreksiz olduğunu ve çaba göstermekten nefret ettiğini itiraf etmektir.

Ancak neden zaman yitirdiğimizi incelediğimizde, çoğu durumda bu zaafımızın öyle veya böyle görevimizin belirsizliğinden destek bulduğunu görürüz. Uykuya dalmadan önce ertesi gün yapacağım işi net olarak kafamda canlandıramadığımda ertesi sabahın benim için verimsiz olması, sürekli olarak deneyimlediğim bir durumdur.

Asla genel bir hedef belirlememelisiniz: Hiçbir zaman "Yarın çalışacağım," hatta "Yarın Kant'ın ahlak anlayışını incelemeye başlayacağım," demeyin. Daima net ve açık bir iş belirlemeli, şöyle demeli: "Yarın kararlı şekilde Kant'ın *Pratik Aklın Eleştirisi*'ni okumaya başından başlayacağım ya da fizyolojiden falanca bölümünü inceleyip özetini çıkaracağım."

Bu, yapacağınız işi daima önceden saptama ilkesine, onu daima bitirmek gerektiğini, üstelik bir daha tekrar etmek gerekmemesi için de bilinçli bir biçimde özenle bitirmek gerektiğini de eklemelidir. Asla tekrar etmek zorunda kalmadan, yaptığımız her şeyi nihai olarak yapmak, olağanüstü bir zaman tasarrufudur. Öğrenci, okumalarını böyle sağlam, enerjik bir şekilde yapmalı, bunları yazılı olarak özetlemeli, yararlı olmasını beklediği alıntıları gerekirse kopyalamalı, aldığı notları da hemen konu başlıkları tablosuna, dilediği zaman onları bulabilecek şekilde kaydetmelidir. Bu yüzden aynı kitabı, bir daha asla tekrar okuması gerekmeyecek, meğerki bu bir başucu kitabı olsun. Bu şekilde yavaş ilerleyip, ancak sırtımızı sağlama aldıktan sonra öne adım atacağımızdan, asla geri dönmek zorunda kalmayız. Masaldaki kaplumbağa gibi, yavaş ancak güvenli ve sürekli bir tempoyla, daha çevik ama daha az tertipli olan tavşandan önce hedefimize varırız. Görüşümüze göre bundan önemli bir kural olamaz: *Age quod agis*;[1] her şeyi sırayla, acele etmeden, gerilmeden, çırpınmadan yapın. Witt, Cumhuriyet'in tüm işlerinin yöneticisiydi.

Yine de dışarı çıkmaya ve insanlarla akşam yemeği yemeye daima boş zaman bulurdu. Ona böylesine katmerli bir işi bitirip yine de eğlenceye nasıl zaman ayırabildiği sorulduğunda, "Bundan kolay bir şey yok," diye yanıtlamış; "bir seferde sadece tek iş yapmak ve aynı gün yapabileceğimi ertesi güne ertelememek," demiş. Lord Chesterfield oğluna, kıyafet dolabının önünde bile zaman yitirmemesini tavsiye eder ve avam işi bir Horatius kitabından birkaç sayfayı dolabına götürüp aşağıya Cloacine'e,[2] kurban olarak gönderen adamın birini ona örnek gösterirdi! Zamandan tasarruf etmeyi hiç oralara götürmeden, her bir anın tek bir amaç doğrultusunda kullanılmasının oldukça verimli olacağı kesindir.

---

1 Loyola'lı Aziz Ignatius'un söylemiş olduğu Latince bir deyim. "Yaptığını yap" ya da "Önündeki işi yap" anlamında kullanılır. (ç.n.)
2 Cloacine, Venus olduğu da rivayet edilen Roma tanrıçası kökünü Latinceden alan dillerde çöplük, pislik, dağınıklık, korku anlamındadır. Aziz Augustinus'ta geçer. (ç.n.)

Bir seferde sadece tek bir şey yapma yasasına uymayı bilmeyen bir etkinlik, düzensiz bir etkinliktir: Bütünlükten yoksun halde bir daldan kalkıp başka dala konar ki bu, belki aylaklıktan bile kötüdür, çünkü aylaklık kendinden tiksindirirken, bu koşuşturma, neden olduğu verimsizlikle, sonunda, işten de soğutur; "yürüyen" bir işin yaratacağı o güçlü sevincinin yerini, bitirilmesi imkânsız bir sürü işin verdiği rahatsızlığın, kafa karışıklığının, iç bulantısının almasına yol açar. Aziz François de Salles, bu daimi değişimleri şeytanın hilelerinden biri olarak görür. Der ki "aynı anda birkaç iş peşinde koşup her şeyi aynı anda yapmamak gerekir", "çünkü şeytan, çoğu zaman işimize karışıp bir sürü niyet ve tasarıya girişmemizi, aşırı iş yükü altında ezilip hiçbir şey başaramamızı ve her şeyi tamamlamadan ortada bırakmamızı ister ... Bazen aynı şekilde, çok azametli olup tamamlayamayacağımızı hesap ettiği bir işe kalkışmamızı telkin eder, zira böylece o kadar azametli olmayıp kolayca halledebileceğimiz bir işten bizi alıkoymayı amaçlar".[1]

Öte yandan, başlanıp da bitirilmeyen şeylerin daha da çok zaman kaybettirdiği, en sık yaptığım gözlemdir. Bu, bir probleme uzun süre sonuçsuz kalan bir çözüm bulma arayışına tıpatıp benzer bir sıkıntı yaratır: Bir hoşnutsuzluk hissederiz; üzerinde çalıştığımız ancak bir yana bıraktığımız konu zihni kaplayarak bizi başka çalışmalarımızda rahatsız edip hor görülmüş olmanın intikamını alır; bunun nedeni ayaklandırdığımız dikkatimizin hak ettiği tatmini bulmamış olmasıdır. Aksine, hakkaniyetle tamamlanmış bir çalışma, zihinde memnuniyet hissi uyandırır ve bir tür doyum

---

1 *Traité de l'amour de Dieu*, VIII, XI.

bırakır: Düşünce, kaygılardan birinden kurtulup hafifler ve zihin yeni uğraşlarla ilgilenmek için serbest olur.

Yarıda bıraktığımız bir iş için geçerli olan şey, yapmamız gereken ancak yapmadığımız bir iş için de aynen geçerlidir. Örneğin bu mektubu yazmamız gerektiğini net bir şekilde hissediyoruz, ancak yazmıyoruz. Günler geçiyor: Bu düşünce çileden çıkan bir vicdan azabı halinde yerini koruyor. Hâlâ yazmamakta ayak diriyoruz: Saplantı o kadar sinir bozucu hale geliyor ki sonunda bu işi halletmeye karar veriyoruz; mesele halolduğunda ise, artık o geç vakitte, diğer tüm başarılı işlerin verdiği neşeyi getirmiyor.

Öyleyse, her şeyi yapılması gereken zamanda yapalım, yapınca da tam yapalım.

§ III

Bir genç insanın benliğinde, o önemli ve verimli güçlü karar verme, ateşli bir taşkınlığa kapılmadan, ivedilik, sadelik ve iyi niyetle harekete geçmek alışkanlığı, iyiden iyiye bir kez yerleşti mi o genç adamın iddialı olamayacağı yüksek bir entelektüel gelecek yoktur demektir. Bazı yeni fikirleri varsa veya eski soruları yeni bir şekilde algılıyor ise, bu fikirlerini sebatkar çalışması sırasında sekiz ya da on yıl boyunca, hep aklında tutacaktır.

Bu fikirler, başkalarının fark etmediği yüzlerce görüntüyü, karşılaştırmayı, benzerliği kendilerine çekecek; tüm bu malzemeyi zihinde düzenleyip onunla beslenecek, güçlenecek ve büyüyecekler. Bir meşe tohumundan kocaman kudretli ağaçlar çıktığı gibi, bu yıllar boyunca dikkat verilerek döllenmiş düşüncelerden, kötülüğe karşı mücadelelerinde namuslu insanlara yarayacak güçlü kitaplar çıkacak ve bu onlarda aynı piyadelere saldır borusu çaldığındaki etkiyi uyandıracak ya da bu düşünceler somutlaşarak, doğru düzgün, cömert işlerle dolu, güzel bir yaşamda gerçeğe dönüşecektir.

Kendimizden bunu saklamayalım: Akıllı yaşama ulaşma mutluluğuna erişsek de bu entelektüel üstünlüğümüzü, ahlaki yaşamımızın üstünlüğüyle affettirmezsek, eğitimin bize sağladığı bu soyluluk, aynı parayla gelen soyluluk gibi ölümcül bir biçimde nefret edilesi hale gelir. Geçimlerini zor şartlarda sağlayan, şimdiki anın ötesini aklına getirmeden yaşamak zorunda kalanların en etkin, en azimli hayırseverleri olmak, ortaöğretimden çıkıp yüksek öğrenimde hukuk, bilim, edebiyat, tıp öğrencisi olan sizlerin görevi olmalı! Elbette ki her ülkede öğrenciler, seçimlerin genel oy hakkıyla yapıldığı ülkelerde bile, mutlaka yönetici sınıfı oluşturacaklardır. Çünkü kendi kendini yönetmekten aciz çoğunluk, bu iş için daima, yıllar boyu çıkar beklemeden kendilerini geliştirip ruhlarını esnek hale getiren ve ona güç verenlerin aydınlığına güvenecektir. Bu durum, yüksek öğretimin yararını görmüş tüm gençler için, ortaya açık seçik görevler koyar, çünkü açıktır ki başkalarına yön verebilmek için başta kendimizi nasıl yöneteceğimizi bilmemiz gerekir. Başkalarına ölçülü olmayı, çıkar gözetmemeyi, adanmışlığı öğütleyebilmek için, örnek biri olmayı, enerjik bir iş ve etkinlik yaşamını, sözünüzle de eylemlerinizle de neşe içinde kabul etmeyi bilmeniz gerekir.

Ah! Her yıl yarım düzine öğrenci, doktor, avukat, öğretmen olup köylerine, küçük kasabalarına, iyilik yönünde hareket etmeye, bu amaçla hiçbir konuşma fırsatını kaçırmamaya iyiden iyiye kararlı olarak dönse, herhangi bir adaletsizliğin aktif ve kalıcı bir tepki göstermeksizin geçip gitmesine izin vermeyip durumu iyi olmasa da herkese saygısını göstermeyi ihmal etmese, sosyal ilişkilerine daha çok şefkat, daha gerçek bir eşitlik, daha fazla hoşgörü soksa, yirmi yıla kalmaz anavatanın, herkesin vatanının mutluluğu için, yeni bir soylu sınıfı ortaya yeniden çıkar ve kesinlikle ona saygı duyulur, herkesin iyiliği için mutlak güç kazanırdı. Üniversiteden çıkıp da baroya, tıp vb. dünyasına giren ama bu mesleklerde sadece gelecek parayı hesaplayıp aptalca ve bayağı tarzda eğlenmekten başka bir şey düşünmeyen her genç adam, acınacak bir sefildir.

Neyse ki kamuoyunun algısı, bu noktada giderek daha az yanılgıya düşmekte.

§ IV

Ancak, diyecekler bazıları, sürekli çalışmakta oluşumuz, sürekli kafamızı bir fikre takmamız, daima uyanık kalan bu çalışma halimiz, sağlığa çok zararlı olmaz mı? Böyle bir itiraz, zihinsel çalışma hakkındaki yanlış algıdan kaynaklanmaktadır. Aslında süreklilik burada insani anlamda ele alınır. Uykunun çalışmayı kesintiye uğrattığı ve dinlenmeyi kastettiği açık: Yukarıda söylediklerimizden de uyanık kalınan sürenin çoğunda entelektüel işlerden uzak oluşumuz açıktır. Çalışmak, başka yapacak bir şeyimizin olmadığı süre boyunca üzerinde çalışmakta olduğumuz şeyden başka bir şey düşünmemeye zihnimizi zorlamaktır. Öte yandan, bu "çalışma" sözcüğü, akla, vücuduyla bir masaya abanmış oturmakta olan bir öğrenci imgesini getirmemeli: Gezinirken de okuyabilir, derin düşünebilir, bir şeyler oluşturabilir türetebiliriz. Yöntemlerden en iyisi, en az yoranıdır; keşifler açısından da en verimlisi budur. Yürüyüş, zihinsel malzemenin hazmı ve bu malzemenin uygulamaya konmasını benzersiz şekilde kolaylaştırır.

Aslında, zihin emekçisi olmak, öngörüsüz olmayı yanında gerekli ya da doğal bir sonuç olarak getirmez. Bugün, özellikle de fizikle zihin arasındaki ilintiyi artık oldukça iyi bildiğimizden, sağlığımızı nasıl koruyacağımızı bilmesek, cahillerin diline düşmeye layık oluruz. Üstelik, malzeme toplamak, işin daha basit bir bölümünü oluşturduğundan, bunları seçmek, ayrıştırmak, düzenlemek de ayrı bir önem taşır. Bir bilim adamı en fazla ayrıntıyı bilen değil, zihinsel olarak her zaman etkin olan, hep işler olan biridir. Bilimle bilgeliği karıştırmamalı. Bilgelik genellikle zihinsel tembelliktir. İyi bir bellek yaratıcılık için yeterli değildir: Zihnen malzemeye hâkim olmak, malzemenin de zihni engellememesi gerekir.

Her ne kadar çok çalışmaktan perişan olmuş görünmek, çok puan toplasa ve irademizin sayesinde olmuş gibi görünse de sonuçta salt çalıştığımız için zayıf düşmüş olduğumuz, kanıtlanması gereken bir savdır. Bunu kanıtlamak olanaksızdır. Bunun için bizi zayıf düşürebilecek tüm diğer şeylerin bir dökümünü yapmak gerekirdi, bu da saçma bir girişim olurdu. Kararlılıkla şunu diyebiliriz: İşe atfedilenlerin, örneğin duyusal hazlara düşkünlükten gelip gelmediği hiç bilinemez. Lisede ardından da üniversitede uslu uslu oturup da çalışmaktan perişan olmuş gençlerle sık sık karşılaşacağımıza inanmıyorum: Ne yazık ki o yaşlarda tek perişanlık, kötü alışkanlıkların neden olduğu perişanlıktır.

Nefsine düşmekten kaynaklanan bu içler acısı yıpranmaya teşhis konduktan sonra, yine de perişanlık söz konusuysa, bu, düş kırıklıkları, çekemezlikler, kıskançlıklar, esas olarak da dünyadaki yerimizi yanlış değerlendirmekten ileri gelen hastalıklı bir özsaygıdan, aşırı bir duyarlıktan, kişiliğimize dair abartılı bir histen kaynaklanır. Kişi kendisini kemirip duran bu hisleri bilincinden kovacak enerjiye sahip olursa, büyük bir yorgunluk sebebi de bu yolla ortadan kaldırılmış olur.

Bize öyle geliyor ki iyi düzenlenmiş bir zihinsel çalışma, yani sağlığa, dolayısıyla da hayata ve de düşüncemizin yüksek gelişimine olanak verecek tek şey olan zamana saygılı, duyusal hazların suiistimallerinden arınmış neşeli ve güvenli, içinde kıskançlık, yaralı bir kendini beğenmişlik taşımayan bir çalışma, sağlığı güçlendirmeye son derece uygundur. İnsan dikkatini güzel ve verimli fikirlere verirse, düşünce onları işler, geliştirir ve düzenler; düşüncelerimize malzeme sağlama işini tesadüfi etkilere, rasgele izlenimlere bırakmaya değmez, çünkü verdiği yorgunluk bunları irademizle seçtiğimizdekiyle aynıdır. Ancak, dinlenmemizin o baş düşmanı tesadüfün, bir sürü tersliği yanında getirmemesi seyrektir. Gerçekten de insan, toplum içinde yaşar ve saygı görmeye, hatta başkalarının övgüsüne ihtiyaç duyar. Diğerlerinin hakkımızda, bizim kendi hakkımızda olduğu kadar iyi bir görüşleri olması nadirdir, öte yandan, çoğu ademoğlu ağzından çıkanı duymaktan hatta biraz iyi yüreklilikten bile uzak olduğundan, sosyal yaşamda, ufak tefek incinmelere her durumda bolca rastlanır. Üstelik, tembellerin, aynı yaban otlarının bittiği ekilmemiş tarla gibi boş zihinleriyle, tembelliklerinin cezasını acı bir biçimde ödediklerini görmek, çalışkan biri için daha da cesaret vericidir. Tembeller, zamanlarını kafalarında durmadan vasat fikirler, vasat kırgınlıklar, kıskançlıklar, vasat hırslar evirip çevirerek geçirirler.

Zihni meşgul eden kaygıları verip zamanı meşgul eden işleri almak kadar mutluluğa götüren bir şey olamaz. Mutluluk demek de sağlık demektir. Çalışmanın, insanlığın derin yasası olduğu ve kendini bu yasadan sıyıran herkesin, aynı anda bütün yüce ve sürekli sevinçlerden vazgeçmeyi göze aldığı nasıl da doğrudur!

Bu gözlemlere, genellikle bu işin kendisine yüklenen bir suçlama olup da aslında can sıkıcı, beceriksizce yönetilen bir işin getirdiği dağınık, yöntemsiz çalışmanın yoruculuğunu da ekleyelim. İşler çok katlı, karmaşık, çeşit çeşit olduğunda, hiçbiri bitirilmiş bir işin rahatlatıcı neşesini vermez ve yorucu olur. Pek çok yönden çekiştirilen zihin, işlerin her birinden belli belirsiz bir kaygı edinir. Kabataslak durumda bırakılan işler, çok can sıkıcı bir şekilde zihni sürekli meşgul eder. Michelet, M. de Goncourt'a otuz yaşına doğru yaptığı şeylerin çokluğundan korkunç migren çektiğini söylerdi: Sonuç olarak kitap okumayı bırakıp kitap yazmaya karar vermişti: "O günden sonra, kalktığımda ne yapmam gerektiğini artık çok iyi biliyordum, zihnim de her keresinde tek bir şeyle ilgilenince, düzeldi."[1] Bundan doğru bir şey olamaz: Aynı anda birkaç iş yapmak isteyen, mutlaka kendini yorgunluğa mahkûm eder. *Age quod agis:* Ne yapıyorsak tam yapalım. Görmüş olduğumuz gibi bu sadece hızlı gitmenin bir yolu olmakla kalmaz, aynı zamanda da yorgunluktan kaçınmanın ve nihayete erdirilen işlerden zevk almanın emin bir yolu olur.

§ V

Özetle, derin düşünme ruhtaki güçlü heyecanları harekete geçirse de onları alışkanlıklara çevirip sermayesine katamaz. Oysa, mükemmel ve sağlam alışkanlıklar yaratılmadan, iradeyi eğitmenin olanağı yoktur: Onlar olmazsa, çabalarımızı daima yeniden başlatmak zorunda kalırız. Sadece bu alışkanlıklar, kazanımlarımızı sağlamca sabitlememizi ve daha ileri gitmemizi sağlarlar. Halbuki şimdi artık bu alışkanlıkların, ancak eylem tarafından yaratılabildiğini biliyoruz!

Eyleme geçmek derken, amaca götüren küçük eylemlerin her birinin cesaretle gerçekleştirilmesi anlaşılmalıdır. Eylem düşünceyi sabitler, bizi alenen taahhüt altına sokar; derin bir sevinç üretir.

Ne yazık ki halihazırda hayli kısa olan iş süresi, öğrencinin yöntemsiz çalışması nedeniyle daha da kısalır; buna

---

1 *Journal des Goncourt*, 12 Mart 1894.

karşın, daha önce de "günün kazanımı az da olsa, her gün o kadarı yeter" demiştik. Sürekli olarak yenilenen çabalar müthiş sonuçlar doğurur: Bu nedenle öğrenci durmadan iş üstünde olma alışkanlığı edinmelidir. Başarılı olmak için, her akşam ertesi günün görevini belirlemeli, tüm iyi hareketlerinden yarar çıkarmalı, başladığı bütün işleri tamamlamalı, her seferde tek bir iş yapmalı ve zamanının tek bir parçasını bile ziyan etmemelidir. Böyle alışkanlıklar, yüksek bir gelecek ummasını sağlayacak, hatta, toplumun ona ettiği iyiliklere karşılık minnet borcunu ödeyecek bir konuma da getirecektir.

Bu şekilde algılanan bir iş asla dayanılmayacak bir yorgunluğa yol açmaz; aslında işe atfedilen yorgunluk hemen hemen her zaman nefsine aşırı düşkünlük, endişeler, bencilce duygular ve yöntemi kötü olmaktan kaynaklanır: Sakin, dingin, mutlu olmanın harika bir fizyolojik durum olduğu doğruysa şayet, çalışmayı iyi anlamak, soylu ve yüce düşünceleri olma alışkanlığı, sağlığı ancak güçlendirebilir.

DÖRDÜNCÜ BÖLÜM

ÖĞRENCİLERDE İRADE TERBİYESİ AÇISINDAN BEDEN SAĞLIĞI

§ I

Şimdiye dek konunun psikolojik yanını inceledik. Geriye, özdenetimin fizyolojik koşullarını incelemek kaldı. İrade ve onun en üst şekli olan dikkat, bir sinir sistemine sıkı sıkıya bağlıdırlar. Sinir merkezleri hızla tükenirse ya da bir kez tükendiklerinde canlılıklarını ancak aşırı bir yavaşlıkla geri kazanırlarsa, ne azim ne sebat mümkün olamaz. Bedensel dermansızlığa zayıf bir irade, kısa ve cansız bir dikkat eşlik eder. Her türlü çalışmada başarının, tüm diğer nedenlerden de önce yorulmak bilmeyen bir enerjiye bağlı olduğu fark edilirse, insanın kendini fethetmeyi başarmasında, ilk koşulunun enerjik olmak olduğuna, ünlü bir ifadeyle söylersek "dosdoğru bir hayvan" olmasına inanmaya eğimli oluruz. Ahlaki coşku, neredeyse daima bazı parlak anlara eşlik eder. Bu anlarda insanın bedeni de iyi ayarlanmış bir enstrüman gibi, yanlış nota çalmadan üzerine düşen kısmını yapar ve içsel bilincin dikkatini kendi üzerine çekmeksizin orada bulunur.

Böyle dinç olunan anlarda, irade içimizde mutlak güce sahiptir ve dikkat çok gergin hale gelebilir. Aksine, zayıf, güçten düşmüş olduğumuzda, zihnimizi bedenimize bağlayan zincirleri ağır bir biçimde hissederiz, istencin başarısızlıklarının nedeni de genellikle fizyolojik rahatsızlıklardır. Bu görüşlere, gücü tüketmeden kullanan her işin doğal ödülünün, kendini iyi hissetmek ve uzun süren bir sevinç olduğunu da eklemeli.

Tükenme hali daha işin başlangıcından meydana gelirse, gücünü zorlamanın o hoş hissi hiç duyulmaz, yerini acı verici bir yorgunluk hissi, iğrenme alır: Bu şekilde zayıf düşmüş, talihsiz insanlar için, ödülü olan derin sevinçten yoksun iş, bir leke, bir güçlük, bir acıdır.

Dahası, tüm psikologlar, bellek için fizyolojik koşulların önemi konusunda hemfikirdir. Etkin bir dolaşım beyne iyi gıdalanmış, tertemiz bir kan pompaladığında, anılar ve dolayısıyla alışkanlıklar çabucak ve uzun bir süreliğine beyne kazınır.

İradenin, uzun ve canlı bir dikkatin şartı olup hafızaya müthiş biçimde yarayan sağlık, işi sadece ödülü konumundaki sevinçle ödüllendirmekle kalmaz, ayrıca mutluluk üzerinde de sınırsız bir etki sahibi olur. Dediğimiz gibi, sıfırların önüne yerleştirilen sayı gibi, hayatın önüne konulduğunda değerini gösterir. Mutlu bir imge! Voltaire, büyüleyici bir kadına ve servetin getirdiği tüm mala mülke sahip olan Harlay hakkında şunları söylerdi: "Sindiremezse, hiçbir şeyi yoktur."

Ne yazık ki kötü anlaşılan zihinsel çalışma çok rahatsızlık verebilir. Bedene hareketsizliği, hep oturmayı dayatır, kötü düzenlenmiş apartman dairelerine kapanmaya; sözün kısası, oturur halde olmaya zorlar. Bu ciddi sakıncaların yanına kötü beslenmeyi de eklersek, midenin zayıf düşmesi uzun sürmez: Sindirim zahmetli hale gelir ve mide sıkı bir sinir ağıyla sarılmış olduğundan, bu organdaki bozukluklar, sinir sistemine hatırı sayılır bir biçimde yansır. Yemekten sonra kafa kan akınına uğrar, ayaklar ise kolayca soğur: Kişi bir süre sonra bir ağırlık, bir uyku hisseder ve bu yerini, köylülerin ve esnaf takımının yemek sonrasındaki neşeleriyle tezat oluşturan bir asabiyete bırakır. Sinirlilik hali giderek kötüleşir ve zihin emekçilerinin çoğu, kendisine etkiyenleri kontrol edemez hale gelir: En ufak bir sıkıntıda yürek çarpıntısı başlar, mideleri rahatsızlanır. Bu, sinir bozukluğunun ilk basamağıdır, çünkü sinirlilik hali neredeyse daima, beslenme işlevinin bir kusuruyla başlar. Beyin her şeyin büyük düzenleyicisi olmaktan çıkar ve sağlıklı yaşamın sakin ve dinç ritimlerinin yerini, asabiyet ve hastalıklı yaşamın huzursuzluğu alır.

Yine de özdenetim yolunda zaman bize nasıl mutlak güç sağlıyorsa, aynısını mizacımızı değiştirmemiz ve sağlığımızı güçlendirmemiz için de sağlar. Huxley, yapıtlarından yapılmış ünlü bir alıntıda, bizi satranç oyuncularına benzetir: Partnerimiz yapacağımız en ufak bir hatayı affetmeyen sabırlı ve acımasız bir rakiptir ama iyi oyuncuları da bol kepçe bir cömertlikle ödüllendirir. O düşman doğadır ve oyunun kurallarını bilmeyenlere vah ki ne vah: Bilim insanlarının keşfettiği yasalar olan bu kuralları inceleyerek, özellikle de onları uygulayarak, masaya sürülen ödülü yani sağlığı kazanacağımızdan emin oluruz. Ancak, sağlığımızı fethetmekle özgürlüğümüzü fethetmek aynı şeydir: Bu aslında "istedim oldu" bir şey değildir, aslında bir ay içinde yüzlerce kez yaptığımız ya da yapmayı reddettiğimiz ufak ufak pek çok eylemin sonucudur. Dikkatimizi pek çok noktaya odaklamalı ve her ayrıntının önemini teslim etmeliyiz. Isıya, soğuğa, rutubete dikkat etmek gerekir; Ortamın havasının temiz olmasına, aydınlatmasına, yemeklere, yeterli egzersiz yapmaya dikkat etmeli.

Ancak, böyle bir titizlik hayatı saçma sapan bir hale getirir ve tüm zamanımızı alır diye haykırmaz mısınız? Laf! Bu özen alışkanlık işidir. Kurallara uygun yemek yemek, kötü yemekten daha uzun sürmüyor. Biraz dolaşmak, tembelce koltukta oturup hazımsızlık çekmekten ya da kafedeki gazeteleri okumaktan daha fazla zaman almaz. Çalıştığımız yeri zaman zaman havalandırmak, sözü edilecek bir zaman kaybı değildir. Yaşam tarzımızda yapılacak tüm değişiklikleri kalıcı olarak, bir kez düzeltmek yeter. Hiç makul davranmamamızın tek nedeni tembelliktir: öngörmekte zihinsel tembellik, uygulamada da fiziksel tembellik.

Yineleyelim, ödülümüz sağlık olacaktır, yani diğer her şeyin, başarının olduğu gibi mutluluğun da şartı budur.

Üzerinde en çok durulması gereken işlevler, beslenmenin işleyişiyle ilgili olanlardır. Burada asıl soru, mideye indireceğimiz yiyeceklerin niteliği ve miktarıdır. Berthelot'nun çalışmalarına gelene dek, beslenme konusunda tespit edilmiş kurallar yoktu. Günümüzde bu sorun, ortaya çok açık bir biçimde konuyor. Şu anda, hiçbir yağlı ya karbonhidratlı gıdanın, dokuların yenilenmesinde albüminin yerini tutmayacağını biliyoruz. Bu nedenle beslenmemizde albümin gereklidir. Öte yandan, yeterli albümin yerine dozu abartırsak, elde edilecek sonuç son derece ilginç olur. Bu albümin fazlalığı, organlarımızın zararına, tükettiğimiz albümin miktarından daha fazla albümin çökeltisine neden olur.[1] Her gün yaklaşık 75 gram azotlu yiyecek tüketmek yeterlidir. Bu miktarın üzerinde mideye indirdiğimiz her şey, hazmedilemediği gibi albümininin kaslarda çökelmesine de yol açar. İlk saptamamız şu: Bir öğrenci, restoranlarda yararlı olanın iki ya da üç katı et tüketir. Bunun ötesinde, aynı anda midemize gönderdiğimiz albüminin miktarı ne olursa olsun, yanında yağlı yiyecekler ya da karbonhidratlar yemezsek, albümin çökelmesi oluşur; yersek oluşmaz. Bu nedenle 75 gram albüminle karışacak bu yiyeceklere korunmuş azot porsiyonu denir.

Öte yandan, çalışmanın esas olarak yağların ya da nişastanın parçalanmasına neden olduğunu biliyoruz. Üstelik, yoğun bir iş yapıyorsa, bir erkeğin günlük 2.800 ile 3.400 kalori arasında enerji harcaması gerektiğini biliriz.[2] 75 gram albümin 307 kalori verdiğine göre, üst ortalama 3.000 kalori olarak aldığında, bir zihin emekçisinin yaklaşık 2.700 kalori daha bulması gerekecektir. Ancak 200 ila 250 gram yağ sindirilebildiği için (225 X 9,3 = 2.092 kalori), karbonhidratlı gıdalardan yaklaşık 600 kalori alınmalıdır (hemen hemen 150 gram). Günlük diyetimizi oluşturmak adına, her yiyeceğin albümin, yağ ve karbonhidrat değerlerini bulmak için bu konudaki özel kitaplara bakmalıyız.

---

1 Bkz. G. Sée, *Formulaire alimentaire*, Battaille et Cie, 1893.
2 1 gram albümin 4,1 kalori; 1 gram yağ 9,3 kalori; 1 gram karbonhidrat 4,1 kalori yapar.

Vardığımız sonuç deneyimle sabittir: Fazla yiyoruz, özellikle de çok fazla et yiyoruz. Mide ve bağırsaklarımıza akıl almaz bir ağırlık yüklüyoruz. Yüksek refah sınıfından çoğu insanda, sindirilen gıdalardan elde edilen gücün büyük kısmı sindirimde kullanılır. Abarttığımızı düşünmeyin. Aslında sindirim sırasında, mide ve bağırsak duvarlarını koruyan ve hazım sıvıları saldırdıkça sürekli ve çabucak yeniden oluşan doku olmasa, bu organları da sindirirdik. Tek başına bile bu olağanüstü büyük bir iş. Bağırsaklar, yayıldıklarında, beden uzunluğunun yedi ila sekiz katı kadar uzunlukta ve 30 santimetre genişliğindedir. Bağırsakların ve midenin çalışan yüzeyi, en az 5 metrekaredir. Bu çalışan yüzeyi kaplayan tüysü yapının her gün saatler boyu böyle sürekli yenilenme işine, çiğnemek için harcanan gücü, mide kasların birbiri ardına kasılarak besinleri ilerletme hareketlerinin ve çokça salya, sindirim, pankreas, safra sıvılarının oluşmasının kullandığı enerjiyi de eklediğimizde, sindirim sırasında ne denli olağanüstü bir güç tükettiğimizin de farkına varmış oluruz...

Çok fazla yemek yiyen insanların, tam anlamıyla sindirim sistemlerine hizmet etmeye indirgenmiş, onur kırıcı hayvan rolünde oldukları açık değil mi? Bu kişilerin çoğunun, yutulacak yemeklerin bolluğu karşısında çiğnemeyi usandırıcı bulmaları hasebiyle, sindirim sıvılarının pek az bölünmüş besin yığınlarına ancak çok yavaş nüfuz edebilmeleri sonucu sindirimin yapacağı çalışmayı daha da arttırdıklarını da eklemeli.

Her yiyecek için özümsenebilir albümin, yağ ve karbonhidrat içeriğini gösteren küçük bir broşür ne kadar yararlı olurdu! Bu konuda yazılmış tüm özel kitaplarda azot içeriği verilmektedir, ancak bugün birçok azot bileşiğinin, tam anlamıyla onarıcı gıdalardan olmadığını biliyoruz. Böyle bir tablosu olan bir öğrenci, neredeyse tüm menüsünü oluşturabilir, hem iyi beslenip hem de zihinsel çalışmalarının pahasına sindirim organlarına aşırı yük bindirmekten kaçınmanın yolunu bulabilir. Öğünlerin sayısı ve zamanı meselesi, yemeklerin miktarının yanında pek küçük bir konu gibi durur. Elbette, öğrencinin Cornaro'nun yaptığı gibi tüm yemeklerini tartmasını istemeyiz; ancak, birkaç tartımdan sonra ne yemesi gerektiğini az çok fark edeceğinden, hiç değilse sık sık restoranlara giden gençler gibi, sohbetlerin, konuşmaların gürültüsünün ortasında tıka basa yiyerek muazzam bir güç ziyan etmekten kaçınırdı.[1]

Solunum hijyeni daha basittir: Aslında gerçeği söylemek gerekirse, insanlar temiz hava solumayı neredeyse ihtiyaç gibi görmüyor; gençlerin içlerine temiz hava ve taze serinlik çekmek yerine biraz soğuk da olsa kötü, iğrenç bir hava solumayı tercih ettiklerini kaç kez gördüm. Bu bağlamda eğitim kurumlarının ve dairelerin hijyeni ilkel durumda kalmıştır. Oysa, kötü hava solumanın insanı endişeli, hırçın, mutsuz ettiği kanıtlanmış bir şey. Bünye, temiz havayla uyarılmadığında, kötü uyarımlar arama eğilimine girer. Öğrenci, odasında, zaten solunmuş bir havayı "durmadan soluyup durmaya" mahkûm değildir: Odasını sık sık havalandırabilir, hatta iyisi mi açık havada çalışabilir. Ayrıca,

---

1 Kahve kullanımına değinmeden bu konuyu noktalayamayız. Hiç tavsiye etmeyiz. Çok fazla tüketildiğinde üstelik tamamen filtreden geçirildiğinde sinirli yapar. Ancak Arap usulü küçük fincanlarda demlenirse sinirleri daha az etkiler, hazım için de yararlı bir katkısı olur. Yemeklerin dışında bile, küçük bir miktarı, örneğin sabahları, onca çalışanın şikayet ettiği düşünce ağırlığını dağıtabilir ve zihni canlandırabilir. Abartmadan ve verdiği canlılıktan hemen işe koyulmak şartıyla yararlanılırsa kullanılmasında pek sakınca olmaz.

odasının içinde dolaşabilir ve yüksek sesle okuyabilir ya da konuşabilir. Konuşma eğitimi almamış sağır dilsizlerin ciğerlerinin çok zayıf olduğunu ve ağızlarından birkaç santim ötede yanan bir mumu bile güçlükle söndürdüklerini biliriz: Konuşma akciğerler için enerjik bir jimnastiktir.

Ayrıca, okur yazar insanların kavisli duruşunun da solunum hareketi için büyük bir engel oluşturduğunu, uzun vadede de çalışan kişiye çok zararı dokunacak, rahatsız bir durum olduğunu belirtilmeliyiz: Kişi, kendisini zayıf düşürecek bu etmenle mücadele etmek için, göğsü serbest bırakacak ve solunum hareketlerini özgür kılacak şekilde gövdesini alabildiğine dik tutma alışkanlığını edinmeli.

Bununla birlikte, bu önlemler yetersizdir ve insan çalışmasını sık sık kesip kalkmalı, hareket etmeli.

Bay Lagrange'ın "solunum jimnastiği" dediği mükemmel egzersizler imdadımıza yetişebilir. Bu egzersizler, sabahları içgüdüsel olarak yaptığımız gerilmelerimizi taklit edip yapay olarak büyük büyük soluklar almayı içerir. Her iki kolumuzu çok yavaş kaldırıp olabildiğince derin nefes alarak yanlara açıyoruz sonra da solunan havayı salarak kollarımızı indiriyoruz. Hatta kolları kaldırırken, ayak parmaklarının ucunda uzamaya çalışıyormuş gibi yükselmek de yararlıdır: Bu işlem, omurgadaki yamulmaları düzeltir, böylece genellikle aşağıdan yukarıya doğru çizdiğimizden daha geniş bir çember yayı çizmemizi sağlar. Bu egzersiz, kaburga eklemlerinin kaynaşıp işlemez duruma gelmesini önlediği gibi, oksijenin içine giremediği sıkışmış pek çok akciğer vezikülünü "açar". Böylece kan ve hava arasındaki alışveriş alanı artar; bu da Marey tarafından gözlemlenen, uzun süreli benzer egzersizler yaptıktan sonra solunumun, istirahat anında bile değişikliğe uğramış ritmini koruma olgusunu açıklar. Halter kullanımının burada önerilmediğini kaydedelim, çünkü halterde soluk almayı kesmeden efor sarfı mümkün olmaz.

Bizi memnun edecek bu önlemler sadece geçici çarelerdir ve asla gerçek egzersizin yerini tutmaz. Açıktır ki egzersizin, kendi başına yarattığı bir şey yoktur; beslenmenin tüm işlevlerini düzelterek dolaylı yoldan fayda eder. Odamızda, zaman zaman yapacağımız egzersizlerle solunum kapasitemizi arttırabileceğimizi daha önce de görmüştük.

Ancak bununla kan dolaşımının hızını yükseltip akciğerlerden daha sık geçmesini sağlayamayız. İki bakımdan solunum işlevi ile dolaşım işlevi bir yerde aynı şeydir. Birini harekete geçiren şey diğerine de etki eder. Lavoisier, Bilimler Akademisi'ndeki bir bildirisinde (1789) şu gerçeğe dikkat çekti: Bir erkek kaslarını çalıştırdıktan sonra, istirahatteki haline göre aç karnına, üç kat daha çok oksijen özümler. Bu nedenle, egzersizin ilk gerçekleştirdiği, vücuda hatırı sayılır miktarda oksijen girmesini temin etmektir. Genellikle hareketsiz olan öğrenci "kısıtlı" bir hayat yaşarken, açık havada hareket eden biri daha zengin kanla, daha aktif bir solunumla çalışır. Beyni daha uzun ve daha atılgan işleri kaldıracak denli enerjik olur. Kalbine düşen yük azalırken verimi artar, çünkü hareketsizlik kanın kılcal damarlarda durgunlaşmasına neden olurken, hayati olan enerji yakma da yavaşlar. Egzersiz sırasında ise "komşuluk" hareketiyle, kılcal damarlardaki dolaşım, devinen kaslar tarafından tahrik edilir ve kılcal damarların esnekliğiyle oluşan bu "vücuda yayılmış kalp", merkezi organın işini hafifletir.

Ancak kas aktivitesinin tek yararı bunlardan ibaret değildir, çünkü Paul Bert'in kanıtladığı gibi kaslar oksijen temizleyicilerdir. Bunlar tam teşekküllü solunum organlarıdır: Soluduğumuz oksijenle ortadan kaldırılması gereken karbonik asidin çok önemli değiş tokuşu onların içinde gerçekleşir. Bu değiş tokuş ne kadar canlıysa, aldığımız gıdalardaki yağın yakımı da bir o kadar canlı olur:

Hareketsizlik yağ rezervlerini "yakmadığı" gibi her yere birikmelerini de sağlar ve doğrudan obeziteye götürür. Üstelik bu biriktirilenler, bedensel tembelliğinin tek sakıncası da değildir, kanıtlanmış olduğu gibi, artrit, gut, idrar taşı, ağız kokusu hep yeterli canlılıkta bir nefes alınmadığı için tam yakılmamış besinlerden kaynaklanır. Oysa, bu kadar önemli bir şey olan kasların soluk alıp verme işi, bir tek egzersiz yapıldığı sırada olup bitmez, çünkü görüldüğü gibi, bu organlar artmış solunum faaliyetini epeyce uzun süre korur. Çok fazla yemek yiyen gönençli ailelerden gelen gençlerin çoğu için, egzersizin mutlaka gerekli olduğunu kaydedelim.

Egzersiz, hatta şiddetli egzersiz bile, midelerine fazladan indirdikleri şeyleri yakmak için onlara yararlı olur. Hem fazla yer hem de aylak bir yaşam sürersek, bağırsaklardan gelen ve içinde yağ damlacıkları bulunan akkanla (kilüs) dolan tüm damarlar tıkanır. Geceleyin yapılan dinlenme, bu aşırı beslenmeyi daha da kötüleştirir, rahatsızlıklar, mide bulantıları, özellikle de sabahları sıklaşır. Böylece mide tembelleşir ve kan tam anlamıyla "koyulaşır", yani yakılacak malzemeyle aşırı yüklenir. Sabah uyanıldığında sık görülen paradoksal bir durum ortaya çıkar: Bu birikimden kaynaklanan yorgunluğu, uyuşukluğu, zihinsel tembelliği kastediyorum. Bu yorgunluğun kaynağında gerçekten de birikmiş bu şeylerin olduğuna dair çok önemli bir kanıt var: Kişi cesaret eder de kararlı bir şekilde çalışmaya koyulursa, yorgunluğu artacak yerde azalır, aynı kanda biriken fazla malzemenin de oksijenle yakıldığında azalması gibi.

Özetle, egzersiz canlı ve enerjik bir özümleme görevi yapar, kanı zenginleştirip hızlandırarak taşınmasını, aynı zamanda da sindirilmemiş malzemelerin hızla atılmasını sağlar.

Bu genel sağlık etkilerinden başka, yürümenin, mide, bağırsaklar ve yemek borusunun birbirini izleyen dairesel kasılmaları ve gevşemeleriyle besinlerin ilerlemesini sağlayan peristaltik hareketleri üzerinde de mutluluk verici etkiler yarattığına dikkat çekmemize gerek var mı?[1]

§ II

Şimdiye kadar egzersizin rolünü sadece beslenme fonksiyonları açısından değerlendirdik. Konumuzun temel bakış açısı burada yatar, zira irade ile dikkat, canlının sağlığına sıkı sıkıya bağlıdır. Kasları çalıştırmak da iradeyle daha az önemli ama daha içkin bir ilişki içindedir. Aslında, irade

---

1 Öğrenci genel olarak otururken ya da ayakta dururken, genel olarak karın boşluğundaki organları saran kaslar gevşek haldedir. Hareketsiz olmak, onları karın bölgesinin hacmini artıran yağ birikmesine karşı güçsüz kılar, daha da ötesi, bu kaslar genişleme eğilimi gösteren mideye verdikleri güçlü desteği vermez olur. M. Lagrange, o güzel kitabında, bu durumla mücadele etmek üzere İsveç jimnastiği yöntemlerini veriyor. Bu yöntem, her gün evde yapılması kolay yedi hareketten oluşur. Bkz. *Exercise chez les adultes*, s. 355 vd.

çocuklarda utangaç bir şekilde kas hareketleriyle kendini sınamaya başlar.

Hareketlerimize hâkim olabilmek için gereken uzun öğrenme dönemi, irademizi çelikleştirir, dikkatimizi disipline eder. Hangimiz, bugün bile yoğun tembellik anlarında, kalkıp bir şeyler yapmayı denemeyi, dışarı çıkmayı vb. zor bir iradi eylem olarak görmez ki? Hal böyleyken, kaslarını çalıştırmanın ya da daha iyisi bazı atik hareketlerin (çünkü, tam anlamıyla otomatik hale dönüşen yürüyüşün bu anlamda hiçbir değeri yoktur) mükemmel bir irade ve dikkat denemesi olduğunu kim yadsır ki? Bu o kadar doğrudur ki dikkatlerini toparlayamayan nevropati hastalarına kas egzersizi önerilir. Her çaba, istenci gerektirir; istenç ise, tüm melekelerimiz gibi, tekrarlamakla gelişir. Bunun dışında, bir kas çalışması yorulmaya doğru acılı hale gelir, bir acıya direnmeyi bilmek de en yüksek irade değil midir?

Gördüğümüz gibi, egzersiz, başlı başına bir irade ilk okulu gibidir.

Bu, onun zekâ üzerinde hiç etkili olmadığını mı gösteriyor?

Asla. Bu etki gerçektir; bedensel tembellik ölümcüldür, algılarımız pek az yenilenir; evimizde, kasvetli bir monotonluk içinde memnuniyetle kalırız; içimize sıkıntı ve bulantının çökmesine izin veririz. Ve böyle üzücü bir durumda olmak, hepimizin deneyimlediği gibi, ancak fiziksel yaşamımızı yavaşlatmaktan, fikirlerimizin uyanmakta yavaş olmasından, dışsal uyarımların yokluğundan ileri gelir; bu durum özellikle de çayırlarda gezinirken düşüncenin derinliklerine inenlerin berrak fikirleri ve zengin izlenimleriyle nasıl da tezat oluşturur. Bundan dolayı da egzersizin yetilerimiz üzerindeki müthiş etkisini inkâr edemeyiz.

§ III

Bununla birlikte, öğrenci, faydalarını kanıtladığımız bu fiziksel egzersiz konusunda yapılan önemli hataları da dikkatle göz önüne almalıdır. Sıklıkla çok farklı iki şeyi karıştırırız: sağlık ve kas gücü. Güçlü bir sağlığı oluşturan, solunum organlarının ve sindirim sisteminin dinçliğidir. Kendini iyi hissetmek, iyi sindirmek, özgürce nefes almak, canlı ve düzenli bir dolaşıma sahip olmaktır. Bu aynı zamanda, sıcaklık değişimlerine daha kolay direnmektir. Ancak böyle direnç niteliklerinin kas gücüyle nedensel bir bağlantısı yoktur. Fuar atletleri ve hâl hamallarının çok kötü sağlıkları olabilir de falanca büro çalışanının iddiasız kas gücüne rağmen çelik gibi bir sağlığa sahip olması mümkündür. Yalnızca atletik gücü öne çıkarmamakla kalmamalı, aynı zamanda ondan kaçınmalıyız da çünkü atletik güç sadece şiddetli egzersiz yapmakla güçlendirilir ve bu tür egzersizler nefesin düzenli alınmasını engeller, yanı sıra da boyun ve alın damarlarında belirgin olarak kan toplanmasına yol açar, insanı dermansız bıraktığı da oldukça kesindir. Yoğun fiziksel çabalarla ve enerjik entelektüel çabaları aynı anda gerçekleştirmek olanak dışıdır. Buna ek olarak, egzersizde yoğun çabaların neden olduğu yorgunluk, köylülerde ve dağda yaşayanlar arasında çok sık görüldüğü gibi bedeni soğuk algınlığına yatkın hale getirir. Şiddetli egzersizin ancak aşırı beslenmenin neden olduğu gıda rezervlerini yakmak durumunda yararlı olacağını ekleyelim: Oysa, zihniyle çalışıp da enerjik dikkat çabaları sarf eden kişi, toprağı işleyen köylü kadar hatta belki daha çok gıda yakar. Böylece adına layık bir öğrenci asla, hiç değişmeyen bir görev için yazı masasının başında oturan ve bedeni kadar zihni de tembel olan bir büro çalışanıyla karşılaştırılamaz: Zihnimizi ne kadar çok çalıştırırsak, kullanılmayan malzemeleri yakmak için o kadar az kas egzersizi gerekecektir.

İlginçtir, bizler Fransa'da, İngiliz gençlerine verilen atletik eğitime iyi kötü ayırt etmeden, durmadan övgüler düzeriz, bunu da halihazırdaki kamuoyunun temel niteliği olan, bilimsel bilinçten tamamen yoksun bir biçimde yaparız. Yıllık fiyatları 5.000 franka kadar yükselebilen bazı büyük kolejler ve keyiflerinin peşinde üniversitelere giden zengin mi zengin lord çocukları gözlerimizi kamaştırıyor: Bu azınlığın ancak bizdeki spor insanı azınlığıyla karşılaştırılması gerektiğinin hiç ayrımında değiliz. Aklı olan İngilizler, İngiliz okullarındaki bedensel egzersizlerin abartıldığını görmekten keyif duymaz. Wilkie Collins, 1871'de yazdığı, *Karı-Koca*'nın önsözünde, İngiliz toplumunda kabalık ve şiddetin can sıkıcı bir biçimde geliştiğini kaydedip bedensel egzersizlerin kötü kullanımının buna yüksek oranda katkıda bulunduğunu söylüyor. Tarafsızlığı tartışmaz olan Matthew Arnold, Fransız eğitim sistemine imrenir. Ona göre, barbarları Filistinlilerden[1] ayıran özellik, birinciler bir tek onurlarına, kibirlerini tatmine, bedenlerini çalıştırmaya, spora, gürültülü zevklere önem verirken, ikincilerin değer verdiklerinin ise, iş aşkı ve kaygısı, para kazanma sanatı, konfor ve dedikodu oluşudur. Yine ona göre, İngiliz tarzı eğitim, Filistinliler ve barbarların sayısını arttırma eğilimindedir. Haklı

---

[1] Filistinliler kabilesi: Girit Adası kökenli olup milattan önce on ikinci ve on birinci yüzyıllardaki göçlerle bugünkü Filistin'in bulunduğu bölgeye yerleşen insanların oluşturduğu kabile. Önceden İsraillilerin düşmanıyken daha sonra onlara bağlanmışlardır. Günümüz Filistin halkıyla karıştırılmamalıdır. (ed.n.)

olarak, "salt akıl emekçilerinin, gerçek sporcular kadar ahlaklı olduğu" saptamasını yapar. Buna bedensel egzersizin büyük bir onur sayıldığı eski Yunan spor merkezlerinin şerefine, doğal olmayan gönül ilişkilerince leke sürüldüğünü de ekleyebilirdi.

Zaten, dönüp başvuracağı bir kişisel deneyimi olmamış bir zihinsel emekçi var mıdır? Güç sermayemiz yalıtılmış iki ayrı bölüme ayrılmamıştır: Ayrı ayrı, beyne ilişkin güçler ve bedensel güçler bölmeleri yoktur. Şiddetli egzersizlerle fazladan harcadığımız her şey, zihinsel çalışmalarımız için kayıptır. Aptal birinin, kendini fermente yiyecek ve içecekle doldurup sonra da sindirimden arta kalan enerjiyi yorucu egzersizlere harcamasında, atletik kaslarını gururla seyretmesinde mahsur görmeyiz. Ama gelecekteki doktorlarımıza, gelecekteki avukatlarımıza, bilim adamlarımıza, edebiyatçılarımıza böyle bir hayat önermek anlamsız olur. Büyük insani zaferler artık hiçbir yerde kaslarla kazanılmıyor, keşiflerle, yüce duygularla, yaratıcı verimli fikirlerle kazanılıyor: Bir Pasteur, bir Amper ya da Malebranche'ın güçlü zekâsını, beş yüz inşaat işçisinin kasları ve sporcuların tümünün bir işe yaramayan kaslarıyla değiş tokuş etmezdim. Ayrıca, ne kadar eğitilirse eğitilsin bir insan asla yarışta bir atı ya da bir köpeği geçemez; bir goril de bir fuar herkülüyle[1] güreşmekten hiç çekinmez. Bu nedenle, üstünlüğümüz hiç de kaslarımızın ağırlığından değildir. Bunun kanıtı da insanın en güçlü hayvanları bile evcilleştirmesi, kaplanları ve aslanları halk bahçelerinde kafese tıkıp çocuklarını eğlendirmesidir.

---

1 Eskiden geleneksel olarak fuarlarda güçlerini sergileyen olağanüstü kuvvetli adamlar.

Kas gücünün rolünün günden güne azaldığı çok açıktır, çünkü zekâ, onun yerine, onunla kıyaslanamayacak kadar güçlü makineleri koyar, diğer yandan da kasları güçlü pek çok insan da giderek makinelerin rolüne indirgeniyor: Onlar düşünenlerin elinde boynu bükük araçlardan ibarettirler: Bir ustabaşı çalışmaz, işçileri yönetir ve o da yeri gelince elleri nasırsız bir mühendis tarafından yönetilir.

Özetle, çocuklarımızı sporcu yapmak için sürdürdüğümüz bu yarış abes. Bu, sağlıklı olmakla kas gücü arasındaki bir başka yanılgıdan kaynaklanır; Gencecik çocuklarımızı, zihinsel güçlerinin aleyhine, nezaketsiz güreşçilere çevirmek eğilimindeyiz. Bir bilgin ile boksta güçlü biri arasında seçmemiz gerekse, seçimimiz tabii ki güven uyandırmalı. İnsanlığı hayvanlığa geriletme eğilimini ilerleme olarak görmeyelim. Aşırılıksa buyurun size aşırılık: Eğitimde Montaigne'i, Aquina'lı Aziz Thomas'ı Rabelais'yi bize veren Ortaçağ eğitimini, kürek yarışında bize galipler hediye edecek okullara tercih ederim.

Açıkçası, eğer bu hayvani dövüş yarışmalarından aptalca gösterişçiliğin (aptalca çünkü birçok hayvanınkinden de daha aşağıda olan üstünlüklerden vehmedilen bir kibir bu!) sağlayacağı mükafat kaldırılsa, kimse bütün o dövüş hazırlığının gerektirdiği yorgunluklara katlanamazdı. Buna ilişkin olarak, taklit etmemiz gereken görenekçi ve acımasız İngiltere değil, daha çok, okullarında ve gençleri arasında yıkıcı güç gösterilerinden tamamen vazgeçen İsveç'tir. Oralarda gençlerin sadece dinç ve sağlıklı olmasıyla ilgilenilir ve bedensel egzersizleri kötüye kullanmanın, aşırı çalışmaktan daha çok sürmenaja yol açtığı anlaşılmıştır. Bunlar göz önüne alınırsa, öğrencilere egzersiz önerilmesi gerektiğinde seçimin mutlak bu kurala uyması gözetilir: egzersizler ne güçten kesmeli ne de aşırıya kaçmalı.

§ IV

Bedensel egzersize ilişkin, böylesine felaket yanlışlıklar yapılsa da zihinsel çalışma söz konusu olduğunda, zararı onlardan aşağı kalmayan hatalar genellikle kabul edilir. Zihinsel çalışma mutlaka oturularak yapılan, hareketsiz bir iş olarak algılanır. Dediğimiz gibi, bir zihin emekçisi dendiğinde, insan zihinde oturan bir insan imgesi canlandırır, düşünmek için kafasını elinde tutan ya da yazmak için göğsünü çalışma masasına dayamış biri. Tekrarlıyoruz, bundan daha yanlış bir fikir olamaz. İlk çalışmalar ancak çalışma masasında yapılabilir. Çeviri için dilbilgisine ve sözlüğe gereksinimimiz olur; okumak için ise dikkatini vermek ve hatırlayabilmek için not almak, yazarın önerdiklerini kâğıda dökmek gerekir; ancak, belleme kısmı denen çalışmanın bu ilk bölümü tamamlandığında, gerisini evimizin dışında yapabilmek bir yana, kırlarda veya parklarda sürdürmekte hatta büyük yarar vardır. Bu bellek çalışmasının dışında, derin düşünme ve malzemelerimizi düzenleyecek bir plan arayışı, açık havada yürüyüşlerle epeyce kolaylaştırılır. Kendi açımdan, keşfetmekten zevk aldığım tüm yeni fikirlerin, bana yürüyüşler sırasında geldiğini itiraf ederim. Akdeniz, Alpler ya da Lorraine ormanları, tüm tasarımlarımın arka plan tablosu gibidir. Tabii ki Herbert Spencer[1] "bilgiyi düzenlemenin onu edinmekten çok daha önemli" olduğunu söylerken haklıdır ve bu düzenleme işine tembellik gözüyle bakamayız.

"Bu düzenleme için iki şey gereklidir: zaman ve fikrin kendiliğinden çalışmaya koyulması." Bu düzenleme işinin, hiçbir yerde, açık alanlarda, çayırlarda olduğu kadar güçlü ve canlı yapılamadığını ilan etmek isterim. *Quid quid conficio aut cogito, ambulationis fere tempus confero.*[2] Yürüyüş devinimi, kanın coşkun dolaşımı, bedenin daha bol oksijen almasını sağlayan temiz ve diri hava, tüm bu koşullar, düşünceyi dinçleştirir, düşüncenin hareketsiz çalışmalarda nadiren sahip olduğu bir kuvvet ve kendiliğindenliğe sahip olmasını sağlar. Stuart Mill, Anılar'ında, mantığının işleyiş tarzının büyük bölümünü, Hindistan'da memuru olduğu şirketin bürosuna yürürken oluşturduğunu anlatır. Verimli çalışmanın büyük ölçüde açık havada ve güneş ışığında gerçekleştirilebileceği ne kadar da doğru.

§ V

Egzersiz konusunu ele aldığımıza göre, sıra dinlenme hakkında konuşmaya geldi. Dinlenmek tembellik değildir. Dahası, tembellik dinlenmeyle bağdaşmaz. Daha da ötesi dinlenme, aslında akla, öncesinde çalışmış olmayı ya da yorulmayı değilse de en azından onarım gereksinimini getirir. Tembel biri, hak edilmiş bir dinlenmenin keyfini asla

---
1 *De l'Education*, s. 294. Alcan.
2 Cicero, *Ad Quintil*, 3.

tatmamıştır, çünkü Pascal'ın dediği gibi, soğuk, sonunda ısınmak olduğundan hoştur, iş de dinlenileceği için hoş gelir. Dinlenmeyi gerektirecek bir iş yapmadan dinlenmek, kasvetli can sıkıntısı, katlanılamaz tembelliktir. Ruskin'in dediği gibi, anlı şanlı dinlenme, taş yatağında soluk soluğa yatan devenin dinlenmesidir, ahırda samanını çiğnemekte olan öküzünki değil.

En mükemmel dinlenme uykudur. Sakin ve derin olduğundan, tam bir onarma olanağı verir. Uyandıktan hemen sonra kendimizi iyi hissederiz; içimizde, gündelik işlerimiz için birikmiş bir enerji hissederiz. Ne yazık ki uyku, yanlış fikirlerle dolup taşan en karmaşık konulardan biridir. Bilimsellikleri bir deneysel yasalar yığınından başka bir şey olmadığı gibi, gülünç bir yetkeyle her şeyi düzenleme sevdasına tutulan sağlık uzmanları, uyku süresini altı veya yedi saatle sınırlarlar. Burada uygulanabilir tek kural, sadece genel geçer bir kuralı olmak, yani çok geç yatmamak ve uyanır uyanmaz yataktan fırlamaktır.

Çok geç yatmayın diyoruz, çünkü, gece yarılarına kadar sarkan işleri onaylamamalıyız. İnsan kanının ısısının akşam dörde doğru düşmeye başladığını biliriz, geceye doğru da kanın özümsenemeyen materyallerle aşırı yüklendiği bilinmektedir. Bu saatlerde zihinsel çaba asla yoğun değildir. Yine de gün içinde olduğundan daha fazla çalıştığımızı hissedersek, korkarım bu, körleşmiş zihnimizin bizi yanıltan vasat bir çalışmadan kolayca memnun kalmasından kaynaklanmaktadır.

Dahası, geç saatlerdeki bu zihinsel didinme uyku için ölümcüldür, her şey uykuyu davet ederken insanı coşturabilir ve dinlenmeyi yetersiz kılacak bir huzursuzluk yaratabilir. Aman bu ne kadar da kötü bir hesaplama! Ertesi günün zihinsel tazeliği ve canlılığını tehlikeye atıp vasat bir iş için beyni aşırı yormuş oluruz. Doğa yasalarına aykırı bu saçmalığın kesin sonucu, sinirliliğin artmasıdır. Akşamlar, ancak malzeme çalışmalarına, kitap üzerinde kalemle işaretlemeye ya da not düşmeye, alıntılanacak, anılacak bölümleri araştırmaya, bazı bilgiler aramaya vb. ayrılabilir.

Sabahın köründe çalışmaya gelince, bunun da yararlı olacağını kabul edemem. Öncelikle, her gün saat dörtte kalkacak bir enerjiye sahip olmak öyle çok görülen bir şey değildir. Örneğin kışın, yatağın tatlı ılıklığından odanın soğuk havasına geçiş söz konusu olduğunda, bu konuda her zaman zayıf olan irade dışında başka bir kurtarıcıya bel bağlamak gerekir. Merkezdeki şehirlerin birinde, fırıncının evinde bir odam vardı. Fırıncının oğulları iş çıkışında, "kamçıyla dürtülen hayvan" misali tüm karşı koymalarıma karşın beni kalkmaya zorlama emri almışlardı. Bütün bir kış, saat beşten itibaren çalışma masama oturdum. Bu uzun deneyimden, uygulanması oldukça uzun ve ancak sürekli sebat göstererek ulaştığım bir sonuç aldım. Yaptığım iş kısa sürede mükemmele dönüştü ve edindiğim tüm bilgiler kalıcı oldu ise de günün geri kalanı biraz uykulu geçerdi. Kısacası, günün en iyi saatlerini kullanmak, erken saate çekilen bir çalışmadan daha iyi olur. O yöntemin tek avantajı, hiçbir günün kayıp olmamasıydı: Her gün kendi işini getirdi, oysa zayıf iradeli biriyseniz, işi boş saatlere erteleyerek, çabaya ayrılması gereken zamanı boşa harcama riskine girersiniz.

Ancak, yatakta istirahat süresini de iki nedenden ötürü abartmamak gerekir: Alışkanlıkla genellikle gereğinden çok uzatılan ve herkes için farklı olan uyku süresi, "kanı koyulaştırır". Bütün sabah uykuyla berbat edilir: Kasvetli, üşengeç, hüzünlü oluruz. Kolayca üşür, her şeyden etkileniriz. Fakat aşırıya kaçan bir dinlenmenin olumsuzluğu bu kadarla da kalmaz: Yatakta uzun uzun tembellik eden, uyandıktan sonra da yatakta çok kalan her öğrenci, alt edilmesi zor yalnızlık alışkılarına yönelir. Bana ne zaman kalktığını söylersen, sana kötü huylu olup olmadığını söylerim.

§ VI

Uyku dışındaki dinlenme, teneffüs biçiminde olur. Ara vermeden, kesintisiz çalışmamalıdır. Zihni, hep gerili kaldığında tüm gücünü kaybeden şu eski yaya benzetmek nasıl da doğrudur. Doğal bir ödül olan dinlenmeyle ödüllendirilmeyen çalışma, angarya haline gelir. Hatta edindiklerimizin özümsenmesi ve gelişmesine, verimli olabilmelerine bile, çeşitli işlerimiz arasında zaman tanımak gerekir. Bu dinlenme, iş açısından da açık bir kazanımdır: Gerçekten de entelektüel çalışma, sinir merkezleri aktif olarak harekete geçmezse yürümez. Tersine, sinir merkezlerinin aktif çalışması, buna bilinç hiç katılmasa da entelektüel araştırmamızda ilerleme sağlar. Bugün artık, fikirlerle "sinirlerin alt katmanlarının" bağıntılı olduğu yönündeki yaratıcı keşfi savunmak bile gereksiz. Bununla birlikte, bir entelektüel çalışma durunca, sinir merkezlerinin etkinliği hemen sonlanmaz: Bilinçsiz bir işleyiş sürer ve sonuçta bundan, anıların sabitlenmesi ve ayrıntılandırılması işi yarar sağlar. Hızla yeni bir işe geçmenin aptallığı da buradadır. Başta zihnin bilinçaltı bölgelerindeki bu kendiliğinden çalışmadan edinilecek yararlar yitirilir, diğer yandan da oluşan kan akımlarından sonuç çıkmasına engel olarak onların sil baştan yeni bir plana ayak uydurmalarını sağlamak gerekir. Bu aynı, yola çıkmış bir trenin durdurulup, geri gitmeye zorlanması, sonra da başka bir raya oturtulması gibidir. En doğrusu, biraz dinlenmek, biraz egzersiz yaparak hamlenin hızının doğallıkla tükenmesini, beyindeki kan dolaşımının sakinleşip toparlanmasını beklemek olur. Uzun bir öğretim deneyimimde, dersin seyrini takipte zorluk çeken ve konuların birbirini izlemesini pek kavrayamayan öğrencilerle hep karşılaştım, ancak, on beş günlük Paskalya tatilinde, mutlak bir zihinsel dinlenmeden sonra dönüşümlerini gördüm. Düşüncelerinde bir oturuş gerçekleşirdi; kaydettikleri yazılı, sözlü, görüntülü, her türlü belgenin zihinlerinde düzenlenmesi tamamlanmış olur, derslerine de nihayet bütünüyle hâkim olurlardı. Yeni bilgiler edinmeye böyle yararlı bir ara vermemiş olsalar, belki de bunlardan hiçbiri olmazdı.

İş için dinlenmenin gerekliliğini henüz yeterince haykıramadık. Töpffer[1] ne kadar haklı: "Çalışmalısın, arkadaşım, sonra da hiçbir şey yapmamalı, insanlarla görüşmeli, temiz hava almalı, aylak aylak dolaşmalısın, çünkü öğrendiklerimizi, gözlemlediklerimizi böyle sindiririz, bilimi sadece belleğe değil hayata böyle bağlarız."

Fakat dinlenme bir amaç olmamalıdır. Sadece enerjimizi yeniden canlandırma yoludur, öyle de kalmalı.

Bununla birlikte, dinlenmenin birçok yolu vardır ve iradesini güçlendirmek isteyen biri için zihni dağıtacak bir

---

1 *Presbytère*, LI.

şeyler seçerken özensiz olmamalı. İyi bir oyalanmanın temel nitelikleri dolaşımı ve solunum ritmini hızlandırmak, özellikle göğüs kaslarının, omurga çevresindeki kasların, karındaki kas düzlemlerinin kapsamlı çalışmasını sağlamak ve gözleri dinlendirmek olmalıdır.

Talep edilen bu koşullar, hareketsizliğin ve hatta sıklıkla sağlıksız bir atmosferin tüm dezavantajlarına sahip olduklarından, bizi hemencecik kâğıt oyunlarından, satrançtan ve genelde kapalı kapılar ardında, sigara dumanıyla dolu, havasız yerlerde oynanan oyunlardan büsbütün uzaklaştırırlar.

Aksine, doğanın ortasında yürüyüş yapmak, ormanlarda mest edici gezintiler, şart koşulan programın bir bölümünü doldurur. Ne yazık ki bu keyifli anlar, omurgadaki solunumla ilgili kasları ve karnı saran kasları hareketsiz bıraktıklarından, önerilen koşulların tümünü karşılamazlar. Fakat karşılığında, akciğerleri temiz havayla doldurur, gözleri de hoş bir şekilde dinlendirirler. En yoğun egzersiz zevkini veren paten kaymak, hareketlerin çeşitliliği açısından da eksiksiz olanlardan biridir; yaz aylarında yüzmek, nefes egzersizleri içinde en güçlülerindendir ve zihin emekçisi için de muhteşem bir rahatlatma gücüne sahiptir. Nehir boyunca güzel manzaralar eşliğinde kürek çekmeyi de bu egzersizlere ekleyin; zorunlu kıldığı çeşit çeşit hareketlerle bahçeciliği de.[1]

Evde, yağmurlu günlerde, bilardo ya da marangozluk harika uğraşılardır. Bahçede petank ya da Bocceball oyunu, çomak düşürme oyunu, raket oyunları; kroket ya da çim

---

1 Burada zihinsel çalışma yapan insanlar için resmen sakıncalı olan, sıklıkla aşırı yorgunluğa yol açan ve asla olağan bir egzersiz olamayacak avlanmanın, ne de sinir yorgunluğuna yol açan, eskrimin lafını dahi etmiyoruz. (Bkz. Lagrange, *Exercise chez les adultes*, s. 299 vd. Alcan.

tenisini aratmayacak tüm o eski Fransız oyunları oynanabilir. Tatillerde ise Alpler'de, Pireneler'de, Vosgeslar'da ya da Bretagne'da sırtımızda çanta, neşeli gezilerin yerini hiçbir şey tutmaz. Çalışma ayları boyunca, terleten egzersizlerin, asla bıkkınlık sınırına geçmemesine dikkat etmeli (tatilde bunun sakıncası yoktur). Her tür yorgunluk aşırıdır, çünkü zihinsel emekle birleştiğinde dermansızlığa yol açar.

İyi anlaşılmış zihin dağıtıcı unsurların doğrudan faydalarının yanı sıra, egzersizin verdiği neşe, her hafif sevinçli duygu gibi, sağlık açısından önemli bir rol oynar. Denir ki gücü kuvveti en iyi arttıran sevinçtir, neşedir; bedensel sevinç, dengeli bir organizmanın zafer şarkısı gibidir. Hayvansal olan bu sevinçlere, mutlulukla hiçbir uyuşmazlığı olmayan, dahası diğer hazlara öylesi leziz ve samimi bir tat katan zihinsel çalışmanın verdiği doyum da eklendiğinde, mutluluk tamamlanır: Kendilerini doğru şekilde yönetecek kadar kendine hâkim gençler için hayat yaşamaya değer olur: Hepimiz, nasıl isteneceğini bilirsek bu seçkin kalabalığın bir parçası olabiliriz.

§ VII

Özetle, iradenin, azimli iradenin enerjisi, uzun çabalar sarf etme olasılığını içerir. Ancak sağlık yoksa, kalıcı çaba da olmaz. Bu nedenle sağlık, ruhi enerjinin önemli bir koşuludur. Platon, "Geometriyle uğraşmayan biri buraya girmez," dermiş. Bizler de canı gönülden, "Sağlıklı kalma yasalarına uymayan, buraya giremez," derdik. İrade tekrarlanan minik çabalarla oluştuğu gibi, sağlık da temelde ufacık sağlık kurallarına özen göstermekle elde edilir: Soluduğumuz havayı, yediğimiz yiyecekleri, kanın dolaşımını kapsayan bir bakımdır bu. Dinlenmenin ve fiziksel egzersizlerin iyi anlaşılmasını gerektirir. Bu bağlamda, İngiltere'yi doğrudan doğruya taklit etme modasının abartılmasıyla o kadar çok mücadele etmek durumunda kaldık ki işi, verimli bir zihinsel çalışmanın koşulları ile zararlı zihin dağıtıcıları ve eğlenceleri ayırmaya kadar götürdük: Zekânın, iradenin ve duyarlığın çoğunlukla bedenin genel sağlık durumuna bağlı olduğuna inancımız derindir. Bossuet'nin dediği gibi, "Ruh, can verdiği bedenin sahibi ise, beden zayıflayıp yıkıma uğradığında içinde çok durmaz". Bu koşullar altında, kahramanca bir çaba göstermeyi deneyebiliriz, ancak bu kahramanca çaba, başka çabalar tarafından hemen takip edilmeyecektir, çünkü mutlak tükeniş ilk çabanın sonucu olacaktır. Ayrıca, medeniyetin bize sağladıkları gibi kahramanlık fırsatları nadirdir, öyle nadirdir ki kendimizi sırf onlar için hazırlamamalı, her gün, her an tekrarlanacak ayrıntılar için tekrar tekrar çabalamalıyız. Sonra öyle bir an gelecek ki, bu sürekli çabalara dalmış bir irade, onların yerine getirileceği vakit gelip çattığında, parlak işler yapmaya bir başkasından çok daha hazır olacaktır. Yinelenen bu çabalara dayanıklılık, sebat, sürdürme ruhu denir. Çabada azim olunca, güçlerin ortaya çıkmasında da azim olmalı.

Eskiler ünlü veciz sözlerinde, *mens sana in corpore sano*[1] dediklerinde ne kadar da haklıymışlar. Bu nedenle, irademize, onsuz tüm gayretimizin verimsiz ve geçersiz kaldığı bedensel enerjiyi taşıyabilmek için sağlıklı olalım.

---

1   Lat. Sağlam kafa sağlam vücutta bulunur.

BEŞİNCİ BÖLÜM

GENEL BİR BAKIŞ

İşte incelememizin birinci bölümünün sonuna ulaşmış bulunuyoruz.

İlk olarak, doğamızın daha alt güçlerine karşı yaptığımız öylesine asil ve verimli mücadelede, düşmanların içyüzünü açıkça ortaya koyduk. İnsanın kendini fethetme mücadelesinde, büyük düşmana, tembelliğe sağladıkları yardım dışında, tutkuların pek bir önemi olmadığını anladık!

Büyük düşmanımız olan tembellik, insanı, yüzyıllarca süren çabalar ve onca zorlukla eriştiği kademeden durmadan geri düşürme eğilimindeki ataletin gücüdür. Özdenetim derken, ara ara ortaya çıkan bir iradeyi kastetmekten sakınmak gerektiğini anladık. Yüce enerjinin, sürekli enerji olduğunu, aylara hatta yıllara yayılabileceğini ve istencin mihenk taşının da zaman olduğunu da kavradık.

Sonra, iki felsefi kuramı yolumuzdan çekip attık. Fikrimize göre her ikisi de birbirinden daha cesaret kırıcı olan bu kuramlardan biri, doğuştan gelen, önceden belirlenmiş karakterimizle ilgili hiçbir şey yapılamayacağını, ne isek artık o olduğumuzu, kendimizi kurtarmak için hiçbir şey denemeye değmeyeceğini savunan saçma sapan bir teori.

Bu kuram, psikolojideki en temel şeylerin bile farkında olmadan sözcükler kullanarak o kadar cahilce bir düşünme alışkanlığına işaret eder ki zihne at gözlüğü takıp en aşikâr olguları görmesini engelleyen, öylesine kabul edilen kuramların telkinlerini bilmesek, değerli sayılacak felsefecilerin ona itibar ettiğini görmekten hayli şaşırırdık.

Özgür irade denen diğer teori, bundan ne daha saf ne de daha az uğursuzdur. Karakterin yeniden şekillendirilmesini bir anlık iş olarak görür ve elbette bu nedenle de ahlakçıları psikoloji çalışmalarından uzaklaştırmıştır. Ancak doğamızın yasalarını derinliğine bilmekle, karakterimizi yeniden oluşturmayı sağlayacak olan işaretlere ulaşabiliriz.

Yolumuz bu gereksiz iki kuramdan temizlenince, konumuzu psikoloji açısından incelemeye girmiş olduk. Fikirlerimiz üzerinde sahip olduğumuz büyük gücün ve onların bize doğrudan sağlayabilecekleri desteğin zayıf olduğunu, bizlerin ise hislerin üzerimizdeki sınırsız gücüne karşı, doğrudan neredeyse hiçbir şey yapamadığımızın farkına varmıştık. Neyse ki zamanın ve kavrayışlı zekice bir diplomasinin yardımıyla, tüm zorlukların üstesinden gelebilir ve yenilgi kesin görünürken bile zaferi dolaylı yollarla kazanmayı başarabiliriz. Kendimize hâkim olmayı sağlayan bu davranış yöntemlerini, derin tefekkür ve eylem hakkındaki bölümlerde sabırla inceleyip, öğrendik, bedensel olanla ve zihinsel olanın ilişkilerinin ne kadar sıkı olduğunu aklımıza yazıp bedensel sağlığa ilişkin bölümde de iradenin uygulanmasını sağlayan fizyolojik kuralları gördük.

DAHİLİ ARAÇLAR

Böylece, çalışmamızın tamamen kuramsal olan bölümü bitmiş oluyor: Geriye, buraya kadar incelediğimiz büyük genel yasaların ayrıntılarına inerek, öğrencinin yaşamına uygulamak kalıyor. Başka bir deyişle, öğrencinin içsel özerkliğini tehdit eden açık tehlikeleri ve onlara karşı koymak için kendi içinde ya da dışarıda bulabileceği yardımların neler olabileceğini yakından incelemeliyiz. Pratik bir inceleme olan bu ikinci bölümü, Dördüncü ve Beşinci Kitaplar olarak iki kitaba ayırıyoruz.

Dördüncü Kitap iki ana bölümden oluşmaktadır: Biri (*pars destruens*), diğeri de (*pars construens*)[1] mücadele edilecek düşmanlara ayrılmış olup genç insanlarda sadece iradeye boyun eğen, enerjik bir yaşam için canlı bir istek uyandırabilecek derin düşüncelerin sergilenmesidir.

Beşinci Kitap ise, onu çevreleyen toplumda, öğrencinin iradesini eğitmek için bulabileceği dış müttefikleri gözden geçirmektedir.

---

1 Lat. *Pars destruens* (yıkan bölüm) ve *pars construens* (yapıcı bölüm), bir uslamanın farklı bölümlerini belirtmek için kullanılır. (ç.n.)

PRATİK BÖLÜM

DÖRDÜNCÜ KİTAP
BELLİ BAŞLI DÜŞÜNCELER

BİRİNCİ BÖLÜM

SAVAŞILACAK DÜŞMANLAR: BELLİ BELİRSİZ
HASSASİYET VE NEFSİNE DÜŞKÜNLÜK

§ I

Daha önce de gördüğümüz gibi, savaşacağımız düşmanların sayısı ikidir: nefsine düşkünlük ve tembellik. Tembellik, sürekli bir kendini salma halidir, tüm kötü tohumların filizlenmesine gerekli "ortamı" oluşturur ve her bayağı tutku, akla tembelliği getirir. Biraz sıkıştırılsak, tüm aşağılık tutkuların Stoacıların dediği gibi, irade gevşekliği olduğunu söylemekten çekinmezdik. Aslında tutkulu olmak, insanın kendisine hâkim olmaktan vazgeçmesi değildir de nedir? Tutku, hayvaniliğin kazanması, zekâyı gizleyen, ezen, körelten ve giderek daha çok boyunduruğu altına alan kalıtımın baskısıdır; insan olmanın anlamından sıyrılması, hem onurumuzu hem de varlık nedenimizi oluşturan ne varsa aşağılanmasıdır. Tutku gürleyip dururken biz safımızı hayvanların yanında alırız.

Yine de kanaatimizce, tutkularımız, kısa sürmeleri nedeniyle, dağları alaşağı eden yerçekimine benzettiğimiz, aralıksız zararlı olan güçlerden daha az tehlikelidir. Tıpkı, bir mimarın, yer çekimi yasalarını duvarların dayanıklılığı adına kullandığında binanın sağlam olması gibi, bizim de kendimizi yeniden oluşturma eserimiz, ancak hedefimiz için işe yarayacak güçleri örgütleyerek düşman güçlerine karşı zafer kazanmalarını sağlayıp etkilerini sıfırladığımızda sağlamlık kazanacaktır. Ancak, bir gücün bizim için düşman mı yoksa dost mu olduğunu denemeden baştan nasıl bilebiliriz? Bundan daha basit bir şey olamaz! Tembellikle aynı yönde hareket eden her psikolojik güç irademiz için tehlikelidir. Ters yönde davranan ise faydası olandır.

Böylece, ele alınacak iş çok net hale gelir. Önce enerjimizi mahvetme eğiliminde olan güçleri zayıflatmalı ya da yok etmeli, onu güçlendirme eğiliminde olanlara da çok daha fazla güç vermeli.

Azimli bir iradenin zayıflamasının nedenleri sayısızdır: En önde geleni, gençlerde çok sık görülen bu belli belirsiz duygusallık dalgasına kapılmalarıdır: duygusallık, gençlerin imgelemini fark ettirmeden haz dolu hülyalara sevk eder; hüzün verici yalnızlık alışkanlıklarının alışılmış nedeni de budur. Bunun yanı sıra bir de kendilerini düzene sokmaktan vazgeçmiş arkadaşların felakete yol açabilecek zararlı etkileri, kafe ve restoranlardaki yaşam, hüzün, cesareti kırıklığı, avareliklerini mazur göstermek için tembellerden yararlanan korkunç bir bilgiçler kalabalığı, o sürekli yinelenerek aydın insanlar üzerinde bile etki kazanan safsatalar, başka bir önermeye götürülemeyen ve kanıtlanamayan belitlerin doğal sonuçları: böyle belitler, eğer varsalar, vahim belitlerdir.

§ II

Bu nedenle irade için ölümcül olan psikolojik olguların incelemesine belli belirsiz duygusallık ve amacı olmayan özlemlerle başlayacağız.

Lisedeyken, ev disiplininin koruması altında, zorunlu olduğu pek çok uğraşla kafası meşgul olan, sınav rekabeti ve kaygısıyla nefes nefese kalmış genç ergen, aşırılıklardan kaçındığı, sıkı sıkıya düzenlenmiş bir yaşam sürmek zorundadır. En azından kendini uzun hayallere bırakacağı bir zamanı olmaz. Günümüzde hiç değilse ders süreleri kısaltılmış, ders araları çoğaltılmıştır. Hal buyken öğrenci, yatılı öğrencilerin çoğunun eskiden yaptığı gibi, akşam etüt saatlerindeki sürenin önemli bölümünü düş kurmaya ve kafasında tutkulu duygusal sahneler canlandırmaya ne yazık ki hasredememektedir. Ancak liseyi bitirip de birdenbire ebeveynleri olmadan, gözetim olmadan, hemen hemen hiç zorunlu görevi olmadan, hatta açıkça tanımlanmış bir çalışması bile olmadan kendini bir şehre adeta atılmış bulur. Tamamen terk edilmişlik, üşengeçlik, mutlak tembellik içinde saatler üst üste yığılacaktır. Ne yazık ki tam da o sıralarda, uzun süredir bedende vuku bulmakta olan fizyolojik dönüşümler sona erer, büyüme neredeyse bitmiştir; çocuğun dış dünyasını sınıflandırması ve onunla baş etmesi için gerekli çaba tamamlanmıştır: İşsiz kalan büyük bir enerji fazlası onu rahatsız etmeye başlayacak, bunalımlara yol açacak, cinselliğin tamamen uyanmasıyla gencin düşüncelerini, daha önce sahip olmadığı renklerin yansımalarıyla kaplayacaktır. İşin içine hayal gücü girecek, çok gerçek olarak yaşanan, ancak Beaumarchais'nin, "Bizimkisi belirli bir kadını sevmek değil, çünkü hâlâ sevmeyi sevecek durumdayız," diyen Cherubin tiplemesinde çok iyi tasvir ettiği gibi, edebiyat tarafından şiirselleştirilen bir ıstırap hasıl olacaktır. O yaşta, içimizde her şeyi olduğundan başka görmek, öyle taşkın bir hayatiyet, kendini dışarıya saçıp savurmak, bir davaya adamak ihtiyaçları vardır ki bahsettiğimiz çok kutlu bir çağdır.

Heyhat! O anlar hayatı belirleyen anlardır: Bu ateşli şevkin bir şeylere harcanması gerekir. Onurlu işlere yönlendirilmezse, aşağılık ve utanç verici zevklere yönelme riski taşır. Şu Herkül'ün ahlaksızlık ile erdem arasında mücadele ettiği andır bu: Hangi taraf seçilirse seçilsin, o taraf aşırı bir tutkuyla benimsenecektir. Çoğu genç için seçimde şüphelenilecek bir şey yoktur. Çalışmaktan tiksinmiş, yılmış olmanın, kendilerine örnek olan zavallıların, sağlıklı boş zaman faaliyetleri olmamasının, iradelerinin zayıflığının, zaten kirlenmiş ve ahlaken bozulmuş bir hayal gücünün götüreceği yere giderler. Bir an için bile savaşmayı denemediklerinden, bunların mücadeleyi terk ettiklerini söylemek yanlış olur. Zaten hayal gücünde yaşadığımız bu güzel romanların, canımızın istediği gibi hazırladığımız bu geleceğin, çalışmaktan çok daha ilginç olup çok daha az çaba gerektirdiğini de itiraf edelim. Bir öğrenci çalışmaktan usanır usanmaz zaten halihazırda yaptığı gibi her şeyi kolaylıkla erteleyebildiğinden, kendini en verimli zamanlarını tüketen hayallere bırakır.

Kaç genç insan, haftalar boyu sıfırdan bina ettikleri, ana konuyu yüzlerce farklı biçimde ele aldıkları, kadın kahramanlarını birçok durum içinde düşleyerek hiçbir zaman yeterince yumuşak, ince, tatlı bulmadıkları sözlerle ona hitap ettikleri, bu türden bir roman yaşar! Ah! romancılarımızın romanları, on sekizinci yaşımızın romanları yanında ne kadar da soluk ve renksiz kalır! Onların yarattığı durumlar ve karakterler, o büyük muhabbet bolluğundan uzak; o ayrıcalıklı döneme özgü olan, her şeyden kopma, çıkar düşünmeme cömertliğinden yoksundur. Ancak çok daha sonraları, hayal gücü ciddi şeylere yöneldiğinde ve ateşi düşüp soğuduğunda, romancılardan artık olmaktan vazgeçtiğimiz şairi canlandırmalarını isteriz. Ne yazık ki bu güzel romanları, çalışacağımız saatleri kullanarak kurgularız, genç insanlar da hayal kurmaya öyle bir alışırlar ki herhangi bir ciddi iş yapmaları imkânsız hale gelir. Bir kez okuduğumuz bir sözcük, bir çağrışım, bizi işimize tamamen yabancılaştırmaya yeterli olur. Kendimizi toparlarken, bir saat hızla akıp gitmiştir bile. Üstelik, bunun tersi olan, odasında izole olmuş bir öğrencinin yalnız hayatı, sıkıcı çalışması, tüm cesareti ortadan kaldıracak denli acı görünür. Büyülü göklerden gerçek hayatın tatsız tuzsuzluğuna inmek de öyle zor ki! Her neyse, belli belirsiz hayaller kurmak çok zararlıdır. Ne kadar çok verimli çalışma süresi, işe yaramaz ve boş bir biçimde tüketilir!

Bu zekâ ve duygu savurganlığı, yüzeysel nedenlerden kaynaklanır; hayal gücünün ayarının bozulmasının yanı sıra ne yazık ki derin nedenleri de vardır.

Derinlerdeki nedenlerden biri, sözünü ettiğimiz fizyolojik dönüşüm, erkekliğin ortaya çıkışıdır. Bir diğer neden de bu fizyolojik yeti ile buna karşılık gelen sosyal yeti arasında hatırı sayılır bir uzaklığın olmasıdır. Orta öğreniminin sona ermesiyle, bir genç adamın "yakışık alan biçimde" evlenmesine olanak verecek maddi durum yaratabilmesi için sekiz ila on yıl arasında çalışması gerekecektir. Bizde, bir genç kızın kocasını *"satın alması"*[1] gerektiği kabul görür ve çeyiz olmadan evlenmeyi göze alan, gençliklerine, şevklerine, geçim kolaylığına ulaşma cesaretlerine güvenen gençler nadirattandır. Beklemeyi tercih ederler ve sıklıkla da çok kötü bir hesap yapmış olurlar, çünkü ne yazık ki çeyiz, kız olmadan verilmiyor ve çoğunlukla da gelen çeyiz ya kızın sağlığının sarsak oluşuyla ya aşırı para harcama zevkiyle ya da içsel herhangi bir çalışma yapmakta yetersizliğiyle yahut kadının tembelliğinin ortaya çıkardığı, hem kadın hem de koca açısından olumsuzluklarla haydan gelip huya gitmiş olur.

Bir öğrenci, bu tür toplumsal alışkanlıklar varken, pek nadiren otuz yaşından önce evlenebilir, böylece yaşamın en iyi on yılı ya bedensel doğal ihtiyaçlara karşı daima acı verici olan mücadelelerle ya da ahlaksızlık içinde geçer. Bununla birlikte, uzun süre mücadele edenler nadir olur, öğrencilerin

---

[1] Fransa'da, eskiden Türkiye'deki başlık parasına benzer bir sistem vardı. Bizdekinin aksine başlığı kız tarafı verir ve bu kızın çeyizi yoluyla ödenirdi. (ed.n.)

çoğu, aptalca, saçma sapan ve moral bozucu bir yaşam içinde gençliğini boşa harcar.

Alın yazısına dönüşen geç evlenme modasının neden olduğu talihsizlikleri tahmin etmek üzüntü vericidir. Ne kadar çok sevinç, sağlık, enerji, çılgınca boşa harcanır! Çünkü evliliğin sakıncaları varsa da ağır yük getirse de tüm bunların neşeyle sırtlanılabileceği yaşta yapılmasını da zorunlu kılar.

Yaşamak ve yakınlarını yaşatmak için gereken çabalar, hiç değilse sadece bencilce çabalar değildir; bu çabalar genç insanlara, başkaları için yiğitçe ve sağlıklı çalışma disiplini verir. Ayrıca, çeyizsiz evlenmek çok kârlı olmasa da ahlaken çok faydalıdır. Karı koca aralarında mutlak bir dayanışmayı hisseder. Kadının kocasının aklını bulandırmaması ve sağlığını yakından izlemesi çok önemlidir. Yemek yapma işini ahlaksız bir hizmetçinin eline bırakmaz: Çeşitli yemekler, ustalıkla çaldığı ve kendisi için her şey olan adamın sağlığı üzerinde etkilerini bildiği bir piyano gibidir. Öte yandan koca, kendini evdeki canlarla yükümlü hisseder, ancak, ölüm olasılığını hayat sigortasıyla karşılayacak durumda olduğundan bu konuda hiç endişe duymaz. Evden ayrılırken, ardında sağduyulu, iyi yürekli, bedensel olarak sağlıklı ve güçlü bir kadın bırakır; geri geldiğinde daima şefkatle karşılanacağından, sıkıntılı olduğu zamanlarda daima teselli bulacağından emindir. Evini her zaman mutlu evlerin sahip olduğu o bayram havasında, temiz, düzenli bulacağını bilir. Genç bir adam için böyle bir birlikteliğin, hastalık ve felaketlere karşı oluşturduğu sağduyulu ve iyilik dolu duygudan daha güç verici bir his olamaz. Yaşamda ilerledikçe, sevgi ve mutluluk büyür: Birinin işi, diğerinin tasarrufu, evlerinin içini süslemeyi mümkün kılar; satın alınan her mücevher,

her yeni mobilya parçası, ortak olmayan her zevkten, neşeden fedakârlık etmelerinin sonucunda elde edilmiştir; bu tablo, henüz çocukları bile anmasak da olağanüstü güçlü bağlar yaratır. Mütevazı bir şekilde başlayan ailelerde yaşla birlikte servet de çoğalır, yükümlülükler azalır, mükemmel bir şekilde mutlu bir yaşlılık olur, çünkü kişi onu elde etmek için uzun süre çalıştıktan sonra sağladığı güvenliğin, huzurun ve servetin tadını çıkarır. Şairin dediği gibi:

> İnsan sürmez zevkini uzun, vicdanında azap,
> Şayet sahip olunan yolunda düşülmediyse bitap...[1]

İşte bunun için, kişi gençken evlenmekte tereddüt etmemeli. Bu ancak yüklü çeyizlere sırt çevirerek mümkün olacağından, karısını kendisi olduğu için, nitelikleri için seçme avantajına sahip olacaktır. Ayrıca, evlenmekte genç kalan öğrencilerimizin eş alacakları kızların evliliğe uygunluklarının giderek azalacağı da kabul edilmelidir. Aldıkları kapalı sera eğitimi, egzersiz eksikliği, temiz havadan uzak kalma, aşırı korse kullanımı, genellikle onları hamilelik yükü taşımakta elverişsiz hale getirir; çok azı çocuklarını emzirme cesaretine ve gücüne sahiptir. Doktorlar, rahim bozukluklarının endişe verici bir sıklığa ulaştığını belirtmekte oy birliği içindeler.

Daha da ciddi olan, yatılı kurumlardan çıkmalarını izleyen yıllarda kapıldıkları mutlak tembellik, yedikleri mükemmel öğünler, onları yoracak hiçbir şeyin olmaması, götürüldükleri coşku verici akşam gezmeleri, opera, izin verilip de okudukları duygusal romanlar, moda ya da kadın

---

1 Sully Prudhomme, *Le Bonheur*, X, Le Sacrifice.

dergileri gibi nedenlerin tamamı, hayal güçlerinin sapmamış olamayacağı anlamına gelir. Başıboş kızların çektikleri gizli acıların ne kadar korkunç olduğunu bilemeyiz.

Buna ek olarak, yaşamın ayrıcalıklı yerlerine yükseldikleri için, dünyevi ilişkilerin kibar görüntüsü altında, yarınlarından zaten emin olduklarından, gerçeklerden haberleri yoktur ve kafalarında, gerçekle yüzleştiklerinde acı verecek düş kırıklıklarına müsait büyük bir hayal dünyası kurarlar. Bunlar genellikle, emekçi ailelerden gelen genç kızlardan çok daha az sağduyuya sahip olurlar. Ama, zengin kızların hiç değilse bir eğitim üstünlüğü olduğu söylenir. Ne yazık ki bu noktada da büyük yanılgılarımız var. Onlar asla, sağlam bir kültür edinemezler. Belleklerine pek çok şeyi yerleştirebilirler, ancak onlardan yaratıcı bir çaba beklenemez. Bir "kişiliği", o da çok zorlukla ancak elde edebilirler. Fransa'da genç kızlara yüksek öğretmenlik sınavları yapan komisyonun yıllarca jüri başkanı olan, genel müfettiş Bay Manuel, birçok yıllık raporunda bunu böyle kaydetmiştir. Zaten ne yaparlarsa yapsınlar, onlarla evlendiğimizde onlardan o kadar ileri oluruz ki özellikle de koca çalışıyorsa asla gözüne vasat öğrencilerden başka bir şey gibi görünmezler. Ancak ciddi bir eğitimleri olmasa bile, şuurlu, ruhu doğru, yargıları sağlam, gözlemleri zekice bir kadının, yetenekli adam için sonsuz değeri vardır. Bu adam gerçekten de giderek insanlığın genelinden daha yüksek seviyelerde yaşar. Azimle fikir arayışını sürdürür ve sonunda çevresindeki dünyayla tüm temasını yitirir. Kadın ise tamamen o dünyada yaşar. Orada, ayrıntıları küçümseyen kocasının fark etmediği zengin gözlem hasatları yapabilir; dünya ile onun arasında bağlantı görevi görür; bazen bir anda mucizevi bir şey, kocasının ancak genel etkisini kavrayabileceği değerli bilgiler yakalar. Stuart Mill, Bayan Taylor'dan, sürekli son derece övgü dolu ifadelerle söz eder; arkadaşları, çoğunlukla da Bain,[1] aslında onun sıradan bir zihne sahip olduğunu iddia eder. Mill gibi, soyut düşünceye fazlaca kapanmış bir düşünür, Bayan Taylor'un zeki bir muhakemesi ve gözlemci bir zihni olduğunu söylüyorsa, Mill'in de söylediği gibi, onun en iyi ekonomik kuramlarına malzeme sağlamış olmalıdır. Yine de Mill, *Ekonomi Politik*'inde kadınların pratik zihnini, ayrıntılardaki dehasını hep över. Buyurun Bayan Taylor'ın büyük etkisi işte! Benzer bir nedenden ötürü, günlük meselelere yatkın ama kavrayışlı bir gözlem yetisine sahip olan kadın, düşünür için bilge kadınlardan oluşan koca bir haremden çok daha değerlidir.[2]

Ancak kendini entelektüel çalışmaya vermiş genç bir adam, liseden veya *gymnase*'dan ayrılır ayrılmaz hemen evlenemeyeceğine göre, ne kadar erken evlenirse evlensin, önünde kendini bedensel ihtiyaçlarından kurtarmak için mücadele edeceği onca yıl daha kalır. Bu mücadele tam bir taktik sorunudur; kötü ele alınırsa, yenilgi kesindir.

---

1 Bain. Stuart Mill, *A Criticism*. Longmans Green, Londra, 1882, s. 163.
2 Kadında entelektüel miyopluk vardır, Shopenauer, çok haklı olarak, "Onlardaki bir tür sezgi, sonraki şeyleri adeta delici bir biçimde görüp, fark etmelerini sağlar," der... Aksine bizim bakışımız şöyle bir bakar, üzerinde hiç durmaz, geçer gider, yakalayamaz, daha da ötesinde arar. Daha basit ve daha hızlı bir bakışla bakmaya dönmek ihtiyacındayız. *Pensees et fragements*. Alcan, s. 131.

§ III

Özellikle de on sekiz ve yirmi beş yaş arasındaki gençler için yazılmış böyle bir kitapta, bu çok önemli duygusallık sorununa değinmekten kaçmamalıyız. En büyük dâhilerin bile acı çekmiş olduğu bir şeyden bahsetmemek saf ikiyüzlülük olur. Kant'ın bu konudaki bir sayfası çok bir güzeldir ama Fransızcada pek çok üç noktayla tercüme edilmiştir! Bu üç noktalar toplumun bu konuda ne düşündüğü hakkında çok şey söyler ve "terbiyeli" erkeklerin yemeklerden sonra, sigara içme yerlerinde konuştukları şeylerin kabalığı göz önüne alındığında, ikiyüzlülükten başka bir şey olmayan böyle bir mahcubiyete körü körüne, resmen inanmak, cesur, cömert bir insanın görevi olarak söyleyeceğini söylememek için ancak bön olmak gerekir.

Ergenliğin getirdiği belirsiz duygusallığın kısa zamanda cinsel isteğe dönüşeceği çok doğrudur. Belli belirsiz hayali imgeler netleşir, belli belirsiz arzular gerçekte yapılan şeylere dönüşür, öğrenci de ya utanç verici alışkanlıklara savrulur ya da gençlerin pek azının, daha cesur, çoğunlukla da daha zengin olanlarının yaptığı gibi, işi bedenini pazarlamak olan kadınları sık sık ziyarete yönelir.

Bu durum ve sonuçları genellikle o kadar fazla abartılır ki böylesi ağır bir tablo artık kimseye korkunç gelmiyor. Aslında bu konularda abartıya kaçmanın sağlığı ciddi biçimde etkilediği de doğrudur: Bunları yapan gençler, yaşlı bir görünüm alır; sırtları kamburlaşır, inkâr edilemez kas güçsüzlüğüne uğrarlar. Omurilikte ağırlık, taşkın hayvaniliğinin, çılgınlıklarının, genellikle pek sözü edilmeyen gizli bulgularına işaret eder. Beniz solar, tazeliği kaybolur; gözler donuk, bitkin bir görünüm alır, çevresine mavimsi bir halka oturur. Yüz ifadesi, çöküntüyü yansıtır.

Sık sık tekrarlayan bu gibi şeyler, yorgunluğun tam da hayati kaynaklara saldırmakta olduğunu gösterir; bu, öngörüsüz kişilerde genellikle otuzlu yaşlarda başa gelen mide ağrıları, nevralji, kalp büyümesi, görme bozukluklarına bir bakıma zemin hazırlamak gibidir.

Ancak cinselliğin feci etkisi sadece bedende görülmez, bellek de şaşılacak derecede körelir, zihin tüm canlılığını, tüm esnekliğini yitirir. Mahmurluğa düşmüş gibi ağırdan alır. Dikkat zayıf, sarsaktır. Günler kayıtsızlıkla, duyumsamazlık, rehavet ve iç bayıltıcı bir tembellik içinde geçer. Özellikle de çalışmanın verdiği o diri sevinci kaybederiz: Doğal ödülünden yoksun kalır kalmaz angaryaya dönüşür.

Sonunda bedensel zevkleri alışkanlık edinmek, ruhtaki daha yumuşak ama kalıcı duyguların yerlerini sert, kaba duygulara bırakmasına neden olur. Bu şiddetli sarsıntılar, sakin zevklerden edinilebilecek mutlulukları da mahveder. Şehvetle elde edilen sevinçler kısa sürdüğünden ve arkalarında yorgunluk ve tiksinme bıraktıkları için, kişi genellikle, gürültülü, hoyrat, şiddet dolu eğlencelerden edinilen zevkleri aramaya iten, bir huysuzluk, hüzün, bunalım içinde kalır. Bu, üzüntü verici bir kısır döngüdür.

Asla abartmadığımız bu tabloya, müreffeh sınıflardan gelen gençlere, boyun eğdirdikleri kızlarla zamparalık etmelerinin sonuçlarını zararsız göstermeye çalışan, onları baştan çıkarmalarına cezasızlık sağlayan, bizimki gibi hâlâ yarı yarıya barbar toplumlarda kadınlar için çok acı verici olan sosyal sonuçları eklemenin gereği yok.

Böyle duyusal hazlara düşkünlüklerin nedenleri çoktur. Bunlardan birinin biyolojik olduğunu görmüştük. Aynı, adına acıkma dediğimiz, midenin bilince yaptığı çağrının ıstırap şeklini alması gibi, ciğerlere giden hava kesilir kesilmez şiddetli bir soluksuz kalma hissiyle solunum yollarının yaptığı çağrı gibi, içlerinde seminal sıvı biriktiğinde, cinsel organlardan da bir çağrı olur; kaba, sert, buyurgan bu arzu, tatmin edilmediği sürece, bizlere iyi açıklanamamış bir güçle, zekânın düzenli işleyişini bozar.

Bununla birlikte, bu örnekte açlık durumunda olduğu gibi, eksiklik duyulduğu için bir ıstırap yoktur, ama aşırı bolluğun yarattığı rahatsızlık vardır. Harcanması gereken bir güç fazlası vardır. Ancak fizyolojide de bir bütçede olduğu gibi, kaynak aktarımı mümkündür ve kullanılmayan toplam, farklı bir bölümde kayda geçirilebilir. Bulunması gereken, aşırı güçlü hissetmek olsun ya da yorgunluk olsun, ne türde bir fazla varsa, onu tüketecek ve yok edecek bir denklik sistemi de vardır.

Öyle ki gereksinim değişmeden kaldığında, onunla ve talepleriyle mücadele etmek kolay olurdu. Ama bu gereksinim bazen kamçı yemiş gibi olur, talepleri öfkeye, karşı konulmaz bir delilik patlamasına dönüştüren ve çılgınca, hatta ağır suç sayılacak şeylere kadar götürecek, pek çok sebeple aşırı uyarılmıştır.

Aşırı uyarılmanın başlıca nedeni yeme biçimimizde yatar. Daha önce, neredeyse hepimizin çok fazla yediğini zaten görmüştük. Yediklerimiz hem çok bol hem de kuvvetli gıdalar; Tolstoy'un[1] sözüyle, "tosuncuklar gibi" yiyoruz.

---

1 *Sonate à Kreutzer.*

Sofradan kalkan, o suratına kan hücum etmiş, kıpkırmızı olmuş, bağırarak konuşan, neşeleri taşkın öğrencilere bir bakın da zorlu hazım sürecinde herhangi bir zihinsel çalışma yapabilecekler mi, yoksa içlerindeki saf hayvanlık mı muzaffer olacak, bilin bakalım.

Bu aşırı coşkunluğa bir de genellikle sınıfların sıcak atmosferinde ya da kışın havası ağır, yoğun kafe atmosferinde uzun uzun oturup kalmaları katın; bunlara azgın cinsel duyguların kesin nedeni olan uykuda fazla kalmayı da ekleyelim: Kesin nedeni dedik, çünkü uykuyu izleyen sabah uyuklaması sırasında irade adeta erimiş gibidir: Muhalefetsiz kalan canavar da hükmünü sürer. Zihnin kendi de uyuklar ve birçok insana göre bu ılık saatler derin düşünme çalışması için mükemmel görünse de yanılmaktalar: Zihnin keskin yanları kütleşmiştir, ama en beylik fikirler bile özgün görünür ve sabahın güzel düşünceleri kaleme dökülmek istendiğinde, ortada kayda değer pek şey olmadığı fark edilir; o sözde zihin çalışması, fazla değeri olmayan, sadece otomatik bir zihinsel akışmış meğer.

Gerçekten de bu otomatiklik ve içimizdeki otomat, içgüdüleri ve arzularıyla ortaya salınmış bir hayvandır: ve onun doğal eğilimi, eninde sonunda koşa koşa gittiği yer, cinsel zevktir. Öyle ki daha yukarılarda da söylediğimiz gibi, uyanıp da hâlâ, bir ya da birkaç saat daha yatakta oyalanan her genç sapkın biridir ve bunu istisnası olmayan bir kural olarak görebiliriz.

Bu bedensel nedenlere çevrenin tahriki de eklenir. Karaktersiz, enerjisiz, ahlaksız, vasat arkadaşlarla görüşüp durmanın ancak zararlı olabileceği çok açıktır.

İtiraf etmek gerekir ki tüm ülkelerin öğrenciler arasında, ne yazık ki sayısı küçümsenmeyecek beş para etmezler vardır. Gruplarda akıl almaz bir öykünme gayreti olur: En çılgınlar diğerlerine ön ayak olur. Restoranda, özellikle küçük fakültelerin çok sayıdaki masalarında yenilen yemekler gürültülüdür, saçma sapan, yöntemi olmayan tartışmalarda hava kızıştırılır: Oradan çıkışta aşırı uyarılmış, heyecan içinde, kaba ve cesur yoldaşların her önerisine uymaya hazır olunur.

Biraevlerine koşulur ve cümbüş başlar. Bu kadar şiddetli sarsıntılara uğradıktan sonra, huzurlu çalışmaya ve düşüncenin zarif sevinçlerine dönmek uzun süre mümkün olmaz. Bu sefahatler, genç adamın üzerine, zaten dengede durmayan yüce duygularının düzenini tamamen bozan, kötü bir maya gibi çöker.

Ahlaksal bozulmanın, sapkınlığın nedenleri sadece bunlar olsa, iyi bir tabiata sahip olanların sonuçta onlardan kaçınması mümkün olurdu: Ancak ne yazık ki en berbat aşırılıkları meşrulaştıranlar, geçerli kılınmış, kabul gören daha yüksek düzeyli yanıltmacalar ve yaygın yanlışlardır.

Kitabın psikolojik bölümünde eğilimler ile zekânın ilişkisini inceledik.

Kendiliğinden kör olan eğilim, kesin yönünü akıldan alır ama hedef ve araçlarla sağlam duruma gelir gelmez gücü ikiye katlanır. Öte yandan eğilim, bir biçimde kendisiyle aynı türde fikirleri yanına çeker ve çevresinde bir grup haline getirir, onlara güç verir, onlardan da çoğalmış bir güç edinir. Aralarında sıkı bir ittifak olur, hatta ittifaktan da öte, sözleşmiş taraflardan birini zayıf düşüren bir şeyin diğerini de zayıflattığı, aynı şekilde bir tarafı güçlendiren her şeyin, diğerini de güçlendirdiği bir dayanışma vardır. Bu özellikle cinsel türden eğilimler için doğrudur. Görüntüler, bu eğilimlerin gerçekleştirilmesine çok etki eder. Müthiş bir hızla üreme organlarında yankı bulurlar. Eğilim tahrik olduğunda, zekânın tümünü içine alır ve şiddetle telkinler, neredeyse sanrılar yaratmaya meyilli olur; tersine, başka hiçbir eğilim, fikirler ya da imgelem tarafından bu kadar kolay uyandırılmaz. Aşk tutkusunda, düş gücünün rolü öyle büyüktür ki abartılması olanaksızdır. Özellikle de aylak bir zihinde, düşünce otomatik denebilecek bir biçimde, başlıca nesne olarak bu arzu türüne yönelik çalışır. Kanıtı da aşkın hayat içinde baskın bir uğraş olmayıp sadece dersler ve "cemiyet hayatında" karşılık bulmasıdır, çünkü bu sosyete insanları yaşamalarını acınası bir aylaklık içinde sürdürürler. İşçiler için ise aşk, olması gerekenden fazla bir şey olmayan, hayata çeşni katan bir şeydir.

Bu nedenle, zaten zor olan bu mücadelede, bir öğrencinin yaşadığı çevre tarafından destek göreceği, kendisine cesaret aşılanacak yerde, onun, ortamlarda sadece teslim olacağı uyarıcılardan başka bir şey bulamaması da çok büyük bir talihsizliktir. En ufak bir kazada, öğrencinin öylesine kırılgan olan dümeni, ruhu, tutkuların laf dinlemez kaptanlığına teslim edebilir. Gencin bilinci mart denizi gibidir, asla sakin olmaz ve görünürde öyle sanıldığında da dikkatli bir gözlem, alttan alta, en ufak bir esintinin korkunç bir girdaba dönüştüreceği fırtınaların koptuğunu keşfeder. Tam da bu nedenle, anlık bir fırtınaya neden olabilecek her şey titizlikle, özenle önlenmelidir. Ancak, uyarıcıları ortalığa saçıp savuran bir toplum ve edebiyatın orta yerinde yaşayanlar için ne yapılabilir ki?

Gençler sarhoş edici bir havada yaşamaktalar. Genci çevreleyen her şey, aşk zevklerine ilişkin dirayetini kırmak için bir araya gelmiş gibidir. "Terbiyeli" insanların çoğunun sanatsal ve entelektüel zevklere yabancı olduğu, çoğu zaman da doğa güzelliklerini derinden ve kalıcı olarak tatma yeteneğinden yoksun oldukları, kesin olmaktan da ötedir: Aksine, sadece insanlar için değil, neredeyse tüm hayvanlar için de erişilebilir olan tensel zevkler, uzun süreli fedakârlık talep etmez; onlara kolayca ulaşılır ve incelik taşıyan tatlar kaybolur, artık elimizden kaba zevklerden başkası gelmez.

Bu genel durum değerlendirmesinin sonucunda, dünyevi zevkleri öne çıkaran tüm sosyal toplantıların, müzik, sahne oyunları vb. gibi türlü bahanelerle üzeri örtülen basit cinsel kışkırtıcılar oldukları anlaşılıyor. Böyle bir akşam geçirip evine, mütevazı öğrenci odasına dönen genç adam, oraya hayalleri bulanmış, huzursuzlukla dolmuş olarak girer: O ışıklar, o danslarla, o kışkırtıcı tuvaletlerle kendi hayatı arasındaki tezat, ruh sağlığı için öldürücüdür. Kendisine daha önce bu sözde zevkleri eleştirmek gibi bir alışkanlık verilmediğinden, onun için bundan daha cesaret kırıcı bir izlenim olamaz. Oysa hem güç hem de hayallerden yana zengin olduğundan, neler olup bittiğini görememekte olduğu, aklına hiç gelmeyen bir gerçektir. O, dış dünyasını ve orada devinen kişileri, sıfırdan kafasında kurar. Bu sanrı o kadar güçlüdür ki gençle ondan gizlediği gerçekliğin arasına girer. Bu durumda, o sakin, çok huzurlu, çok özgür, çok mutlu hayatının, tezat olarak dayanılmaz derecede monoton ve hüzünlü görünmesi şaşırtıcı olmaz. Kendisine dönmek, biçare öğrencinin hiç içinden gelmez. Daha önce aldığı eğitimde onu bu gibi tehlikelere karşı donatan hiçbir şey yoktur. Tam tersi! Çağdaş edebiyatın neredeyse tamamı cinselliğin yüceltilmesidir. Romancılarımızın, şairlerimizin çoğuna inansak, bir insanın kendine sunabileceği en yüksek, en asil son, tüm hayvanlarda ortak olan bir içgüdünün tatmin edilmesinden ibarettir! Artık gurur duymamız gereken ne bir düşüncemiz ne eylemimizdir; sadece fizyolojik bir gereklilik! "Carlyle'nin Thackeray'de şiddetle nefret ettiği şey, aşkın, Fransız usulü, kendini tüm varlığımıza yayması ve tüm ilgiyi üzerine çekmesidir. Oysa tam tersine, koskoca insan yaşamında aşk (ya da aşk denen şey), pek az sayıda yılla sınırlıdır; üstelik pek önemsiz olan bu zaman diliminde bile, insanın uğraşması gereken çok daha önemli şeylerden ancak biridir... Doğruyu söylemek gerekirse, bütün bu aşk işi, kahramanlıklar çağından farklı olarak, hiç kimsenin aklından geçirmeye, ağzını bile açmaya yeltenmeyeceği kadar sefilce bir kofluktur."[1]

Manzoni[2] şöyle der: "Ben, kimsenin, okuyucuların ruhunu bu tutkuya meylettirecek biçimde aşktan söz etmemesi gerektiğini savunanlardanım... Aşk elbette bu dünyada gereklidir, ancak ondan her zaman herkese yetecek kadar olacaktır: Bu nedenle gerçekten de tohumlarını atıp onu geliştirmekle uğraşmak yararlı olmaz, çünkü filizlendirmeye çalışırken aslında, hiç gereği olmayan yerde onu kışkırtmaktan başka bir şey yapmış olmayız. Maneviyatın ihtiyaç duyduğu ve bir yazarın kaleminin gücüne göre ruhlara giderek daha da fazla nüfuz ettirmesi gereken başka duygular da vardır: acıma, insan sevgisi, yumuşak huyluluk, bağışlayıcılık, fedakârlık ruhu gibi..."

---

1 Aktaran Mrs. Carlyle.
2 Aktaran Bonghi. Bkz. *Revue des Deux Mondes*, 15 Temmuz 1893, s. 359.

Carlyle ve Manzoni'nin sözleri, o kadar önemli olan aşk konusunda, şimdiye dek yazılmış en sağduyulu sözcüklerdir. Halkın yaygın olarak okuduğu, dolayısıyla sonuçta ikinci sınıf diyebileceğimiz edebiyat kitaplarındaki saçma sapan eğilimlere, öğrenciyi daha baştan savunmasız bırakan ortalıktaki sayısız safsata da eklenir. Bu safsataların çoğunun yazarı, doktorlardır. Onlar, bedensel işlevlerin yerine getirilmesinde koca bir doğal gereksinimler serisini kanıtlamak için, öncelikle hayvanlardan örnekler verir, keskin bir tonla ve aralarında çoğunluğun sahip olduğu sarsılmaz inançla, şüphe götürmez aksiyomlar olduklarını iddia ettikleri, aslında çocukça tümevarımlardan çıkardıkları önermeleri ortaya atarlar. Sanki, çoğu hayvandaki bu işlevin sürekli olmayıp aralıklı oluşu tezlerine zıt değilmiş, bir diğer açıdan da kendini hayvani ihtiyaçlarından kurtarmayı bilmek, tam da insan onurunu oluşturan şey değilmiş gibi davranırlar. Zaten onca erkeğin kaçınmayı başardığı bir şeye ihtiyaç denir mi? Hem, çalışmasında *"Aşkın, yaşamda baskın bir rolü vardır,"* diye yazan ünlü bir doktoru okuduğumuzda şaşırma hakkımız olmaz mı? "Belli bir yaşa ulaştığımızda, yaşlılığa götüren yokuşu fazla hızlı inmemek dışında bir umut beslemek elden gelmediğinde, aşk dışında her şeyin boş olduğunu kabul ederiz!"

Elbette bedensel aşktan söz ediliyor, çünkü bu bölümde ondan başka bir şey yok. Nasıl yani? Tüm entelektüel ve sanatsal sevinçler, doğa sevgisi, toplumdaki yoksulların, nasipsizlerin kaderini iyileştirme çabaları, baba sevgisi, hayırseverlik, bunların tümü bir hiçten mi ibaret? Değerleri yok mu? Nereyse tüm hayvanlarda ortak olan birkaç dakikalık bir kasılma uğruna tüm bunları feda mı edeceğiz? Bunları

Renan söylese anlarız, çünkü bu büyük biçem ustası zaten çalışmalarında asla insani endişeler taşımadı. Mutlu iyimserliği, sonuç olarak içindeki vasat ruhu dışa vuran işarettir ve böylesi kavramları hiç itici bulmaz.

Ancak, her gün insanlık acılarıyla iç içe olan, insanların ölümüne şahit olan bir doktorun böyle bir kanı ileri sürmesi kafa karıştırıcı. Bir kez daha, bu insan yaşamının nihai hedefi olsa, bunak aşkları ne diye hor görürüz ki? Yaşları itibariyle insanlığın da hayvanlığın da dışına itilince, yaşlı insanların nasıl bir varoluşu olur, söyler misiniz? Açıkça söyleyelim, bu türden vecizeler tamamen aptalca ve rezilce ve dahası, onları sarf edenlerin hakikat hakkında öylesine yanlış, öylesine acınası bir dar görüşlülüğünü belirtirler ki sağlam çıkarsamalar yapmaya alışkın olmaları gereken bilim adamlarında böyle bir şeye rast gelmek insana hayret veriyor.

Hepimiz varoluşumuzu inceleyelim, başkalarınınkini de inceleyelim: Sağlıklı, etkin bir yaşam süren, her gün hazımsızlık çekene kadar yemek yemeyen ve yatakta on iki saat harcamayan köylülerin, işçilerin ve tüm insanların çoğu için aşkın, Carlyle'ın dediği gibi, sadece bir çeşni olduğu, payının çok sınırlı olduğu belli değil midir? Bırakın aşk aylakların her şeyi olsun! Bunu, onları biraz olsun dürtmek amacıyla gazete ve kitaplar yayınladığımız için zaten biliyoruz. Ancak bu gibi tatminlere izin verilmeyen o yaşlarda, bu tür bir eziyet ne de ağır gelir! Hayat renksizleşir ve ilginç olmaktan çıkar: Garip ve tiksindirici bir iktidarsız yaramazlar gösterisi sunarlar. Yaşlı biri için şehvetli şeyler hayal etmekten başka kendini hoşnut edecek bir uğraşı olmadığını söylemek, ne içler acısı bir iddia! Çiçero'nun yaptığı gibi, tutkuların kulu kölesi olmaktan kaçtığı için kendini kutlamak ve siyasete, edebiyata, sanata, bilime, felsefeye adanmak yüz kat daha iyi değil midir?

Yaşamda her şeyin aşk olduğu gibi aptalca bir düşünceye, genellikle aynı derecede korkunç palavralar eşlik eder. İffetli kalmanın sağlığa zararlı olduğunu ilan edilir! Bununla birlikte, iffetin mutlak bir kural olduğu dini tarikatlarda hastalığa, fuhuş sektöründekilerden çok daha fazla açık olunduğunu görmeyiz. Genç bir adamı, kitap olmadan, çalışma imkânı sağlamadan bir odaya kilitlersek, karşı koyamayacağı şehvetli telkinlerin birdenbire aklına doluşacağı ve sağlığında değil de zekâsında ciddi bir çalkantı oluşabileceği kesindir. Ancak etkin, enerjik bir genç adam için böyle bir telkin önüne geçilmez bir şey değildir. Birikimlerini başka bir yöne aktarması mümkündür ve bir kez daha, iş yapmak, arzu üzerinde zafer kazanır. Öte yandan, o kadar sorun edilen kendini tutmanın tehlikeleri, zıt yöndeki aşırılıkların sonuçlarına kıyasla hiçbir şey sayılır. Miyelomasi ve aşırıya kaçmaya bağlı lokomotör ataraksiye yakalanan insan sayısı her yıl giderek arttığı için, sadece Paris'te bile, bu bozukluktan kaynaklanan hastalıklara yönelik iki hastane vardır.

Sağlık bilgisi konusunda 1.500 sayfalık büyük bir kitabın yazarının, cinselliğe mesafeli durmanın sağlığa zararlı olduğunu ilan ettiğini görmek akla ziyan! Ayrıca o kadar el üstünde tutulan bu hazzın yıkıcı olduğu ve tam tersine, nefsine hâkim olmanın organizmaya, zekâya bir canlılık, takdire değer bir enerji verdiği belli değil mi? Ayrıca, cinsel iştahımız üzerine felsefe yapmanın yolu, o yolda her şeyi feda etmek mi olmalı?

Psikolojiye yeni başlayanlar bile, ne türde olursa olsun cinsel iştahın temel karakterinin, ne kadar boyun eğilirse o kadar azan bir tür doyumsuzluk olduğunu bilmezler mi? Düşmanın cüretini ortaya çıktığı anda geri çekilerek kırmak, doğrusu çok acayip bir yöntemdir! Cinsel iştahı tavizlerle kontrol etmeyi ummak, öncelikle, kendimiz hakkında ne kadar cahil olduğumuzu kanıtlamaktır. Burada, direnci kırılmak, kendini yatıştırmak değil, daha da azdırmak demektir. Nefse hâkim olmak için, ona karşı topyekûn savaşmak gibi bir şey olamaz. Ancak bu tıbbi kuramları bir yana bırakalım: Bunlar öyle safdil, o kadar çocuksu ki onlarda, öğrencilerin çoğunluğunda bulunan psikolojik ve ahlaki olarak radikal bir karşı koyma yetersizliğinden öte bir şey görmek olanaksız.

Demek oluyor ki arzuya karşı savaşmalı. İzlenecek yolun zor olduğu doğrudur. Kendine hâkim olmanın zaferi kolay değildir. Zamparalığın bir erkeklik kanıtı olarak algılanması sürdükçe yirmili yaşlarında genç bir erkeğin saflığıyla, temizliğiyle alay etmek alışkanlığımız devam eder. Konuşarak ya da hazır reçetelerle işlerin tersine dönmesini ummak fazla iyi niyetli! İradeyi kazanmanın getirdiği güç kontrolü, saf enerji, aynı zamanda o güçlü içgüdüye karşı mücadelede kontrolü ele geçirmek olmaz mı? Erkeklik budur, kendine hâkim olmaktır! Başka yerde aramayalım! Kilise'nin en yüce iradenin güvencesini, iffette, bekârette görmeye ihtiyacı vardır, buna karşılık irade de rahibin yaptığı tüm öteki fedakârlıkların karşılığını bulacağının garantisini verir. Bunu başarmak olanaklıdır ama kolay değildir. Zaten, elde edilen şey ne kadar kıskanılacak denli büyük bir şey olursa, o kadar fazla çaba ve azim yeteneği gerektirmez mi? Çareler, aynı sebepler gibi çeşit çeşittir.

İrade kırılmasına yol açabilecek elverişli koşullarla mücadele etmek, acil olarak yapılması gereken şeydir.

Bunun için var gücünüzle uykunun düzenlemesi gerekir, yatağa sadece yorgun olduğunuzda girmeli, uyanır uyanmaz da kalkmalısınız. Sabahları uzun tembellikleri davet edebilecek aşırı yumuşak yataklardan kaçınılmalıdır. Ertesi gün yataktan fırlamamızı sağlayacak istencimiz zayıfsa, bu iş için başka biri atanmalı: O sırada karşı koysak da bizden kalkmamızı talep edecek biri bulunmalı. Öğrenci ne yediğine dikkat etmeli, kalorisi yüksek, enerji verici gıdalardan, yığınla et yemekten kaçınmak zorundadır; şaraplar genellikle bu yaşta zaten alışkanlık olmamalı. En güvenli olan, fakülteden uzak, huzur ve güneşle dolu sessiz, neşeli bir ev seçmek ve hazırlanması kolay yemekleri sıklıkla evde yemektir! Uzun uzun oturmaktan, oturur pozisyonda kalmaktan kaçınmalı, odanızın havasının temiz olmasını, sıcaklığının yeterli olmasını sağlamalısınız. Ertesi günün programını düşünerek meditasyon yapmak için her akşam üstü dışarı çıkıp uyku saatine kadar yürüyüş yapmalı; sonra da yatağa gitmeli. Bu işler böyle yürür.

Öğrenci bu yürüyüşleri hava nasıl olursa olsun kendine muhakkak dayatmak zorundadır: İngiliz bir mizahçının sözlerindeki gibi, "yağmur hep giderek daha güçlü yağar, hava ise bir apartmanın penceresinden sokağı seyreden için, dışarı çıkmaya korkmayanların gözünde olduğundan daima daha kötüdür."

Ancak unutmayalım ki ölçülü beslenen ve akılcı beden sağlığı yasalarına uyan gençlerde, fizyolojik gereksinimler ne sıktır ne de kapı dışarı edilmesi zor gelir. Üstelik duyusal hazlara düşkünlükle çok daha kolay mücadele edeceklerdir. Tabii bu ancak, zihinsel kaynaklı uyarımlar ve alınabilecek zevk, bedenin ayartılmasına somut imgeler ve iyi huylu bir dikkatin desteğini sağlamazsa mümkün olur. Daha yukarılarda, zekâ ve tutkuların yakın ilişkileri üzerinde uzun uzun durduk. Özünde kör olan tutku, zekâ yardıma gelmezse hiçbir şey yapamaz; onun işbirliğini ve suç ortaklığını kazanmayı başarırsa, tutku daha da kızışabilir ve kendi çıkarına, çok güçlü bir fikir ve duygu seli yaratabilir ki buna zorluklarla başa çıkmaya en iyi hazırlanmış irade bile direnemez. Dolayısıyla kişi, düşüncesinin dizginlerini tutkuların eline vermekten kaçınmalı: Genel bir kural olarak, nefisle doğrudan mücadele tehlikelidir; ona verilecek tüm dikkat, mücadele etmek için olsa bile, onu ancak güçlendirir. Burada cesaret, kaçmaktır. Mücadele etmek kurnazlıkla olur. Düşmana cepheden saldırmak, yenilgiye koşmaktır. Halbuki büyük zihinsel başarılar onları hiç aklından çıkarmamakla elde edilirken, şehvet duygusunu yenmekse onu asla düşünmemekle mümkün olabilir. Fikirlerimizle doğmakta olan ayartının bağlantı sağlamasından ne pahasına olursa olsun kaçınmalıyız. Zihnimizde hâlâ uyuklayan ve uyanmaları giderek yakınlaşmakta olan şehvet imgelerinin, ne pahasına olursa olsun uyandırılmalarından kaçınmak gerekir.

Roman okumaktan, özellikle de açık saçık kitapları ya da cüretkâr gazeteleri okumaktan kaçının. Diderot'da öyle sayfalar vardır ki güçlü bir afrodizyak almakla eşdeğerdir. Zihnin sükûnetini bozmakta yazılı tasvirlerden daha da tehlikeli olan müstehcen resimlerden kaçınmalı. Libidosu yüksek arkadaş topluluklarından kaçınmak gerekir: En küçük ayrıntılarına kadar olabilecekleri öngörmek, asla kendini ayartıcılara bırakmamak gerekir.

Ayartma, başlarda hâlâ güçsüz, basit bir düşünceyken insanın içine süzülür. Eğer o an tetikteysek, uyanık olursak, o davetsiz sırnaşmayı kovmaktan daha kolay bir şey olmaz. Ancak eğer, görüntülerin zihnimizde netleşmesine izin verir, onları düşünüp durmaktan hoşlanırsak, geçmiş olsun!

İşte bu yüzden en yüce çare zihinsel çalışmadır. Düşünce yoğun bir şekilde işgal altında olduğunda, tutkunun ürkek talepleri bilincin karşısında güçsüzken durdurulur. Onları hiçbir şekilde dinlemmeli; ancak zihin boş kalırsa sızma şansları olur. Aslında tembelliğin tüm kötülüklerin anası olduğu, sandığımızdan daha doğrudur. Baştan çıkarma, hayal kurma anlarında ya da zihnimizi bir şeye vermediğimiz anlarda, bilincimize girer: Dikkat ona odaklandığında, onu güçlendirir, net hale getirir. Belleğimize kazınmış anılarının uyanışı adım adım gerçekleşir ve şehvet canavarının seçimi, akıllı irade yerini hayvani güçlere bırakıp haklarından rızasıyla vazgeçene dek örgütlenmeye devam eder.

Bir de hiç yanılma korkusuna kapılmadan, tembellerin, boş gezenlerin genellikle nefislerinin kölesi olacaklarını söyleyebiliriz, bunun nedeni, sadece düşüncelerinin boş olmasından dolayı bilinçlerinin cinsel telkinlere açık bir hale gelmesi değildir, aynı zamanda, bir erkeğin, özellikle de genç bir erkeğin, hazza, onu güçle sarsacak bir şeylere ihtiyacı olmasındandır.

Elbette ki böyle zevkler, böyle bir sarsılma, entelektüel çalışmadan sağlıklı, sağlam uğraşlardan beklenilmeyeceği için, gidip onları daha enerji dolu, daha sert olan, mahvedici kötü alışkanlıklarda ya da sefahatte arayacaktır. İşte bunun için, bedensel tutkulara direnişte sadece zihnin meşgul olması yeterli değildir, yapılmakta olan işin beraberinde keyif, verimli çalışma zevkini de getirmesi şarttır. Dağınık bir iş, çok fazla nesneye saçılmış dikkat, insana hiçbir bir sevinç getirmez, tam tersine onu öfkelendirir, çok açık bir kendinden memnuniyetsizlik ve neredeyse tembelliğe hatta tutkuların patlamasına uygun bir hava yaratır. Sadece yöntemli, düzenli bir çalışma, zihne güçlü ve *uzun süreli, kalıcı* bir ilgi sağlar. Dağcıların enerjilerini hissetmekle ve anbean zirveye yaklaştıklarını görmekle yaşadıkları sevinci getirir. Aynı zamanda da düşüncenin cinsel ayartmalarla işgal edilmesine karşı tek başına granitten bir set çeker.

Eğer bu neşeli çalışmaya enerjik alışkanlıkları da katarsak, yukarıda saydığımız zevkleri nasıl arayacağımızı bilirsek, kurtulmuş olmak için, sadece ergenliğin uyandırdığı belirsiz özlemlere somut doyumları nasıl sağlayacağımızı bilmek kalır. On sekiz ile yirmi beş yaşımız arasındaki bu mutlu çağda doğaya, dağa, ormana, denize vurulmaktan daha kolay bir şey olmaz. Güzel, ulu, insanı rahatlatan her şeyi tutkuyla sevmek. Bunların arasında olan güzel sanatların, edebiyatın, bilimin, tarihin, sosyal fikirlerin sunduğu yeni ufukları saymak bile gereksiz. Bunun gibi bir programı uygulayıp, başaracak bir genç adamın bu çabaları, gücünü arttıracak, zekâsını çoğaltacak, duyarlılığını soylu bir biçimde geliştirecek, kısacası kıskanılası bir varlık yaratacaktır; acısını tatmış olduğundan, başarısızlıkları bile onun diri saygınlığından bir şey eksiltmeyecek, yeniden ayağa kalkıp kararlı bir şekilde tekrar savaşa koyulabilecektir. Eksiksiz bir zafer hiçbir zaman mümkün değildir, ancak bu mücadele içinde, yenilgiye sık sık uğramamak ve yürek sevincini söndüren yenilgileri asla kabul etmemek de muzaffer olmaktır.

§ IV

Ancak yine de duyusal hazların öğrencinin hayatında girdiği iki biçimi daha yakından incelemeliyiz. Daha önce de söylediğimiz gibi, öğrencilerin ortalama ahlakları son derece vasattır, bunun nedeni de denetim olmadan, neye yöneleceklerini bilmeden büyük şehirlere atılmış olmalarıdır. Aralarından çoğunun hevesleri, cesurca enerjileri, aşağı seviyeden aşklarla kırılır. Kimse onları uyarmaz; başları döndüğü için, öğrenci yaşamından anladıklarının temelini oluşturan naif hayalleri yatıştırmaz, yanılgıları uzun zaman değiştirmeyi başaramazlar. Kimse zevkleri üzerinde düşünmelerini sağlamadığından, çok geç olana dek, şişmiş benliklerinin aşkları üzerindeki baskın paydan şüphe etmeyi başaramazlar.

Restoranlarda gördükleri arkadaşları onları aydınlatacak birileri değildir. Birçoğunun metresi vardır ve hem kendilerini kandırdıkları hem caka sattıkları için, iyiden iyiye karışık ve kendilerine pahalıya mal olduklarını fark etmedikleri durumlarının sevincini abartırlar.

Kaba ve akılsız kadınların kaprislerine, aptallıklarına, keyifsiz hallerine, para harcama düşkünlüklerine katlanmak zorundadırlar. Karşılığında bu kadınlar da onlara, mutlulukla ilgisiz, manevi olmayan hazlar verirler. Öğrencilerin çoğu da sevgililerini ancak övünmek ya da gösteriş için, sadece onları kollarına takıp ortalıkta gezinmek, "piyasa" yapmak için tutarlar; yoksa onlara sekiz gün dayanamazlardı.[1] Mutlak bir eleştiri eksikliği var: Maddi zevk ile kibrin

---

1 Bu konuda bkz. Maxime du Camp'in son edebi yapıtının güzel bir bölümü: Le Crépuscule, Propos du soir. Hachette, 1893, II. Bölüm, La Vanité.

tatmini bir kefeye konulduğunda, öteki kefeye, keyifsiz günlere, bedensel yıkıma, alıklaşmaya feda edilen, yitirilmiş, o lezzet dolu işlerle dolup taşan güzel sabahları koymalıydık.

O kefeye aptalca, boşu boşuna kaçırılmış güzel yolculukları, sonradan ödenecek borçları, orta yaş pişmanlıklarını ve şu anın tüm hüzünlerini, tüm alçalmalarını da koymak gerekirdi.

Tek bir çare var, o da tehlikeden kaçmak! Eğer çok geçse, kararlı bir şekilde köprüleri atmalı, çevreyi değiştirmeli, etkisini kötü saydığımız arkadaşları terk etmeli, evi, hatta mahalleyi bile değiştirmelidir. Düşüncelerimizde, sözlerimizde ve eylemlerimizde bize yük olan hayatın tam tersi bir hayat benimsememiz gerekir. Özellikle de "öğrenci kadınlarını" ziyaretten edinilen bütün zevkler, eleştirel ve kinli bir biçimde gözden geçirilmelidir. Öğrenci, on beş gün boyunca, bu geçici aşklara iyi bir değerlendirme yöntemi uygulayıp her gün bir sütuna zevkleri, diğerinde de sıkıntıları kaydederse, ulaşacağı sonuca kendi de şaşıracaktır. Her akşam, ya da daha da iyisi her birkaç saatte bir bu şekilde "ruh durumunu" not almayı sürdürse şaşkınlığı belki yine de geçmezdi. Bir süre sonra, elinden alınan her anın, aslında başlı başına bir sıkıntı, tiksinti ya da en iyi ihtimalle kayıtsızlık anı olduğunu, eğlenmekte ya da eğlenmiş olduğunu sanmasına neden olan her günün, her ayın, onun bütünlüğünü bozan, müthiş bir yanılsamadan ibaret olduğunu fark etmeye başlardı. Hata, gerçekliğin anısını kovup yerine uydurulmuş ve yalancı bir anı geçiren, ilginç bir kendi kendine telkin olgusuna dayanır. Bu yalancı anı, toptan hayali bir durum, saf yanılsamamıza göre aslında var olması gereken ama bilinçte tek bir an bile var olmamış *beklenen* bir bilinç durumudur. Bu bakımdan uydurma gücümüz o kadar büyüktür ki çoğunlukla ruhumuzun içinde bulunduğu anın gerçek durumuna hiç dikkat etmeyiz; çünkü bu gerçek durum, olması gerektiğine inandığımızla hiç bağdaşmaz. Elbette bu yanılsama, hiçbir yerde, kadınların ona temin ettikleri hazları değerlendiren bir öğrencide olduğundan daha güçlü ya da daha acınası değildir. Tekrarlıyoruz, kaba veya aptalca fikirlerle yoğrulmuş bu kapris dolu, bu dayanılmaz, zavallı beyinlerle harcanan vaktin neredeyse tümü, toplamda hiç de hoş bir yanı olmayan anlar, kibrin de etkisiyle hoş bir anıya dönüşür! Korkmayalım, söyleyelim: Ne ziyan olan boşa harcadığımız zamanı ne aptalca harcanan parayı ne de aşırılığın ardında bıraktığı zihinsel yıkıntıyı hiç hesaplamayız. Feda ettiğimiz tüm o sevinçleri, ziyaret edebileceğimiz müzeleri, yapabileceğimiz o yüksek düzeyli okumaları da aklımıza hiç getirmeyiz; aklı başında sohbetleri, tercih ettiğimiz arkadaşlarla yapacağımız gezintileri kaçırmakla neleri feda ettiğimizi aklımıza getirmeyiz. Vur patlasın çal oynasın alemlerin ardından gelen tiksinmenin, varoluşumuzda başımıza gelebilecek en üzücü ve en aşağılık şeylerden biri olduğunu düşünmeyiz. İnsan, tatillerde, Alpler ya da Pireneler ya da Britanya bölgesine gitmekten mahrum kalacağını aklından geçirmez. Birkaç gecelik sersemliğin bedelinin Belçika, Hollanda, Ren kıyısı ya da İtalya'ya bir gezi olduğunu unutur. Yirmi yıl boyunca yolculuklarda biriktireceğimiz böyle anıların tapınılası hasatlarını daha sonra zihnimizde evirip çevireceğimizi, üzüntülü günlerimizi ve nankör uğraşlarımızı büyüleyicilikleriyle ışıtacaklarını aklımıza bile getirmiyoruz. Ziyan olan bir başka şey de ömürlük sadık arkadaşlar, uzun kış akşamlarında elimizin altında olabilecek, ne var ki satın almamış olduğumuz o güzel sanat kitapları, seyahat kitapları vb., gravürler, resimlerdir.

Ortalıkta herkese teşhir edilme gereksinimleri tatmin edilen kibir, nitelik açısından çok aşağıdır. Şüphesiz ne çalışmaya borçlu olduğumuz gururun ne de mütevazı sanatsal hazinelerini göstermekle yahut seyahatlerini anlatmakla övünen öğrencinin hoş görülebilir bin bir tür şişinmesinin yerini tutamaz. "Eğlenen" bir öğrencinin hayatı bu yüzden acınacak derecede monoton, acınası kısırlıkta ve her şeyden önce aptalca, mide bulandıracak denli aptal bir yaşantıdır.

§ V

Fuhuşun sosyal sonuçları öyle içler acısıdır ki aklımızdakinin tersi bir deyimle *"neşeli yaşam"* denen o üzüntü verici hayat, genç adamı "işportaya düşmüş" bir ahlaka ve öylesi korkunç bir gaddarlıkla yüzüstü bırakılmalara o denli iyi hazırlar ki yani, öğrencinin sağlığını tehdit eden tehlikeler öylesine büyük ve gelecek yıllar üzerine etkileri öyle kalıcıdır ki bu yüzden yitirilecek para ve zamanı da hesaba kattığında, yürekli bir genç tüm bu gerekçelerle üzerine düşeni yapmaktan ve kendi benliğine dönüp dürüst kararlar almaktan çekinmeyecektir.

Ancak gereksizce utanmadan değinmemiz gereken bir başka şehvet türü daha var ki getirdiği yıkımlar daha gizli olmakla birlikte, zararı bir o kadar içler acısıdır. Bu kendi başına çekici bir yanı olmayan bir kötülüktür ve onun sağladığı aşağılık zevkler hiçbir kibirle tahmin edilemez. Bu tamamen *lâmı cimi* olmayan bir günahtır ve gizlenen, utanç verici bir ahlaksızlıktır. Açıkça kokuşmuşluktur. Net bir patolojik durum oluşturur ve ona esef ederken yine ona yenik düşülür. Tüm bu sebepler tedavisini basitleştirip kesinleştirir. Hiçbir safsata bu içler acısı alışkanlığın çirkinliğini örtmez.

Böyle bir nevroza yakalanmış talihsiz kişi, başka ek hisler araya girmeden, salt kendi duyduğu heyecanlara indirgenir. Bu da mücadeleyi daha kolay diyemeyeceğim, ama olanaklı kılar. Burada gereksinilen yine az bir şeydir; "birikim aktarımı" yapmak ve enerji fazlasını başka bir bölüme kaydırmak mümkündür. Kötülüğün tamamı hayallerden gelir: Bu yüzden bilinç bir ayartmayla karşılaşır karşılaşmaz ve insan kendini baştan yenik hissettiğinde hemen ayrılmak, topluma karışmak ya da enerjik bir işe koyulmak gerekir. Öncelikle bu durumda, doğrudan savaşa girmek tehlikelidir ve ancak kaçarak kazanmak mümkün olur. Aynı haykırmalarına ilgi gösterildikçe daha çok havlayan köpekler havlarken yapıldığı gibi yoluna bakıp gitmeli. Mutlak başarı imkânsızsa, hiç değilse başarısızlığa düşme durumlarının sıklığını olabildiğince azaltmaya ve aralarını açmaya çaba göstermek gerekir.

Bu günaha düşmekte en büyük nedenin, yine tahriklere kapı açan zihnin boş bırakılması ve sağlıklı, güçlü uyarımların olmamasıdır. Bir kez daha, büyük çarenin yöntemsel, yani verimli ve neşeli çalışma ile etkin ve enerjik zevkler açısından zengin bir hayat olduğunu söyleyelim.

İKİNCİ BÖLÜM

SAVAŞILACAK DÜŞMANLAR: ARKADAŞLAR, VB.

Yaptığımız işin çoğu bitti, geriye, öğrencinin çalışmasını tehdit eden ikincil tehlikeleri hızlıca gözden geçirmek kaldı. Görüşülecek arkadaşların dikkatle seçilmesi gerektiği açıktır. Genç, bulunduğu ortamda, çevresinde, dost görünümü altında, geleceğinin en kesin düşmanlarını bulacaktır. İlkin, varoluş endişesinin dürtmediği ve evinin gevşek alışkanlıklarıyla şımartılmış, ergenliğini olgun yaşlarının hiçliğini hazırlamakla geçiren, biraz bayağı olduklarını kendilerine itiraf etmek zorunda olup da bunu saklamak için çalışkanların emek isteyen alışkanlıklarıyla dalga geçenler vardır. Ancak daha korkulur ve zaten daha orta öğrenimdeyken yıkımlara neden olmaya başlamış başka bir tür daha var ki bunlar zayıflıktan kötümser olan, daha savaşmadan cesareti kırılan kesimdir. Tüm aciz güçsüzler gibi, aşırı haset içinde olurlar, sinsi, ikiyüzlü ve alçakça kıskançtırlar. Bu çirkin ruh durumları, onları yeni bir tür kaypaklar yapar, bu kaypaklar sabırlı, direşkendirler: Hedefleri iyi niyetlileri caydırmak gibi görünür; her zaman güçten düşüren, moral bozan bir davranış halindedirler.

Pusuya yatar, her türden güçten düşme fırsatını kollar, uğursuz bir etki yaratırlar. Zayıflıklarının ve onları bekleyen üzücü geleceğin farkındadırlar, başkalarının da çaba göstermesini önlemekten zevk alırlar. Diğer düşmanlar, bildiğiniz tembel olanlardır, arkadaşlarını hiçbir şey yapmamaya teşvik eder; onları birahanelere, kafelere sürüklemeye çalışır, sefahat fırsatları yaratırlar. Fransız öğrenciler bazı bakımlardan, kendilerinden her tür girişim ruhunu ve bağımsızlığı kaldıran ve onları aşırı içmeye sevk eden cemiyetlerde sıkı sıkıya hapsolan Alman öğrencilerden üstündür.[1] Hem daha ayık hem de kendileri üzerinde daha fazla hâkimiyet sahibidirler. Ancak çoğunlukla özgürlüklerinin kapsamını epey abartırlar. Büyük bir şehirde terk edilmiş olmalarına karşın, her gittikleri yere götürdükleri boyundurukları ağır basar; bunun nedeni, köleliklerinin sebebini içlerinde taşımalarıdır. Yirmi yaşlarında öyle büyük hiçlik duygusu içinde olurlar ki hemen etrafın fikirlerine, yani dostlarının doğru ve saygın tutumlarını soldurmak gayesiyle, küstahlığın, kendinden emin kararlı bir duruşun, buyurucu bir ses tonunun ve şiddetli sözcüklerin verdiği otoriteyi kullanan en fena beş para etmezlere boyun eğerler. Hepsi de zayıf iradelilere dayattıkları hemen hemen aynı niteliklere sahiptirler ve kendilerine yaklaşan herkesi kendilerine benzetirler. Bu kişilerin otoriteleri, daha önce yanlarına çektikleri kaypakların onlara verdikleri güçle giderek büyür. Kaypaklar yaşamakta olduklarının, en zevk verici ve en üstün öğrenci yaşamı olduğunu

---

[1] Bkz. Th. de Wyzewa, *La vie et les moeurs en Allemagne: Revue des Deux Mondes*, 15 Mart, LXI. yıl.

körü körüne kabul etseler de akla gelebilecek en yorucu, en boş, en aptalca yaşamdır sürdükleri.

İşi, hayranı oldukları kişiye sevimlilik yapmak için onu köle gibi taklit etmeye kadar götürüp sağlıklarını ve zihinlerini mahvederler. "Kendi günahlarıyla yetinseler," der Chesterfield,[1] "insanların pek azı şimdi oldukları kadar ahlaksız olurdu!" Sefih bir yaşam sürdüren gençlerin parladığı gibi parlamak, aynı yazarın söylediği gibi, çürümüş bir ağaç gibi karanlıkta parlamaktır. Gerçekten bağımsız olan genç bir adam, bu gibi önerileri reddederek bu tarz mutlulukları, onlara yakışan gerçek sıfatlarla, sıkıcı ve zevksiz, yorucu ve tehlikeli angaryalar olarak gören biridir. Israrlı taleplere kibarca, ancak sarsılmaz bir retle karşı çıkmayı bilir. Kendisiyle alay edilmesine asla izin vermez, gerçeğin ne olduğunu ve parlak çözümü bildiğinden iş ve zevk konularındaki her türlü tartışmadan uzak durur. Arkadaşlarının büyük çoğunluğunun, kendi öz yaşamlarının gideceği yönü hiç akıllarına getirmediklerini, kasırgaya kapılmışçasına, bilinçsiz oyuncaklar gibi, dış güçler tarafından dört bir yana çekiştirildiklerini bilir ve aynı bir akıl hastalıkları doktorunun dengesizleri muayene ederken yaptığı gibi artık onların görüşlerini önemsemez. Ne yani? Bu gençlerin saçma önyargıları var diye, bu akıl almazlıkların farkında olan ben, onların görme tarzlarına boyun mu eğecektim! Sırf onların acı alaylarından, iğnelemelerinden kaçınmak ve aflarını hak etmek hatta hayranlıklarını kazanmak için özgürlüğümü, sağlığımı, verimli işler yapma zevkimi feda eder miyim? Zevklerinin sadece yorgunluk ve baş döndürücü sersemlikten ibaret olduğunu

---

[1] *Lettres de Lord Chesterfield à son fils Ph. Stanhope*, Eylül-Ekim 1748.

bilen ben, gidip onların patırtısına karışır mıyım? Gündelik dilin ancak sıradanlığın ve kitlelerin yığıntısından ibaret olmasına, sözcüklerin çağrışımıyla uydurulan sıfatların, bir takım basmakalıp anlatımların yüceltilmesine, mantıklı iradeye üstün gelecek, insanın içindeki canavarı meşrulaştırmaya yönelik güya temel önermelere, belitlere mi maruz kalacağım? Asla böyle bir geri adım atılamaz: Yalnız kalmak bin kez yeğdir. Öğrenci yerleşkelerinden kaçıp uzak oluşu, işsiz güçsüz arkadaşların hoşuna gitmeyeceği bir semtte, hoş, süslenmiş, göz kamaştırıcı temizlikte, mümkünse güneş ışığı ve hatta yeşilliklerin neşe kattığı bir eve yerleşmeli; kendinden üstün insanlardan bir çevre oluşturmalı, hocalarını ziyaret etmeli, onları çalışmalarından, umutlarından, sıkıntılarından haberdar edip ve aralarından kendisine vicdan yöneticisi olacak birini arayıp bulmalı. Birahanelerin, kafe gibi yerlerin yerine, sistematik müze gezmelerini, kırsal kesimde yapılacak yürüyüşleri, evde sağlam ve yüce ruhlu bir iki arkadaşla sohbetleri koymak gerekir.

Öğrenci birlikleri konusunda takınılacak tavra gelirsek, tam bir sempati duyulmalıdır. Gençlerimiz, kafeleri boşaltmaktan ve yerine öğrenci derneklerine girip çıkmaktan ancak kazançlı çıkar: Eminiz, oraları vasat bulsalar da daha üstün şeyler de keşfedecek, sempati duyacakları yeni kişilerle tanışabileceklerdir. Tek tehlike –kafelerdeki kadar büyük olmasa da– çok büyüktür faaliyetimizin karanlık bölgelerine derin kökler salan ve irademizi ufak ufak kontrol altına alan, onu hareketsizleştiren alışkanlıklardır. Bunlar aynı Lilliputların toprağa çaktıkları çok sayıdaki küçük kazıklarla Gulliver'in saçlarını yere tutturdukları gibi, insanın elini kolunu bağlar... Öğrenci, azar azar, arkadaşların yaratacağı heyecana ihtiyaç duymaya başlar; "parti" yapmaya gereksinimi vardır da açık havada bayıla bayıla geçirilecek zamanını, çoğunlukla tıka basa dolu (tütün dumanı vb. içinde) mekanlarda, feci bir hareketsizlik içinde geçirir. Bir başka çok büyük tehlike, zihnin oraya buraya sıçramasına neden olan, onu dağıtan ve dolayısıyla gücünü yok eden gazete ve dergi yığınlarıdır. Düşünce, onlardan aynı uyarıcıların bedene verdiğine benzer ateşli bir coşku alır ve bu uyarımın yıkıcılığı da iki kat fazladır: Heyecan olarak zaten başlı başına yıkıcıdır; üstüne arkasından gelen kısırlık da yıkıcıdır. Sekiz ya da on gazete karıştırıp da kötü bir ruh haline girmeyen, öfkelenmeyen biri var mıdır? Böyle bir okumayı izleyen sağlıksız sinir yorgunluğunu, yöntemsel bir çalışma ile hissedilen dinç sevinçle karşılaştırmaya yeltenmemiş kimse var mı?

Ama kendini kontrol altında tutmak, asla *alışkanlığa çevirmemek*, zihinsel gücünü dağıtmamak şartıyla, öğrenci, "evinde" zihnini dağıtmaya yararı olabilecek, arkadaşların mutlu gülüşlerinin hatta fikirler uyandıracak tartışmaların yer alacağı, neşeli, dinlendirici bir eğlence bulabilir ve tekrar ediyorum, bu şekilde, seçeceği arkadaşlardan bir toplulukla tanışması daha olasıdır. Tıpkı matbaanın, tüm zamanların en büyük dehalarının ürettiklerini bağımsız zihinlere eriştirerek zekâyı özgürleştirmesi gibi, öğrenci birlikleri de öğrenciyi, akılları ve karakterleri birbirinden çok farklı kişileri tesadüfen bir araya getiren lokantalardaki bayağı ilişkilerden kurtarır, aralarında gönlüne göre bir arkadaş da bulunabilecek kişilerle yan yana getirir. Bu birlikler olmasa, ilişkiler bir şans meselesi olarak kalacaktı. Adeta insan ruhunun sergileri olan gençlik birlikleri ve dernekleri ya benzedikleri ya da zıt oldukları için birbirlerine sempati duyanların gruplar oluşmasına olanak verir ve daha sonra göreceğimiz gibi, bu gruplaşmalar bizzat eğitimin kendisi için de çok gereklidir.

Dünyevi ilişkilere gelince, öğrenci orada, davranışlarında bir rahatlık ve ondan elde edilecek tek ganimet olan o ayrıcalık cilasından başka bir şey kazanamaz. Özellikle de taşrada "sosyete" denilen topluluk, insanın ne zekâsını ne de karakterini içine sokacağı bir ortam olamaz. Orada ahlak, üzüntü verici yerlerde sürünür, ikiyüzlülük de sınırsızdır. Para her şeyi meşru kılar. O ortamda hüküm süren din, servet tapınıcılığıdır: Genç bir adam, oradan, çok düşük bir bilinç seviyesini aşabilecek neredeyse hiçbir ders alamaz. Azla yetinme, kanaatkâr olma dersini ise hiç almaz. Oralarda zekânın ya da karakterin üstünlüğüne saygı yoktur, öğretilmez. Bu sosyete insanları, derin bir kültürden yoksun olduklarından dolayı, hâkim önyargılara sıkı sıkıya bağlıdırlar ve onlara boyun eğerler. Aptallık bulaşıcı olduğu için, genç adam oralara çok girip çıkarsa, en değer verdiği fikirlerin uçup gittiğini görmekte gecikmeyecek, daha da vahimi, kusurlu sosyal ortama karşı, adalete susamışlığının ve adamışlığından kaynaklanan cömert öfkesinin de alay konusuna dönüştüğünü görecektir. O dünya, onu kısa zamanda kendine çevirecek, kariyer kaygısıyla ilgili her şeye kayıtsız hale getirecektir. Yaşamak için sahip olduğu tüm nedenleri elinden alacak ve içindeki coşku kaynağını kurutacaktır. Marivaux'nun,[1] ömürlerini pencere kenarında harcayan insanlara, akılcı bir biçimde yakıştırdığı, "hep bakan, daima dinleyen, asla düşünmeyen" adamlardan biri haline geldiğinde bu neye yarar? Bu, hiçbir şeyle ilgilenmeden yaşayıp

---

1 *Vie de Marianne*, Beşinci Bölüm (Macaulay bu kitabı şimdiye kadar yazılmış en takdire değer roman olarak ilan eder, haklıdır da).

varoluşunun o korkunç boşluğunu kendinden bile gizlemek zorunda olduğunda, insanının yaşamını hem daha yorucu hem daha bön hem de çaresizce monoton hale getiren eziyetli sosyete zorunluklarıyla kendini sınırladığında çok mu iyi olacaktır? Fikir ayrılığı yaratacak bir konuda açılacak herhangi bir tartışma, o ortamlarda kötü terbiyenin bir işareti olarak algılanır, konuşmalar da ancak kof, değersiz şeyler üzerinde sürdürülebilir: Karakterli ve zeki bir genç öyle bir ortamda şaşırır, rahatsız olur; orada zamanını boşa harcamakla kalmaz, daima ardında ahlaki gücünden bir şeyler bırakır. Kesinlikle, arkadaşlarla takılmak, savunulan fikirlerin çarpışması, Homeros'un kahramanlarınınki gibi tutkulu sıfatlarla bezeli sohbetler bin kat daha iyidir.

ÜÇÜNCÜ BÖLÜM

SAVAŞILACAK DÜŞMANLAR:
TEMBELLERİN SAFSATALARI

§ I

Tüm tutkular[1] gibi, tembellik de kendini zekâ aracılığıyla meşrulaştırmaya uğraşır. İnsanların çoğu, içlerindeki alçak düzeyli eğilimlere karşı savaşmayı denemediği için, gösterişli olup doğruluğu ispatsız olarak kabul edilen önermelerin ya da yanılmaz bir havası olan atasözlerinin, avarelerin yüceltilmesi için birer mazeret olarak kullanılmak üzere hiç eksik olmayacaklarını tahmin edebiliriz.

Bizlere doğuştan verilmiş karakter üzerinde yukarılarda çalıştık ve onun değişmez olduğuna ilişkin inancı da artık

---

1 Okuyucu, "passion" (tutku) sözcüğünün Fransızcadaki edebi anlamını dikkate almalıdır: Kişi üzerinde hâkimiyet kuran yoğun ve mantıksız duygulanım durumu. Bu anlama geldiğinde kelime genellikle çoğul kullanılır. (ed.n.)

kesinlikle yerle bir ettiğimizi umarız. Sözcüklerin bu safdil kuram sayesinde işaret ettiklerinin tek olduğuna bizi inandırma gücü olduğunun örneğini gördük; bu inancın korkaklığımıza, tembelliğimize verdiği desteğe dikkat çekmek dışında, buna artık dönmeyeceğiz. Bu inanç gereksinim duyduğu gücü, kendimizi fethimizin uzun sürüşüne isyanımızda bulmuş olabilir. Tembelliğimizden aldığını adilce yüz katı olarak iade eder.

Zaten bu kuram, tembelliğin onu izleyenler tarafından icat edilen özlü sözler deposundan devşirdiği yardımlardan ancak biridir. Bir şeytan, der eski bir mesel, başka kötüleri de ayartmak için oltasındaki yemleri çeşitlendirmek zorundadır: Tembeller için böyle bir şey bile gerekmez. En kaba yemi bile yutarlar, korkunç balıkçı da her keresinde birini avlayacağından emindir. Aslında, hiçbir tutku, kendini temize çıkarmak için bundan daha yanıltıcı, daha safça gerekçeler kabul etmekte daha aceleci değildir.

Şikâyet edinme öğrenciler arasında genel bir şeydir; küçük kolejlerde hayatını kazanmak için belletmenlik ya da öğretmenlik yapan yahut özel ders vermek durumunda kalanlar, işin onları "yuttuğunu" ifade etmekte adeta rekabet ederler. Oysa, söylediğimiz gibi, "zaman, onu nasıl ele alacağını bilenler için her zaman çözümlenebilir bir şeydir". Günün yirmi dört saatinin içinde, sağlam bir entelektüel gelişim için gerekli ve yeterli bir dört saat bulamamak olanak dışıdır. Gerçekten de her gün, zihnin tüm gücüne, en zengin haline sahip olduğu birkaç saati ders çalışmaya ayırmaya özen göstermek aslında yeterli olur. En diri durumdaki dikkatinizi verdiğiniz bu saatlere, kullanmak üzere not tutma, kopyalama, malzeme sipariş işleri için genellikle aptalca kaybolan anları da katarsanız, kariyer yapmak bir yana, olabilecek en geniş zihinsel gelişimi de gösterirsiniz. Dahası, görünürde avukatlık, tıp ve öğretim üyeliği gibi daha az rutin görünen meslekler, daha önce de söylediğimiz gibi zekâyı, neredeyse tamamen kullanmaktan vazgeçmekte gecikmeyeceklerdir. Bir hoca birkaç yılın sonunda verdiği dersi ezbere bilir, avukat ve doktor, nadir birkaç istisna dışında, tüm yeni vakaları tüketmiş olur: Zaten tam da bu, daha önce uzmanlık alanlarında fevkalade işler yapmış, en yüksek makamlara yükselip o üstün yeteneklerini kullanmaya kullanmaya hiç şüphesiz paslanmaya bırakmış ve uğraştıkları zorunlu işler dışında, insanın kafasını karıştıracak bir budalalıkta o kadar çok olağanüstü insanın var olmasını açıklamaktadır. Öğretmenliğin yorucu gelmesi, yarışan sözcüklerin dışarı çıkmasını sağlayan kasların aşırı çalışmasındandır. Bu kaslar sınırlı bir grup olduklarından, yorgunluğa açıktırlar. Ancak belirli bir bölgeye ait bu yorgunluk, bedenin genel güç durumuna ancak hafif etki yapar ve zihinsel çalışma imkânını dışlamaz.

Zaten insanların çoğu, biraz sıkıştırıldıklarında, çalışmak için günde üç dört saat bulabileceklerini söyler; ancak, falanca sınavda başarabilmek için günde en az altı saat çalışmak gerektiğini ve bu yüzden de hiçbir şey yapmadıklarını ifade ederler! O zaman, derdim, her gün üç saat çalışmaya bir koyulun bakalım! Çalışmanın yararsız olmadığını hemen fark edersiniz! Her gün üç saat çalışmakla toplamda altı ayda yapılacak işle, her gün altı saat çalışıp üç ayda yapılacak iş aynıdır. Yapılan iş aynı olsa da alınacak sonuçlar aynı olmaz, çünkü Leibniz'in dediği gibi, "Çok çalışan zihnin cilalanması, pırıl olması beklenir, ama tersine, fazla çalışmak onu bulanıklaştırır".

Başka tembeller ise zamanlarının eksik olmadığını kabul ederler; ama, derler, insanın keyfi olmadığında çalışmaya koyulmanın anlamı olmaz. Zihin ağır, uykulu iken işe yarar bir şey yapamaz. Sabah sabah işe koyulmaktan vazgeçtik, diye eklerler, "havaya girmek" için o kadar çok zaman yitiriyoruz ki! Ne büyük hata!

Uykunuz derinse de bir on beş dakika "havaya girme" gayretinde biraz sebat etmek her zaman mümkündür. Sabahları uykularının açılması zor olan gençlerin, ancak hakikaten çok kötü, hiç dinlenemedikleri bir gece geçirdikleri zamanların dışında, bu sabah mahmurluğuyla inatla mücadelelerinin sonuçta mükemmel bir çalışmayla ödüllendirilmediğine *hiç* rastlamadım: Zekâ erken saatte uyanır, kolaylıkla devreye girer, sonuçta zekânın bu sözüm ona uyuşukluğu aslında iradenin uyuşuk olmasından başka bir şey değildir.

§ II

Tüm tembellik yanıltmacalarını gözden geçiremeyiz. Ancak çalışkan gençlere ayrılmış bu kitaba, olabilecek en mahvedici önermelerden birini, sözlerinin neden olduğu yıkımlardan en ufak bir şüphe duymaktan uzak insanlar tarafından ortaya atılmış bir aksiyomu aldık.

Ortalıkta gezip, entelektüel çalışmanın ancak büyük üniversitelerde olabileceğini tekrarlayıp durarak, durumları itibariyle küçük şehirlerde kalmak zorunda olan çalışkan kişilerin cesaretlerini daha baştan kırıyoruz. Fransa'da ancak Paris'te bir iş çıkarılabileceğini sık sık duyarız. Yetenekli insanların ciddi bir edayla tekrarlayıp durduğu bu ifadeden daha uğursuz, daha cesaret kırıcı bir sav olamaz.

Oysa, bu sav gerçekliğin pek küçük bir kısmını içermektedir. Bu savı pekiştirmek adına hangi otoriteye işaret edersek edelim, neredeyse tamamen yanlış olduğu gerçeği değişmez.

Öncelikle, bu sav aleyhinde olgular vardır. Büyük düşünürlerin çoğu, görüşlerini yalnızlık içinde olgunlaştırmışlardır. Descartes, Spinoza, Kant, Rousseau gibi, günümüzde de Darwin, Stuart Mill, Renouvier, Spencer, Tolstoy gibi, modern düşünceyi pek çok açıdan yenileyen bu insanlar, başarılarında en büyük payı, yalnızlıklarına borçludurlar.

Gerçekten de zihinsel çalışmanın doğasında Paris'te oturmayı gerektiren bir şey yoktur. Fransa'da, bir tek Paris'te yetenekler yaptırım gücü bulabileceği, oraya gidecek birinin sadece o kent tarafından çekim yaratır hale geleceğine inanıyoruz. Aşırı merkezileşmemiz nedeniyle dikkatimiz Paris'e döndü ve herkesin gözünü diktiği odak, ünlerin parladığı yer oldu; ancak bu ayrıcalık yeteneğe has bir olgu değildir ve bu çekimden, ünlü bir katil de eserleri yüzyıllarca okunacak bir yazar kadar yararlanır.

Ayrıca, Paris, ünlü isimleri gün ışığına çıkarmakta yararlı olsa da bir başarı öncesindeki uzun çalışma, çabalama dönemlerinde Paris'in hiç de gereği yoktur.

Laboratuvarlara gereksinimi olan bir doktor, bir ruh doktoru için Paris'in şart olduğu asla kanıtlanmamıştır ve üniversitelere çevrilen fakülteler, satın alma ve edinme hakkına erişip de kendi tesislerini kurar, daha da geliştirirlerse kesinlikle bu bir gerçek olmaktan kesinlikle çıkacaktır.[1] Bu üniversiteler, büyük Alman doğa bilimcisi Haeckel tarafından ortaya atılan ve "Üniversitelerin bilimsel üretimleri, büyüklükleriyle ters orantılıdır," diyen yasanın yeni bir kanıtı olacaklardır. Başka yerlerde olduğu gibi, maddi yardım imdada yetişmediğinde, zihin gücünün girişimcilikle, araştırma tutkusuyla eksikleri kapatıp yetersiz kaynaklarla mucizeler yaratabildiği tek yer bilimdir. Oysa laboratuvarları harika olsa bile, bir zihin enerjisizse, etkin değilse hep kısır kalır. Burada önemli olan, büyük şeyleri ortaya koyacak bir hevesin ve azmin bulunmasıdır. Bir laboratuvar sadece önceden oluşan fikirleri doğrulamaya hizmet eder, buluş fikrin kendisidir, fikirlerse asla kendilerini ortaya koyan cihazlar değildir.

Bilimlerin dışında, bulundukları yerlerde danışması, sorgulaması gereken belgelere sadece tarih ihtiyaç duyar. Ancak bilimler içinde felsefe, edebiyat, tarih felsefesi, matematik, botanik, zooloji, bitki kimyası, jeoloji gibi bilimlerin büyük şehirde olmak gibi bir ihtiyaçları var mıdır? Çok sayıda malzeme işlemek yerine, zihnin kendi seçtiği malzemeleri hazmetmesinin yetenek üzerinde daha önemli bir payı varsa ve büyük zekâlar, öncelikle gözlemlenen ya da derlenen olguları düzenleme ve onları canlandırma güçleriyle diğerlerinden ayırt ediliyorlarsa, kütüphanelerde yapacağımız

---

[1] Bay Liard'ın bölgesel üniversiteler projesinin, eski bir felsefe profesörü Bay Challemel-Lacour'un müdahalesiyle Senato'dan geçemeyip başarısız olduğunu öğrenince şaşırıp üzülmemek elde değil. Bu proje, fakülte profesörlerinin bağımsızlığını sağlayarak, bilimsel düşünceyi yabancı her dış müdahaleden kurtarıyordu. Dahası, bu müthiş bir entelektüel yerinden yönetim denemesiydi.

keşiflerin ardından uzun derin düşünme ve sükûnet dönemlerinin gelmesi gerektiği açıkça belli olmuyor mu?

Bu büyük kütüphane dediklerimizin de ciddi olumsuzlukları vardır. Bizden öncekilerin ilgimizi çeken konularda neler düşünmüş olduklarını keşfetmenin kolaylığıyla, kendi başımıza düşünme alışkanlığını kaybederiz. Çalıştırılmadığında, kişisel çaba kadar çabucak eksilen başka güç yoktur. Bundan dolayı da daima ve her durumda etkin araştırma çabaları yerine belleği çalıştırmaya başlarız.

Kişisel düşünme kapasitesi, hemen hemen her zaman içinde yaşadığımız çevrenin bize sağladığı zenginliklerle ters orantılıdır. Bu nedenle çok talihli bir bellekle doğuşmuş öğrenciler, bu bakımdan daha az yetenekli arkadaşlarından neredeyse her zaman daha geridirler. Araştırmacı olanlar, zihinlerinin akılda tutma yeteneğine güvenmedikleri için, ona, olabildiğince az başvururlar. Tekrarlamayla belleklerine yazacakları malzemeyi titizlikle seçer ve ona sadece başlıca şeyleri emanet ederler, unutkanlığa ancak tırpanlayabileceği kazara şeyler kalır. Ama o esas şeylerin kendisini de adamakıllı düzenlemek acil bir iştir. Böyle bir bellek, "kadroları güçlü" seçkin bir ordu gibidir. Böylece, kendisine nice kütüphanenin kapalı olduğu kişi, kendisini dikkatle okuduğu, üzerinde derin düşündüğü ve eleştirdiği birinci sınıf kitaplarla çevrelemekle kalmaz, eksikliğini telafi etmek için kişisel gözlemlerle, kavrama çabalarıyla da zihnine kazır.

Düşünceye dalmış sükûnet, konuştuğumuz bu düzene koyma çalışması açısından çok önemlidir ve Paris'te böyle bir sakinlik tatmak zordur. Kırsal alanın sağladığı mutlak sessizliği orada asla bulamamak bir yana, insanın düşüncelerini duyup algılaması için gerekli sağlıklı ortam da oralarda içler acısıdır. Ufka uzanıp giden bacalar ve pencere önündeki havalandırma boruları, bu sahte, aşırı uyarıcı ortam, hep aynı yerlerde neredeyse zorunlu çakılıp kalma, hepsi sağlığın bozulmasına katkıda bulunur.

Buna ek olarak Paris'te, tam da büyük şehirlerde yaşayan insanların baş niteliği gibi olan o boşu boşuna çırpınma durumu biraz bize de bulaşır. Orada sayısız izlenim, adeta etrafımızda kaynayıp durur; sonunda, bu kaynayan, kıpır kıpır ortamda kişiliğimizin çoğunu kaybederiz.

Dikkat sürekli ufak tefek şeylere odaklanır; sırf bu baş döndürücü koşuda duraklamak zordur diye oradayızdır, modaya çaresiz boyun eğeriz. Buna, orada çalışmanın bile sıtmalı, sağlıksız bir şey olduğunu da eklemeli. Çevredeki sinirlendirici etkenlerin zihinsel çalışma yürüten birini nasıl da etkilediğini anlamak için, M. Huret'nin,[1] edebi evrim üzerine yazdığı çok öğretici ve çok samimi bir röportajı okumak yeterli olacaktır. O kitapta gergin ortamlarda dirsek dirseğe olmanın etkilerini görecek, böyle sinirli ortamlarda kıskançlıkların, kaygıların kemirdiği, mutsuz ettiği genç edebiyatçıların çektiklerine üzüleceğiz. Bana gelince, gürültülü bir sokaktaki bir dördüncü katta, daracık bir yerde, çayırlardan, ormanlardan uzakta yaşamanın ne kadar öfkelendirici olduğunun farkındayım ve bu durumun genç bir adamın entelektüel değerine herhangi bir katkısı olabileceğini sanmıyorum.

Sakın kimse karşımıza çıkıp Paris'te, insanın edinebileceği toplumsal ortam hakkında tek söz etmesin. Bir köyün içindeyken bile, en büyük çağdaş zihinlerle alışveriş halinde

---

1 Jules Huret, *Enquête sur l'évolution littéraire*, Hachette, 1891.

olabilirim. Bunu yapabilmem için sadece onların eserlerinden birkaç cilt almam yeterli olur. Bu büyük insanlar, dehalarının en iyi kısmını eserlerine dökmüşlerdir, genellikle de onları yaratma zorluklarından söz etmeyi istemez, topluluk içinde olmayı bir rahatlama olarak görürler. Gençlerin onlarla görüşmekten edinecekleri entelektüel çıkar da güdüktür. Oysa doğrudan eserlerini okuyup, üzerinde düşünmenin katkısı çok daha önemli. Böyle ilişkilerin yetenekli ve enerjik bir genç adama sağlayacağı en büyük fayda, çalışkanlık dolu bir ömrün neticelerine "dokunmaktan" hissedilecek bir tür soylu öykünme duygusudur; ancak böyle kişilerle ahbaplık pek az kişiye nasip olur.

Paris'te yaşamanın tek büyük kazancı –ki emsalsizdir– kişinin orada edinebileceği estetik kültürdür. Pek başka çok şehirde eksiği duyulsa da bu harika şehirde müzik, resim, heykel, hitabet sanatları eksik olmaz. Ancak bu kültürü tattıktan sonra, taşra, entelektüel çalışma yapanlara, kullanmak isterlerse pek çok kaynak sunar. Ayrıca, taşralı olmak, mutlaka herhangi bir köyde veya herhangi bir kasabada yaşamak değildir. Paris'te de insan taşralı olabilir, çünkü bu nitelemenin bir anlamı varsa, o da insanın üstün bir meşgalesinin bulunmayışıdır. Taşralı, zihni yalnızca önemsiz dedikodularla dolu, yemek, içmek, uyumak ve para kazanmanın dışında hayatta bir şey görmeyen biri; zamanını sigara içmekle, oyun oynamakla, kendisiyle aynı entelektüel seviyede insanlarla kaba şakalar yapmakla geçiren budalanın tekidir. Ancak, taşrada bir köyde, doğadan zevk alan genç bir adam, en büyük düşün adamlarıyla sürekli alışveriş içinde ise, o yılışık taşralı sıfatını hak etmez.

Peki, büyük merkezlerden uzak durmanın başka bir tesellisi yok mu? Bazı yazarlar küçük köyleri manastırlara benzetir! Orada, gerçekten de sessizlik ve sükûnete kavuşulur! İnsan oradayken, çevrede dikkat dağıtıcı bir şey olmadığından düşüncelerini kesinti olmadan izleyebilir, tamamen zihinsel akışa yoğunlaşabilir. Bu büyük sükûnette, en seyrek izlenimler bile derinlik kazanır. Fikirler adım adım uyanır, birbirlerine yakınlıklarına göre gruplanır; anılar yeniden hayat bulur. Zekânın büyük şehirlerde örselenen, hummalı ve dengesiz gelişmesi ise burada hızlanır, yavaş, sakin ancak güçlü olur.

Burada geceler, ertesi günlere bir enerji katan, tam dinlenme geceleri olur ve ormanda, açık havada geçirilen dinlenme saatleri insanın yeniden güç kazanma anlarıdır. Artık o sinirlilik, o hararet yoktur; titizlikle ve sakin bir biçimde, en derinlerde saldığı dal budaklara dek bir fikrin peşine düşmek kolaylaşır. Bellek çalışmaları, öyle bir verimlilikle yapılabilir ki! Hem de çalışma masasının üzerinde iki büklüm olmadan! Ormanlarda, çayırlarda yürürken kan dolaşımıyla kırbaçlanıp oksijen seliyle dolup taşarken, beyniniz bu mutlu anlarda kendisine teslim edilen anıları sonsuza dek belleğine kazır. Metin yazma, derin düşünme işleri kolaylaşır: Düşüncenin içinde fikirler adeta koşturur durur, mutluluk içinde bir araya gelir; çalışma masasının başına, net bir planla, epeyce bir imge ve fikir biriktirmiş olarak, dahası da temiz havada egzersiz yapmış olmanın tüm sağlık kazanımlarıyla geçilir.

Ancak üzerinde çok ısrarla durmayalım, çünkü yeteneği yaratan, asla dış koşullar değildir. Gelişim dışarıdan içeriye değil, içeriden dışarıya olur. Dışarının koşulları ikincil bir eklentiden başka bir şey değildir; ya yardım ederler ya da ayak bağı olurlar; hem de belki sandığımızdan da az etkileri vardır. Bu nedenle, öğrencileri Paris'te yaşayanlar ve orada oturmayanlar olarak sınıflandırmamalı; onların arasında, ancak tutumu ciddi ve enerjik olanlarla, hiçbir davranış bilmeyip zayıf iradeli olanlar gibi iki ana tip öğrenciden başka sınıflandırma olamaz: Birinciler, bulundukları ortam ne olursa olsun, ellerindeki pek az olanakla da harikalar yaratacak, genellikle de dahiliklerini kendilerine olanak yaratarak göstereceklerdir; diğerleri ise, kütüphaneler ve laboratuvarlarla çevrili olsalar da hiçbir şey yapmayan, asla da yapmayacak olanlardır.

§ III

Burada, dördüncü kitabın neredeyse sonuna geldik. İrade için çok tehlikeli bir durum olan, belli belirsiz duygusallık sorununun üzerine yakından eğilmemiz gerekiyordu. Nedenleri ve çarelerini inceledik, ardından da öğrencinin kendi zevkleri konusundaki değerlendirmelerinde böylesine olağanüstü yanılgıları kışkırtan safça yanılsamaları dağıttık. Üzüntü verici nefsine düşkünlük konusunu ele aldık ve bu düşkünlüğün aldığı çeşitli biçimler üzerinde durduk, onlara karşı mücadele yollarını inceledik. Sonra da başlamışken, tembelliğin, ne olursa olsun çalışmayı reddedenlere telkin ettiği belitler şeklindeki önyargıları yıkmamız gerekti. Şimdi de bu işlemi bir de tersten yapmamız gerekecek, yani yapıcı olmak. Demin, örnek olarak verdiğimiz, her öğrencinin deneyimleri ve kişisel düşünceleriyle tamamlayacağı bu yıkıcı düşüncelerin ardından, iradeyi uyarabilecek, enerjiyi güçlendirebilen canlandırıcı, güç verici düşünceler gelmeli.

DÖRDÜNCÜ BÖLÜM

ÇALIŞMA SEVİNCİ

§ I

Varlığımızın hızlı akışının yarattığı düşünceden daha üzücü olanı yoktur. Geri alınamaz bir şekilde saatler, günler, yıllar geçiyor gibi hissederiz. Bizi hızla ölüme doğru götüren bu gidişin farkına varırız. Zamanlarını ciddiyetten uzak işlerle harcayanların, aldıkları mesafeyi belli etmek için eserler bırakmayanların, geriye baktıklarında deneyimledikleri tek bir izlenim vardır: Verimli çabaların anısıyla dopdolu olacak yıllar, bomboştur. Akmış gitmiş hayat bilinçte bir hiçe indirgenmiş ve geçmişin boş bir rüyadan ibaret olduğu duygusu, karşı konulmaz bir biçimde doğmuştur.

Öte yandan, gidişatta ilginç bir şey kalmadığında, yeni bir şeyler olmamaya başladığında, var olmanın zorluğu, bize gücümüzün sınırını bildirir, hayat hızlanmış gibi gelir, geçmişin sadece bir rüya olduğu izlenimine bir de daha acı gelen bir biçimde, aslında şimdinin de aynen öyle olduğu izlenimi eklenir. Biyolojik yaşamın çizdiği alın yazısını, tembelliği, toplumsal ve mesleki yaşamın baskılarını yenmeyi bilmeyenler için, bu rüyanın tam da kendisi acı verici biçimde etkisiz bir şey taşır. Onlar, istemedikleri halde hızlı bir akışa kapılmış mahkûmlar gibidirler.

Aklı başında olanlar da onlar kadar hızlı geçip gider, ancak hiçbir direnişin işe yaramayacağını düşünmüşlerdir, kaçınamayacaklarını kabul ederek kendilerini özgür kılar ve yolculuklarını uzun bir yol olarak görmeye çalışırlar. Bunu geçmişin tamamen kaybolup gitmesine izin vermeyerek başarırlar. Dünyadan geçip gidişleri iz bırakmayanlar için varoluşun cılız, gerçekliksiz bir şey olduğu hissinin baş edilemez olduğunu bilirler. Boş gezenler için, "sosyete insanları" için, hayatları çok küçük kaygılar ve kısır çabalarla berbat olmuş sıradan politikacılar için, yani tek kelimeyle, yaptıkları işlerden elle tutulur sonuçlar elde etmemiş herkes için, bu hissin kaçınılmaz olduğunu bilirler.

Halbuki, insan tüm varoluşunu, çabalarıyla yavaş yavaş gerçekleştireceği bir büyük düşünceye bağlı kılmazsa, gerçeğin bu yıkıcı duygusunun önüne geçilemez. Böyle bir düşünceye bağlı kalınırsa da yaşamın gerçek olduğuna dair tam tersi bir duygu yaşanır. Her çabası bir iz bırakan çiftçiler ya da toplumsal rolünü kavramış yazarlarda bu duygu en yüksek düzeydedir. Zira onlar için her gün, bir önceki gün elde ettikleri somut sonuçlara katkı demektir. Hatta onların yaşamı, yaptıkları işle kısmen özdeşleşip onun elle tutulur gerçekliğinden bir şeyler taşımakla tamamlanır.

Ayrıca çalışan birinin hayatının, boş gezeninkinden farklı bir derinliği ve önemi olduğu da söylenebilir. Demek ki her gün yaptığımız tembellik, var olduğumuz hissini bizden alır ve onun yerine hor görülecek boş bir rüya koyar. Ancak neşeli, dingin ve bereketli bir emek, hayata tam bir lezzet verebilir. O kadar dolu hissettirir ki buna "yaşadığını hissetmek" denmiş. Bunu bir tek çalışmak ayarlayabilir, alışkanlık haline getirebilir ve yaşam sevincini katlar; tembeller de bunu görmezden gelir.

Öte yandan, entelektüel emekçinin yaşamı, tadını çıkardığı saatlerde doğal olarak verimli olmasaydı, eğer bu yaşam etkin yaşamanın sevincinin adeta fışkırdığı canlı bir kaynak olmasaydı, elinde kalan tam tersi boş, avare bir hayat olurdu. Bir emekçi, bu kadar basit bir olgu sonucunda, can sıkıntısından, miskin endişelerden, işsiz güçsüzler gibi kasvetler içinde dayanılmaz halde sıkılıp durmaktan kendini kurtarır, imrenilesi bir varoluşu olur. "Maer'de kaldığım süre boyunca sağlığım pek güçlü olmadı, ben de utanç verici bir biçimde tembeldim: Edindiğim izlenim, hiçbir şeyin tembellik kadar dayanılmaz olmadığıydı."[1] Pascal ise, "Bir asker ya da tarla süren bir çiftçi zorluktan şikâyet ettiklerinde, onları işsiz güçsüz bırakın," demiş. Aslında, tembel biri bir "heautontimorumenos" (Yun. *Eavtòn timoroúmenos*), yani kendisinin celladıdır, ruhla bedenin mutlak tembelliği de, çok sürmez azap verici bir can sıkıntısına yol açar. Servetleri sayesinde kurtarıcı iş gereksiniminden kendilerini sıyırmış ve herhangi bir kalıcı iş teşebbüsüne de cesaret edemeyen birçok zengin insan, bu ağır ve acı verici can sıkıntısını tecrübe etmekte gecikmezler. Karamsarlığa kapılırlar, içlerinin karasını her yere taşırlar ya da kısa bir süre sonra verdikleri

---

[1] *Journal de Darwin*, Ağustos 1839.

bıkkınlıkla acılarını iki katına çıkaracak olan şehvetli zevklerle usanç duyasıya oyalanırlar.

Buna karşın, mutlak tembellik yine de enderdir ve atasözünün dediği gibi "şeytan, bir işi olmayanlara iş yaratır". Zihin yüksek düzeyde bir şeylerle meşgul olmadığında, küçük kaygıların onu işgal etmesi fazla gecikmez. Herhangi bir şey yapmayan kişi ufak tefek dertleri tekrar tekrar çiğner durur. Bu geviş getirme, ruhu beslemekten çok, onu mahveder. Bir yere yönlendirilmemiş duyguların gücü, doğamızın yüce yanlarında verimli olabilecekleri bir akış tutturamadıklarından, derinliklerdeki hayvan yönümüze doğru yayılır ve orada baştan çıkar. Farkına bile varılmadan, benlik saygısı giderek daha çok yara almaya başlar, yaşamın kaçınılmaz sıkıntıları günleri zehirler, uykuyu bozmaya başlar. Tanrıya mahsus istirahatin, yakından bakıldığında imrenilecek bir yanı yoktur! Zevkler bile o durumda angaryaya dönüşür; hiçbirinin tadı tuzu, cazibeleri kalmaz, çünkü insan için zevk ve iş birbirinden ayrılmaz bir ikilidir. Tembellik bedene bile yansır, beslenmeye ve ilişkilere getirdiği cansızlık ve uyuşuklukla sağlığı tüketir. Zekâya gelirsek, onun da nitelikleri aynı durumdadır, belirsizlikler ve kısır endişelerle yorgun düşmüştür.

İnsanın ruhu, güçlü bir halk ifadesiyle, "kendi kendini kemirir"... Tembel bir insanın iradesi ise, hatırlatmanın gereği bile yok, dehşet verici bir hızla güdükleşir; onun için her çaba bir eziyet olur; çalışan, etkin bir insanın acı çekmeyi aklına bile getirmeyeceği şeyler için acı çekmenin bir yolunu bulur. Oysa çalışan biri ne kadar farklıdır! Çabalamanın sürekli ve kalıcı bir biçimi olan çalışmak, irade için de mükemmel bir eğitim oluşturur.

Tüm diğer çalışma şekilleri içinde en çok entelektüel çalışma böyledir, çünkü kol ve beden işçiliği isteyen çalışmaların çoğunda, zihin tamamen aylak kalabilir. Aksine, zihinsel çalışma hem dikkat tarafından uyarılan bedenin itaatini he de düşünce ve hislerin sıkı disiplinini gerektirir. Düşünce üzerindeki bu diktatörce güç ardından yorgunluk ve kendini tamamen salma getirmez, insan kendi gücünü kötüye kullanmamaya özen gösterir, eksilerek de olsa, saatler boyu, yeterli bir gücü işine verecek şekilde tutumlu kullanmayı başarırsa, böyle bir zihinsel varlık, özdenetimin bu uyanışı alışkanlığa dönüşür. Mutluluğun sırrı, insanın kendi düşüncesi ve hislerini tek bir yöne sevk etmesinden başka bir şey olmadığından, böyle bir dolaylı çalışma yoluyla mutluluğun felsefe taşını[1] bulabiliriz.

Zaten, doğru ve yeterli bir beslenmenin sağladığı güç sınırı aşılmadığında her çabanın zevk verdiği gerçeği psikolojide açıkça ortaya konmuşken dili oluşturan kaba saba kitlenin, bütün zorluk, yorgunluk, acı fikirlerini çalışma sözcüğüyle ilişkilendirmiş olması can sıkıcıdır.[2] Montaigne erdem hakkında "Bilgeliğin en açık işareti, sürekli keyifli olmaktır," der. "Bilge daima iç huzuruna sahiptir... Erdem, uçurumlarla kaplı, erişilmez bir dağın tepesinde değildir: Ona yaklaşanlar, aksine, ona verimli ve çiçekli, güzel bir ovanın içinde kavuşurlar... Adresi bilenler buraya gölgelikli, çimenlik ve çiçeklenmiş yollardan ulaşırlar... Oraya ulaşamayanlarsa

---

1 Felsefe Taşı dünyadaki en ünlü efsanelerden biridir. Hastalıkları iyileştirme gücü olan, bir insanın ömrünü uzatan, "değersiz" metalleri (kurşun gibi) değerli metallere (altın veya gümüş gibi) dönüştürecek güce sahip olduğuna inanılan sembolik bir taştır.
2 Bu düşüncenin gelişimi ve bunu destekleyen titiz kanıtlar için bkz. *Revue de Philosophie*, Mayıs 1890, Plaisir et Douleur.

güzel, muzaffer, aşk dolu, leziz, cesaret verici, burukluk ve hoşnutsuzluğun yeminli ve uzlaşmaz düşmanı olan bu en üst erdemi gidip o aptal imgeye yerleştirirler. O hazin, kavgacı, tehditkâr, zavallı imgeye göre başarı uzaklarda, dikenlerle sarılı bir kayalığın üstünde, insanları sarsacak bir hayalet gibidir."[1] Montaigne burada erdem için söylediklerini, zihinsel çalışma hakkında da söyleyebilirdi. Zihinsel çalışmanın gerçek doğası hakkında ne kadar bilgilendirsek de gençlere onun da "güzel, çok sevinçli, surat asıklığıyla uzlaşmamaya ant içmiş bir düşman, tatlı tatlı çiçek açan ve tadına doyulmaz bir şey" olduğunu anlatamıyoruz.

Çünkü çalışmayla gelen mutluluk bütünüyle olumsuz bir mutluluk değildir. Sadece hayatın tadının kaçmasını önlemekle kalmaz, onun gerçek yanı olmayan bir rüya haline gelmesini de engeller; sadece zihnin sıkıntılar ve küçük endişelerle dolmasını engellemez, aynı zamanda hem kendisi olarak hem de biriktirdiği etkilerle de canlı bir mutluluk kaynağı olur.

Kendiliğinden, bizi kaba saba, bayağı düzeyin çok üzerine çıkartır. Tüm zamanların en yüce, en soylu zihinlerinden oluşan bir topluluğun içinde, mükemmel bir eşitlik ve büyüleyici bir açık yüreklilik düzeyine ulaşmamızı sağlar. Bununla da ilgi duyacağımız kaynakları sürekli yeniler. Tembel birinin, zaman geçirmek için çoğunlukla kendinden çok aşağıda bir topluluğa *ihtiyacı* varken, çalışan biri kendi kendine yeterli olur.

Kendi kendine yeterli olmanın olanaksızlığı, işsiz güçsüz gezen birini başkalarına bağımlı olmaya iter, onu binlerce kul köleliğe mecbur eder.

---

1 Montaigne, *Essais*, I, XXV.

Oysa emek veren birinin bunların hiçbirinden haberi bile olmaz; yani "iş özgürlüktür" dediğimizde, bu bir eğretileme değildir. Epictetos, işleri, bize bağlı olan şeyler ve hiç bağlı olmayanlar şeklinde ayırır. Peşinden koştuğumuz ve bize bağlı olmayan şeylerin çoğunlukla düş kırıklıklarımızdan, çektiğimiz acılardan geldiğini gözlemler. Boşta gezenin mutluluğunun sadece başkalarına bağlı olmasına karşın, çalışmaya alışkın biri en büyük mutluluğu kendi içinde bulur.

Buna ek olarak, günlerin art arda dizilmesinin anlamı, işi gücü olmayan biri için sadece yaşın ilerlemesi ve kısır bir yaşam olduğu halde, çalışkan bir öğrenciye göre bilgi hazinesinin yavaş yavaş genişlemesidir. Aynı bazı bitkilerin ne kadar büyüdüğünü her akşam değerlendirebileceğimiz gibi, genç adam da bir hafta çabalamanın sonucunda yetilerinin giderek artan gücünü fark edebilir. Bu yavaş ancak durmadan hep tekrarlanan artışlar onun entelektüel gücünü çoğaltacak ve çok ileri bir düzeye taşıyacaktır. Bu Kişinin morali yükseldikten sonra, hiçbir şey eğitimli bir zekâ kadar canlı bir parlaklıkta olmaz. Atıl kişinin kafası yaşla körelip alıklaşırken, çalışan biri kendisini çevreleyenler üzerindeki saygınlığının her geçen yıl daha da büyüdüğünü görür.

Peki bu niye böyle? Gerçek şu ki, yaşlılık, yavaş yavaş tüm zevkleri duyulardan uzaklaştırırken, tamamen bencilce doyumları en sert biçimde yalanlayarak, büyük bir insan kültürüyle zenginleşmiş olanlarda, yaşam sevincini kat kat çoğalır. Yılların ilerlemesi hiçbir gerçek mutluluk kaynağını kurutamaz. Ne bilime ne güzel edebiyata ne doğaya ne de insanlığa duyulan ilgi azalır. Tam tersine! Quinet'nin şu sözlerinden doğru bir şey olmaz: "Yaşlılık gelip çattığında, onu ileri sürdüğünüz kadar acı bulmadım. Bana sefaletin ve sıkıntıların zirvesi olarak ilan ettiğiniz yıllar, benim için gençlerinkinden de hafifti... Sislere gömülmüş, ıssız, buz gibi, daracık bir doruk beklentisi içindeydim; aksine, çevremde daha önce hiç gözüme görünmeyen, keşfetmediğim geniş bir ufuk gördüm. Kendimi ve her şeyi daha da net gördüm..." Sonra şöyle ekliyor: "Yaşarken duyguların bulanıklaştığını ileri sürüyordunuz. Bense bir yüzyıl yaşasam da bugün beni isyan ettiren şeylere asla alışmayacağımı hissediyorum."[1]

Böylece, zihniyle çalışanın hayatı, mükemmelliğin zirvesi bir mutlu yaşamdır. İnsanı hiçbir gerçek hazdan mahrum etmez. Sadece bize varoluşumuzun gerçekliği hissini dolu dolu verir: Çalışmayanların hissettiği kaçınılmaz ve acı verici "yaşamın içeriksiz bir rüya olduğu" izlenimini ise kovar. Bizi, işsiz güçsüzleri dış koşullar tarafından savrulmuş bir çıngırağa çeviren düşünme tarzının sefil bir kölesi olmaktan uzaklaştırır; zihnin içinde vasat kaygıların ya da düşük düzeyli düşüncelerin dolaşıp durmasına izin vermez. Çalışkan bir yaşam ise bu dolaylı yararlara, daha başkalarını da ekler: Tüm kalıcı mutluluğun kaynağı olan iradeyi çelikleştirir, bizi insanlığın seçkinlerinin içinde bulunduğu aydın insanlar kitlesinin sakinlerinden yapar ve nihayet kendisine saygıyla davranılan, hürmetle çevrili mutlu bir yaşlılığa hazırlar. Dolambaçlı bir yolla, zihne ve ruha yüksek zevkler vermekten başka, kişinin kazandığı saygınlık ve üstünlük duygusu olarak özetlenebilecek gurura da en tatlı doyumu bol bol sağlar. Vasat kimselerin lükslerini sergilemekte, servetlerinde, rütbelerinde ve siyasi güçlerinde arayıp çoğu zaman bulamadıkları pek de noksan ve karışık olan bu doyumları, emekçi

---

[1] *L'esprit nouveau*, VII. Kitap, II. Bölüm.

aramadan bulur; hem de bunları her şeyin temelinde olan adil yasaların bir nevi ikramı gibi, yaptıkları zengin üstün sevinçler hasadına ek olarak alırlar.

§ II

Yukarıda sözünü ettiğimiz hem derin düşünme yöntemleri hem de "yıkıcı" düşüncelerin ve iyilik arzusunu güçlendirmeyi amaçlayan derin düşüncelerin, sadece bir ön taslaktan ibaret oldukları açıktır. Dahası, oldukça eksik ve herkesin kendi kişisel deneyimlerine, düşüncelerine ve okumalarına göre zenginleştireceği taslak betimlemelerdir bunlar.[1] Bu tür derin düşünme süreçlerinde asıl mesele aylak yaşamdan tiksinci güçlendirecek ya da iyi bir istence atılım yapma gücü verecek her fikri daima ciddiye alıp asla atlamamaktır. Daha yukarılarda söylediğimiz gibi üzerinde akıl yürütülen her düşünce, ruhta yavaşça "demlenmeli", ona tam anlamıyla girmeli ve orada güçlü bir iticilik ya da duygulanım uyandırmalıdır.

Buraya kadar çoğunlukla elimizdeki özel kaynaklar üzerinde çalıştık. Sıra dış dünyaya, *dış ortama* genel bir bakış atmaya ve irade terbiyesini tamamlamak isteyen genç bir adamın onlarda nasıl bir yardım bulabileceğini incelemeye geldi.

---

1 Yazar, *İrade Terbiyesine İlişkin İnceleme*'sini, yazdığı en yararlı kitap ve tek kelimeyle baş eseri olarak görmektedir. Bu yüzden, onu tamamlamak, budamak vs. için daha uzun yıllar boyu bu işin başında kalmayı hedefliyor. Bu nedenle de yürekten önemsediği bu konuda ona yollamak isteyeceğiniz tüm iletileri minnetle kabul edeceğini burada ifade etmek ister.

BEŞİNCİ KİTAP
ÇEVRE KAYNAKLARI

BİRİNCİ BÖLÜM

ÇEVRENİN GÖRÜŞLERİ, ÖĞRETMENLER, VB.

§ I

Şimdiye kadar *irade terbiyesi* konusunu elimizde sanki sadece kişisel kaynaklar varmış gibi incelemek durumundaydık; sanki tecrit edilmiştik de toplumdan herhangi bir destek beklememiz olanaksızdı.

Ancak, böyle salt kendi enerjimizle baş başa bırakıldığımızda, çok kalmaz, kendimizi fethetmenin uzun sürmesi karşısında cesaretimiz kırılarak, silahlarımızı indirmemiz gerekirdi. Zira istencimizin mükemmelleşmesinin itici gücü, salt kendimize ait ahlaki yapıdan gelmek zorunda olduğu gibi, böyle bir güç çok kuvvetli sosyal duygularla desteklenmeye de gereksinim duyar.

Aslında bizler hiçbir zaman yalıtılmış, kendi kişisel olanaklarımıza indirgenmiş olmayız; ailemiz, yakın çevremiz, mahallemizin insanları alkışlarıyla, ikiye katladıkları muhabbet ve sempatileriyle bizi desteklerler; hatta parlak bir başarı olduğunda, daha da geniş bir kitlenin de alkışlarıyla karşılanırız.

Dünyada hiçbir büyük şey, uzun süreli çabalar olmadan elde edilmiyor ve hiçbir çaba da kamuoyunun adeta galvanizlediği[1] enerji olmazsa aylar, hatta yıllar boyu sürdürülemez. Çevreden edinilmiş görüşleri açık açık reddedenler bile çoğunluğa meydan okuma cesaretini coşkun bir azınlığın gönül yakınlığından alır. Ancak oybirliğine tek başına direnmek, üstelik de uzun yıllar boyunca, örneği olmayan insanüstü bir iştir.

Bain, Mill ile enerji hakkında konuşmasında, iki temel kaynaktan birinin doğal olarak aşırı güç sahibi bir canlılık, diğerinin de aşırı heyecan uyandıran bir uyarıcı olduğunu söyler. Mill'in yanıtı şöyle: *There: stimulation is what people never sufficiently allow for*[2] [Hah, işte: uyarım insanların asla yeterince hesaba katmadığı bir şey – ç.n.]. Gerçekten de çevredeki insanların kanaati enerji yüklü bir uyarıcıdır ve herhangi bir şey ya da kimse ona karşı çıkmadığında, gücü müthiş olabilir. Yaptığı etkiler için ne söylense abartı olmaz. Atina'da, fiziksel güce ve edebiyat dehalarına beslenen

---

1 Galvanizleme, metal yapı malzemesinin çinkoyla kaplanmasıdır. Burada aynı işleme gönderme yapılarak bir benzetme yapılıyor. (ç.n.)
2 John Stuart Mill, *A Criticism*, A. Bain, Londra, Longmans, 1882, s. 149.

hayranlık, ülke küçük olmasına rağmen, sporcular, şairler, filozoflardan zengin ürün elde etme açısından Atina'yı başka ülkelerden çok daha ileri taşımıştır. Lakedomonya'da, halktan övgü isteği, olağanüstü bir enerjik ırk yarattı. Büyük olasılıkla bir tilki çalarken yakalanan ve onu giysisinin altına saklayıp sırrına ihanet etmektense acımasızca ısırılmaya dayanan ve tilkinin karnını parçalamasına izin veren Spartalı çocuğun öyküsünü biliyorsunuzdur. Kimse çıkıp da bunların olağanüstü insanlar olduğunu söylemesin, çünkü düşmanlarına hakaret ederek en zalim işkencelere maruz kalan Kızılderililer, insan ırkının en alt basamaklarındadır; çoğu ahlaksız ise, korkak görülme endişesiyle darağacına yürüyüşlerinde metanetli bir cesarete bürünürler. Modern toplumlarımızda öne çıkan, bağımsızlık ve güven kazanma arzusu değil de lükse erişmek, göz önüne çıkmak; başkalarına çamur atmak, aptalca bir gösteriş sergileme arzusudur ve bu, tüm esnaf, bankacı, sanayici takımını en bıktırıcı uğraşılara katlanmak zorunda bırakıyor. Hemen hemen tüm insanlar her şeye sadece toplumun kanılarına uyan değeri verirler. Bu kanılar ise, sadece teknemizi hareket ettiren yelkenleri şişirmekle kalmaz, dümeni de tutar, hatta yolumuzu seçmemizi bile engelleyerek bizi tam anlamıyla edilgen bir role indirger.

Kanıların üzerimizdeki bu gücü o kadar güçlüdür ki küçümseme işaretlerine katlanamayız, yabancıların bile, hatta hor görmek için bin türlü nedenimiz olan insanların bile bizi hor görmesine tahammül edemeyiz. Ortalıkta yabancı birinin olmasının gençlerin harikalar yaratmasını nasıl da kolaylaştırdığını tüm jimnastik öğretmenleri bilir. Yüzme okulunda, paten yaparken seyredilmek duygusu, cesareti ikiye katlar. Zaten, başkalarının üzerimizdeki gücünün derecesini ölçmek isterseniz, hiç gitmediğimiz bir şehirde olsa bile dilenci gibi giyinsek çekeceğimiz acıyı, özellikle de kendi sokağınızdan gülünç bir kıyafetle geçmenin vereceği acıyı aklınızdan bir geçirin. Bir kadının, hiç moda olmayan bir elbise, giydiğinde hissettiği sıkıntı, başkalarının görüşlerinin üzerimizde yarattığı ağırlığın ölçüsüdür: Yirmi yıl önce gençliğimde, lisede yaşadığım olayda, evden çıktıktan sonra üzerimdeki uzun gömleğin dirseğinde muhtemelen benden başka kimsenin fark edemeyeceği minik bir yamayı görünce içimi dağlayan bir acıya kapılmıştım!

Tabii, toplumun yaptığımız en ufak şeylerde bile uyguladığı bu korkunç despotizmi, bilerek isteyerek iyilik yolunda organize etmek akla bile gelmez. Hiç kullanmadan böyle bir gücün kaybolup gitmesine izin veririz.

Okulda, çocuk, arkadaşlarının, öğretmenlerinin, ebeveynlerinin görüşlerinin baskısına en üst düzeyde maruz kalır, çünkü bu çeşitli güçler amaç birliği içindedir. Bununla birlikte, bu güçler sadece zihinsel çalışmaya yönelik uygulanır, ne var ki o noktada bile arkadaşlar bunu çok kötü yargılar. Vasat zekâlı olup çok ders çalışanları hor görürler. Toprağın verimine bağlı olarak tek başına tomurcuklanan kolay, bir bakıma şık başarılar onları baştan çıkarır. Eğitim sistemlerimizdeki zihinsel gelişimin irade gelişimine kurban edilmesi, çocuklarda temel bir hatanın izini bırakır. Ancak, kabaca konuşmak gerekirse, ebeveynlerin, öğretmenlerin ve sınıf arkadaşlarının üçlü görüşü, tek yönlü geniş bir akım içinde erir. Böylece, lisede, kendi hallerine bırakılmış harika genç insanların artık hiçbir şey yapmamalarından başka ele geçen bir şey olmaz!

Buna ek olarak, öğrencinin nasıl görüldüğü, her hafta elle tutulur işaretlerle, kompozisyonda elde edilen başarıyla, sınıfta okunan notlarla, tüm sınıf arkadaşlarının önünde öğretmenlerin sitemleri ya da övgüleriyle, kendini açıkça gösterir. Hatta bencil duygulara, rekabete, övgü arzusuna çokça başvurulur da kişisel ödev duygusu göz ardı edilir.

Hiçbir zaman zihinsel zindelik duygusunun yükselmesinin verdiği o coşkulu keyifle yeterince ilgilenilmez. Bunun kendini geliştirme sevincine yaptığı katkıdan söz edilmez. Hemen görülen sonuçları ve sağladığı çoklu doyumlarla, bir iş yapmanın başlı başına canlı bir zevk olduğuna pek dikkat çekilmez. Bir bakıma, öğrenciye yardımsız yüzebilmeyi öğretecek yerde yüzme kolluklarıyla donatıyoruz; bu daha da mahvedicidir, çünkü üniversiteye gelir gelmez kendini tamamen yalıtılmış bulur. Öğretmen ulaşılmaz, ebeveynler ise çok uzaktadır. Öğrenci üzerinde etkisi olan tek şey gelecek fikridir, o da çok belirsizdir. Dahası, büyük çaba harcamadan başarmış olan kendinden büyüklerin örneği, bütünüyle kolunu kanadını kırar. Yaklaşan sınavlar bir anlık gayret getirse de daima düzensiz kalan çabaları, sağlıklı beslenmekten çok kendini yapay olarak şişirmeyi andırır.

Öğrenci, arkadaşlarının görüşlerini alarak dışarıdan destek bulabilir. Ne yazık ki onların görüşleri, tanık olduğumuz gibi, genellikle çalışmak dışında başka her şeyi yüceltir ya da yüceltmeye özendirir. Şayet genç bir insanın iyi bir şeyler yapabilmek için mutlaka başka gençlerin bu gibi teşvik edici övgüsüne gereksinimi varsa, bunu ancak küçük bir gruptan, öğrenci kalabalığın içinden özenle seçilmiş bir grup seçkin çocuktan umabilir. Hayatını, Beranger'in şarkılarının ya da Alfred de Musset'nin şiirlerinin canlı bir yorumundan farklı bir hale dönüştürmeye karar vermiş bir öğrenci, isterse kendi benliğini kolayca bulabilir, hatta kafasındaki projelere uygun bir ortam da yaratabilir. Liseden çıkışta birçok genç yüksek özlemlerle yüklü olur. Ancak Mill'in belirttiği gibi:[1] "Asil duygulara niyetli olmak, birçok bünyede düşmanca etkilerden kolayca solabilen hassas bir çiçektir... Uğraştıkları şeylerle, içine atılmış oldukları toplum, onlara soylu özelliklerini uygulama olanağı vermiyorsa, o çiçek gençlerin çoğunda kolayca ölecektir. İnsanlar entelektüel zevklerini kaybettikleri gibi soylu özlemlerini de kaybederler, çünkü onları geliştirecek zamanları ya da zevkleri yoktur ve kendilerini, tercih ettiklerinden değil, kolayca ulaşabildiklerinden ve bir süre sonra da arayabilecekleri tek şey olduğundan düşük zevklere veriyorlar."

Öğrenci kitlesindeki ahlaki bozukluğa biraz yüksekçe hedefleri olanlar, en iyi çözümü, çabalarını bir araya getirmeye karar vermiş üç ya da dört arkadaştan oluşan küçük gruplar oluşturmakta bulacaktır.

Tam da bu noktada, görevlerinin bilincinde olsalar, fakülte profesörlerinin rolü çok büyük olabilir. Ne yazık ki yükseköğretimdeki rollerine ilişkin baskın hatalar, çoğunun görevlerini idrak etmelerini engeller. Durmadan fakülte öğretmeninin rolünün esasında bir lise öğretmeninin rolünden epeyce farklı olduğunu söylerler.[2] Lisedekiler öncelikle birer eğitimciymiş. Fakültedekiler ise birer bilge. Lisedekinin işi çocuğun ruhunu etkilemek, eğer yapabilirse

---

1 *Utilitarisme*, II. Bölüm, çev. Le Monnier. Alcan.
2 ...ve bu arada, M. Fouillee'nin kendisi, klasik ortaöğretime ilişkin o takdir edilesi kitabında bu yüzeysel görüşleri kabul etti.

onu şekillendirmekken, üniversitedeki, "gerçek" dışında bir endişesi olmayan araştırmacının sakin ilgisizliği içindeymiş.

Lâmı cimi yok bu tür iddialar canavarca. İlkin, asla kabul edilmesi mümkün olmayan önermeleri kabul görmüş sayarlar. Fakültedeki öğretim üyesinin bir bilim adamı olduğunu, görevlerinin yalnızca bilime ilişkin olduğunu zannederler. İddia ettikleri bu sav bir profesör sadece bilimle yaşıyorsa, keşiflerinde, laboratuvarında ya da çalışmalarında tecrit olmuşsa, kabul edilebilir.

Ama hiç öyle değil. Fakültede profesör de olsa, her ay bankaya gider. Ancak çok hızlı halledilen ve yılda sadece on iki kez tekrarlanan bu küçük işlem, onun bilim adamının konumunu hem bilimsel sorumluluk taşıyan hem de *öncelikle* öğrencilere karşı görevleri olan bir öğretmene dönüştürmeye yeterlidir.

Bu görevlerin ne olduğunun tam olarak kavranması için, öğrencinin üniversiteye geldiği sıradaki ruhsal durumunun incelenmesi gerekir. Bu çalışma için gerekli malzeme kendimize tarafsız bir bakış atmakla elde edilir; eski meslektaşların şikayetleri, yine meslektaşların ustaca gizlenmiş gerçek bir soru formu hazırlamaya razı gelmesiyle öğrencilerinin verdiği yanıtlar, nihayet, ya doğrudan ya da dostluk gösterilerek ya da bir biçimde damarlarına basılarak veya şaşırıp ağızlarından kaçırdıkları bir itiraf ya da uyanık bir gözlemci için karakteristik birkaç sözcükle safça dökülen sırlar, öğrencilerin ruh durumunu açığa çıkaran ip uçlarıdır.

Bu ruhsal durum, ana özellikleriyle şöyledir: Öğrenci, ilk haftalarda özgürlüğüne kavuşmuş bir mahkûmunkine benzer bir sarhoşluk yaşar. Bu bir tür olumsuz durum, tüm kısıtlamalardan kurtulma hissidir. Öğrencilerin neredeyse tümü sözleşmişçesine, gecenin ilerleyen saatlerine kadar patırtı gürültü çıkararak, birahaneler ve başka yerlere uzun uzun takılarak, kendini kanıtlama ihtiyacı içindedir. Ertesi gün, eve sabahın ikisinde dönmekle övünmekten nasıl da gururlanırlar! Vasatların, iradesi olmayanların çoğu, bu aptalca, yorucu ve kısır yaşamı hep sürdüreceklerdir. Daha seçkin bir doğaya sahip olanların ise kendilerini toparlamaları fazla uzun sürmez. Sonrasında, paralarının olmaması, fakir öğrencileri de varoluş biçimlerini değiştirmeye, tembel yoldaşlarıyla bozuşmaya zorlar; pek çok ruhu iyi ama iradesi zayıf kişi, bu verimli kısıtlama sayesinde üstün yaşamanın tadını alır. Bunlar öğretmenlerinin ilgisini hak eden iki kategorideki öğrencilerdendir ve Tanrı'ya şükürler olsun ki teselli edici bir öğrenci kitlesi oluştururlar.

Özgürlük alışkanlığı, başlardaki çılgın sarhoşluğu bir kez ortadan kaldırdığında ve gençler kendilerine döndüklerinde, neredeyse hepsi acımasızca yalıtılmış olduklarını hisseder. Birçoğu kendilerinde eksik olanı açıkça görür. O yaşta, ahlaklı yaşamla güçlü bir bağ kurmaya öyle güçlü bir gereksinim duyarlar ki özlemlerini karşılayacak bir arkadaşı içgüdüsel olarak ararlar. Dediğimiz gibi, bu tarz gruplar oluşturmak çok kolaydır. Yürekli gençlerin tümü, onları içten içe olmak istemedikleri şeyi olmuş görünmeye zorlayan etraflarındaki görüşlerin zulmüne kararlı bir şekilde baş kaldırsa, böyle grupların oluşturulması kolay olurdu. Bu öğrencilerden kim bilir kaçı utangaçlıktan, çekingenlikten, medeni cesaretin olmamasından, yalan olduğunu içten içe hissettikleri onca düsturu tekrarlayıp durur, sahip olmadıkları bir yaşamın vasat anlayışını içselleştiriyormuş gibi yapar, kendilerini tiksindiren bir kabalığı önce benimsemiş gibi yapar ve heyhat, sonra ona alışırlar.

Ancak, arkadaşlardan biri kesinlikle diğerlerine göre daha baskın bir ahlaki değere sahip olmadığı sürece, eşit durumda olanlardan oluşan bu gibi gruplar, o yaşlarda hiç yeterli olmaz. Ortaya, daha büyük bir yerden destek alma, kişisel olarak daha yukarıdan onaylanma gereksinimi çıkar. Böyle bir insani ihtiyacı, Katolik Kilisesi vicdan yöneticileriyle karşılar. Burada ise durum öyle değil; tam bir terk edilmişlik söz konusu. Oysa öğrencilerin saygı duydukları öğretmenlere besledikleri hayranlığı gördüğümüzde, onlara inançlarının ne denli güçlü olduğunu ve öğretmenlerin de yetenekleri aracılığıyla, azıcık olsun onların bu inancına layık olabildiklerini hissettiğimizde, bu his konusunda hiçbir şey yapılmadığını düşünüp hüzünlenmemek mümkün mü? Öğretmen, öğrencilerini neredeyse hiç tanımaz, hiçbirinin geçmişini, ailelerini, arzularını, isteklerini, gelecek hakkındaki hayallerini bilmez. Yirminci yüzyılın bu mübarek saatlerinde teşvik edici tek bir sözün, iyi bir tavsiyenin, hatta dostça bir sitemin önemini biraz da merak etsek! Üstün bir ahlaki kültüre, derin bilimselliğe sahip olan üniversite, insanın yüreği, onun iç dünyası hakkında o engin, takdir edilesi bilgisinin, insan yüreğinin tanınmasının o müthiş müessese-ye verdiği her şeyi Katolik Kilisesi'nden devşirse, o zaman kuşkusuz ve olası bir rekabet olmaksızın gençliğin ruhunu yönetebilecektir. Fichte ve Alman profesörlerinin psikoloji konusunda bilgisiz olmalarına karşın Almanya'nın büyük olması için ne yapılabileceğini düşündüklerinde, sadece mükemmel bir biçimde amaçlarının bir olduğunu ve öğrencileri üzerinde tek tek durarak, onlara bire bir etki edip başarılı olduklarını gördüğümüzde, bizim gençlerimizle bunun on katı daha güçlü çalışmalar mümkün olabileceği halde, hiçbir şey yapmadığımızı fark edip üzülürüz ancak! Bakın, Fransa'da daha önce neler oldu ve enerjik bir adam kendisi için belirlediği amacın farkındalığıyla neler de başarabildi. Önce öğrencileri gruplandırdı.

Daha sonra birkaç grup oluşturduğunda, net sözcüklerle Fransa gençliğinin önünde duran uluslararası görevleri onlara anlatması yetti. Gençlerin sevdiği bir adamın ağzından çıkan bu düsturlar, o ana kadar başsız ve kargaşa içinde olan, birbiriyle çelişen sözler sarf edip birbirlerini yok eden o gençleri mıknatıs gibi aynı yöne yönlendirilmişti. Peki, Bay Lavisse'in belli bir konu ve tüm öğrenciler için yaptığını, her öğretmen seçkin öğrencileri için tek tek özel olarak yapsa, elde edilecek sonuçlar beklentilerin de üstünde olmaz mı? Öğretim kadroları ülkede, yukarıda bahsettiğimiz soylu zümreyi, tüm yüksek görevleri üstlenebilecek çelikleşmiş karakterleri yaratabilirler.

§ II

Genel anlayışın yüksek öğretimle ilgili doğru var saydığı bir diğer kabul edilemez öncül de bilgelik ve bilimin kimliğine dairdir. Öğrenciler, bir yandan özümsemek durumunda oldukları muazzam ve sindirilmesi zor bir malzeme yığınıyla karşı karşıya kaldıklarından, diğer yandan da daha iyi çalışacakları bir yöntem konusunda deneyimleri olmadığından şikâyet ederler. Bu iki şikâyet birbiriyle bağlantılıdır. Öğrencinin iyi bir çalışma yöntemi yoksa, bu, eğitim çalışmalarının düzenlenmesinin saçmalığından kaynaklanmaktadır. Üniversiteyi bitirecek bir öğrencinin bir daha asla çalışmayacağı, kabul gören bir önermedir. Sonuçta, böyle bir düşünceye bağlı kalırsanız, ona öğretilebilecek her bilgiyi adeta "huniyle" beynine doldurmaya uğraşırsınız. Belleğinden insanüstü bir çaba talep edersiniz. Hem bu yöntemin sonuçları da cesaret vericidir(!) Gençlerin büyük çoğunluğunu sonsuza dek çalışmaktan tiksindirirsiniz! Bir şeyleri yapmanın bu güzel yolu, yanlış olanı doğru farz eder ve öğrenilen her şeyin akılda kaldığını varsayar! Zihinde sadece sık sık tekrarlananların sabitlendiğini gözden kaçırır, sık tekrarlamayı iç bulandıran ansiklopedik bilgi edinmek olarak görürler!

Zaten, yükseköğretimin, kötü hazırlanan teftiş zorunluluklarının yaptığı gibi adım adım tartışılması çok gereksizdir. Tüm sistemi ayakta tutan kilit taşını keşfetmek yeterli olur. Bu kilit taşı, bilimin doğasına ilişkin, bilimsel ruhun değerine dair, "araştırmacının" temel niteliklerine, onun öğrencilerine bilimi aktarma tarzıyla ilgili edinilmiş hatalı fikirdir. Almanya, tüm bu noktalardaki yanlış anlayışlarını aktararak bize çok zarar verdi: "Hayır, bilgelik, bilim değildir," dedi! Bunun neredeyse bilimin reddi olduğunu söyleyecekler! Bu "bilim" sözcüğü, bizi anında birikimli hissettireceğine, akla, cesur, dinç, girişimlerle dolu, ancak doğrulama konusunda da son derece dikkatli olan bir zihin getirmeli. Birinci sınıf akademisyenlerin çoğu, bu büyük kâşifler, öğrencilerinden çok daha cahildir. İyiden iyiye özgür bir ruha sahip olmadıkça gerçek akademisyen bile olamazlar, tüm keşiflerin de baş koşulu öncelikle yorulmaz ve gözü pek bir zihnin kararlı bir yönde çalışmasıdır. Verimli yönteminin sırrını soranlara Newton'ın verdiği ünlü cevabı zaten (Ibl. II) daha önce alıntılamıştık.

Darwin'in aklındaki konuların dışında kalan tüm okumalardan kaçındığını göstermiş ve yaklaşık otuz yıl boyunca meraklı zihnini, sistemi saydığı bünyesine, canlı hücre olarak girebilme ihtimali olan tüm olgulara yoğunlaştırmıştı. Bu harika bir bilim adamını oluşturan, sonsuz sabırlı ve nüfuz edici bir derin düşünme gücü, daima tetikte kalan bir eleştirel ruhtu. Bu sabır ve bütünüyle aynı amaca yönelen bu dikkat, gerçeğe tutkulu bağlılık, o kalıcı coşkuyu desteklemek için gerekli şeylerdir.

Aksine, bilgelikte zihni ağırlaştırma eğilimi vardır. Küçük olgular yığını belleği engeller: Üstün bir ruh, kayıtlarında olabildiğince çok şey bırakır; yaşayan bir sözlük olma onuru ona hiç çekici gelmez: Araştırmalarındaki baskın fikirlerin önündeki engelleri kaldırmaya, onları ayıklamaya uğraşır; onları ağır eleştirilere tutar ve uzun sınamalara direnirlerse benimser, yavaş yavaş güç kazanmalarına izin verir; onları sever ve böylece can verildiklerinde, düşüncedeki ölü, pasif fikirler olmaktan çıkıp kuvvetli, etkin, bir güce dönüşeceklerdir. Bu nedenle, başlarda olguların incelenmesiyle zihne aşılanan bir fikir, sıra ona geldiğinde olguları *düzene koyacaktır*. Bir mıknatısın metal talaşlarını çekip, düzenli motiflerle şekil vermesi gibi, fikir düzensizlik içinde bir düzen yaratır, yığıntıyı sanat eserine çevirir ve yığılmış malzemeleri binaya dönüştürür. Görünüşte önemi olmayan olgular gün ışığında göze batacak, hantal olgular küçümsenip reddedilecektir. Bu nedenle, iyiden iyiye doğrulanmış, güçlü olgusal oluşumların etkin aracısı olabilecek birtakım fikirleri olma mutluluğuna erişen kişi, büyük bir adamdır.

Demek ki, bilim adamının değeri, istiflediği olgular yığınıyla orantılı değilmiş.

Bilim adamının değeri, araştırmacı ve maceracı ruhunun enerjisiyle orantılıdır, doğruyu söylemek gerekirse bu değer, ciddi eleştirmenlerce sürekli denetlenir. Üzerinde çalıştığı olguların *sayısı* hiçbir şeyken, *niteliği* her şeydir: Yükseköğrenimde en çok unuttuğumuz şey de budur. Bu eğitim sisteminde usa vurmayı, akıl yürütme gücünü, hem gözü pek hem de basiretli olma ruhunu geliştirmiyoruz: Gençleri aynı değerde olmayan bilgilerle aşırı yüklüyor, sadece belleklerini eğitiyoruz, öyle ki esas olanın yöntemli bir kuşkuyla bir arada yürüyen bir girişimcilik ruhu olduğunu korkmayıp doya doya söyleyelim.

Sınavların, mevcut durumda, bilinenin tersine hem öğrenciler hem de öğretmenleri için kolaylaştırılmış olduğu dikkate alınmalı. Öğrenciler, kendilerini bilinçli olarak "tıka basa doldurmuş olmakla" ancak kuruntuya kapılmış olur. Sınavı yapana gelirsek, öğrenciyi zihinsel kıymeti açısından değerlendirmektense, şunu ya da bunu bilip bilmediğini saptaması daha kolaydır. Sınav piyango haline gelir. Bu savları, tıp öğreniminin ilk yılının korkunç eğitim programı üzerinde, doğa bilimleri lisansı, tarih lisansı programlar üzerinde doğrulasınlar, o zaman öğrenimi böyle mahvedici bir bellek kültürüne dönüştürme eğilimi gözler önüne çıplak olarak serilir.[1]

---

1 Politeknik ve Saint-Cyr'de sınava giren adaylara sorulan soruların listesini öfkelenmeden okuyacak iyi niyetli herkese buradan meydan okuyorum. Başka türlü halletmezsek, tüm değerli zihinlerin bu gibi okullara erişimini

Eh tabii! Öğretmenler de bunu bilsin: Öğretmenliklerinde en iyi olan şey hiç de verdikleri dersler değildir. Kendi içlerinde konudan konuya atlayan, zorunlu olarak bölük pörçük olan ve başka derslerle bağlantılı olmayan dersler fazla işe yaramaz ve liseden ayrıldıktan sonra (hatta daha öncesinde bile) dünyanın en güzel dersleri, samimi kişisel çaba gösterecek öğrencinin ancak birkaç saatini alır. Pratik çalışma, yüksek öğrenimin değerine değer katar. Öğretmen, öncelikle orada bulunuşu ile, çalışmanın olanaklı olduğunu kanıtlar. Çalışılınca neler olabileceğinin yaşayan, somut, elle dokunulur saygın bir örneğidir. Öte yandan, hocanın sohbetleri, cesaret vermesi, tanıklıkları, yönteme ilişkin sırlar vermesi; bundan da öte, laboratuvarda ortaya koyduğu örnekler, daha da önemlisi, teşvik ettiği öğrencinin inisiyatifi; ortaya koyduğu kişisel çalışmaları, arkadaşlarının önünde sergilediği tutum, okumuş olduğu kitapların net ve yalın raporları, tüm bunları hocasının iyi niyetli denetimi altında gerçekleştirmesi, eğitimi verimli kılar. Bir hoca ne kadar parlak bir gösteri sunarsa, kendi sesini duymaktan ne kadar büyülenirse, ne kadar karışıp araya girerse, gençleri ona bir o kadar az emanet ederim: Montaigne'in dediği gibi, öğrencilerin "onun etrafında dönmeleri" gerek.[1] Artık çalışma sanatı öğretilmez oldu, aynı sirkte bir gösteri seyredip jimnastikte ilerleme kaydedemeyeceğimiz gibi, salt bir hocayı dinleyerek bilimsel açıdan gerçek bir ilerleme kaydedemeyiz.

---

engellemiş oluruz. Harp okulunun kendisi bile, abartılı hafıza çabalarının yerine düşünülerek yapılacak çalışmaları koyar. Bkz. *Nouvelle Revue: La mission sociale de l'officier*, 1-15 Temmuz 1893.

1 *Essais*, I, XXV.

Gördüğümüz gibi, öğrencinin iki temel ihtiyacı vardır: ruh durumuna yön verilmesi ve yöntemli çalışma işinde yol gösterilmesi: İkisinin de ortak bir ilacı vardır, o da öğrenciyle öğretmenin yakın ilişkide olmaları. Hoca böylece, öğrencilerinde bilimsel heves uyandırmakla, kendi bilimsel heyecanını da güçlendirip ödülünü almış olacak, ayrıca yeryüzündeki bütün düşünce hareketlerinin, bunu bilgi transferiyle değil de gerçeğe ya da büyük bir davaya sevgi aktararak ve güzel çalışma yöntemlerini paylaşarak başardıklarına kendini kolayca ikna edecektir. Yani tek kelimeyle, bu etki, "sadece insandan insana temas" yoluyla ve ruhun ruha değmesiyle elde edilir. Sokrates aynı bu şekilde Platon'a yöntemini aktarmış ve onun gerçeğe duyduğu heyecanı böyle uyandırmıştı. Bu ayrıca, Almanya'da tüm büyük bilim dâhilerinin küçücük üniversite merkezlerinden[1] çıkmış olmalarının nedenini de açıklar. Çünkü o merkezlerde, dediğimiz gibi, ruh ruha bir iletişim içinde olabildiler.

---

1 Bkz. Haeckel, *Les preuves du transformisme*, s. 35. Alcan.

İKİNCİ BÖLÜM

"SAYGIN ÖLMÜŞLERİN" ETKİSİ

Öğrenciyle öğretmenin entelektüel yaşamları ve irade enerjileri, bu canlı iletişime dalmalarıyla birbirlerinin içine işlerse, öğrenci sonunda yalnız kaldığında, b bu kişisel eylemin hafifletilmiş bir eşini kendi içinde bulabilir. Gerçekten de yaşayanlardan daha canlı olan ve daha çok yaşam aktarabilen ölü insanlar vardır. Kendimize örnek aldığımız, hareket eden ve konuşan ideal modellerini ziyaret etmemiz mümkün olmadığında, ruh heyecanımızı ve zihinsel coşkumuzu korumak için hiçbir şey, temiz, sade, kahramanca hayatları akıldan geçirerek derin derin düşünmek kadar iyi gelmez. Bu *"büyük tanıklar ordusu"*, haklı mücadelemizde bize yardımcı olur. Sükûnet ve yalnızlık içinde, böyle "iyi dönemlerde yaşamış büyük ruhları" düşünmek, iradeyi müthiş bir biçimde güçlendirir.

Michelet, "hatırlıyorum," der, "sonunda başa gelen bu talihsizlik içinde, şimdiki zamandan mahrumken, gelecekten korkarken, düşman iki adım ötedeyken (1814) ve kendi düşmanlarım da her gün benimle alay etmekteyken, bir gün, bir perşembe sabahı, kendimle baş başa kaldım; evde ateş yoktu (kar her şeyi kaplamıştı), akşam ekmeğin gelip gelmeyeceğini bilmediğimden, bana her şey bitmiş gibi göründü, içimde tamamen metanet dolu bir duygu hissettim, soğuktan donmuş elimi meşe masama vurdum, gençliğin ve geleceğin diri, yiğit sevincini duyumsadım... Bana bu mertçe atılımı ne vermişti? Tabii ki her gün birlikte yaşadığım kişiler, yani gözde yazarlarım. Her gün bu büyük insanlar topluluğuna ilgim daha da artmaktaydı."[1]

Stuart Mill,[2] babasının ciddi zorluklarla mücadele edip üstesinden gelmeyi başaran enerjik ve becerikli insanları örnekleyen kitapları eline sıkıştırmaktan hoşlandığını söyler: bunlar yolculuk kitapları, Robinson Crusoe, vb. idi. Birkaç sayfa ileride,[3] Platon'un Sokrates'i betimlediği tablolar ya da Turgot'un aktardığı Condorcet'in hayatının üzerinde nasıl da canlandırıcı bir etki yarattığını anlatır. Gerçekten de bu tür okumalar derin ve kalıcı izlenimler yaratabilir, üzerinizde iz bırakabilir. İki binden fazla yıl geçtiği halde, Sokrates'in, çocuk ruhlarında en saf coşkuları ateşleme ve müthiş bir heyecan yaratma gücünü hâlâ koruduğuna şahit olmak, düşünce kahramanlarının hayran olunacak eylemlerinden değil midir?

Ne yazık ki laik azizlerin[4] hayatlarının Katolik Kilisesi'nde olduğu gibi, gençlerin kullanımına sunulmaması ne talihsiz bir durum. Spinoza gibi bir filozofun hayatı, çarpıcı

---

1 *Ma jeunesse*, s. 99.
2 *Mémoires*, s. 8.
3 A.g.y., s. 108.
4 Laik aziz nitelemesi, dini anlamda bir aziz olmayıp da verdikleri eserlerle insanlığa sundukları katkı itibariyle adeta aziz olanlara işaret etmekte kullanılır. (ed.n.)

öyküsünü okuyanlar üzerinde olağanüstü bir hayranlık izlenimi bırakmıyor mu? Ne var ki dağılmış çok sayıda örnek biyografinin tek bir koleksiyonda bir araya getirilmemiş olması bizi üzüyor. Böyle bir kitap, zihin işçilerinin enerjilerini diriltmek için başvuracakları bir Plutarkhos olurdu: Auguste Comte'un, her gün insanlığa yararı dokunmuş başka birinin yaşamını düşünmeyi sağlayacak takvim fikri mükemmeldi.

Sonuçta, iyi anlaşılan bir klasik eğitimin amacı, zaten, öğrencilerin ruhlarında büyük, asil, cömert olan her şey için sakin ama kalıcı bir heyecan ateşlemek değil midir? Böylece, yüksek bir ideali içselleştiren seçkin birinin, bir daha orta seviyeye bile inmeyi kabul etmeyecek kadar geri adım atmaması, bu eğitimin hedefine ulaştığını göstermez mi? Uygar dünyanın gözünü diktiği kutsal taburu oluşturmak üzere hazırlanan bu seçkin kişi, üstünlüğünü antik çağların en halis insanlık dâhilerine yaptığı uzun ziyaretlere borçludur.

Tüm cömert hislerimizi bu ziyaretlerle yeniden güçlendirmemiz mümkün olabiliyorsa da maalesef bu ölmüşler bize ihtiyacımız olan somut tavsiyeleri artık veremezler. Bir kez daha hatırlatalım; bilinçlerimize, deneyimli ve hassas bir öğretmenin yön vermesinin yerini hiçbir şey tutamaz.

SONUÇ

Önceki bölümler, ulusal eğitimin içindeki her şey bu büyük kazanımla birleşir, aynı doğrultuya sokulursa, özdenetimin ne kadar kolay olacağı hakkında umutlanmamızı sağlıyor. Zira sonuçta, tembellik ve nefsine düşkünlükle mücadele kolay olmasa da en azından mümkün görünüyor; psikolojik kaynaklarımızın bilincinde olmak ise bize güven vermeli. Bu çalışmanın bütünündeki mantıklı sonuç, karakterimizi yeniden oluşturabilecek, kendi irademizi kendimiz eğitebilecek olmamız, hem zaman vererek hem kendi doğamızın kurallarını öğrenerek kendi benliğimize hâkim olmayı başaracağımızdan emin olmamızdır. Dinin üstün insan doğasından elde edebildikleri, seçkin gençlerden neler elde edebileceğimizi de öngörmemizi sağlar. Kimse gelip bize indirilen dinlerin bizim elimizde olmayan ya da sahip olmayacağımız araçlardan yararlandıklarını söylemesin. Din kurumlarının inananlar üzerindeki müthiş gücünün nelerden oluştuğunu incelersek, etkin olmalarını sağlayan araçların iki ana başlık oluşturduklarını keşfederiz: bütünüyle insani olan araçlar ve salt dinsel araçlar.

İnsani araçlar üçe indirgenebilir: otoritenin gücü, yani birer birer deha olan ölmüş kişilerin otoritesi, piskoposlar, rahipler, ilahiyatçıların vb. otoritesi. Hatta eskilerde, hapishaneyi, işkenceyi, ateşe atılıp yakılmayı inancın hizmetine sunan sivil otorite. Bugün çok azalan bu güce, tüm ağırlığıyla kamuoyunun görüşleri de ekleniyordu: İnananların inanmayanlara yönelik nefreti, tahkiri, kötü muameleleri de katılırdı. Son olarak çocuk, ufaklığından itibaren, din eğitimiyle yoğrulur ve türlü biçimde tekrarlarla, sözlü eğitimle, kutsal kitap okumalarıyla, halka yönelik törenlerle, vaazlarla, vb., dini duygunun ruhunun derinliklerinde kök salması sağlanır.

Şimdi bizler bu üç gücü, din kurumunun üstünde bir düzeye taşıyamaz mıyız? Düşünürlerin tümü arasında, kendini mükemmelleştirmek gibi büyük bir hedef konusunda oybirliğiyle bir anlaşma yok mudur? Dini dogmalar hakkında olduğu gibi olası bir düşünce ayrılığı mı var yoksa? Çocuğun eğitimi elimizde değil mi? Eğer yöntemlerimiz tutarlı olur da takip edilecek hedefin farkına varır, hakkında bir ortak bilince ulaşırsak, ne kadar büyük bir güce sahip olurduk değil mi? O zaman, çocuğun ruhunu dilediğimiz gibi yoğurmamız mümkün olmaz mı? Kamuoyuna gelince, onu dönüştürmek de eğitime bağlıdır; zaten hayranlık duyulan, genellikle büyük ve cömert olan değil midir? Yüce hisler insanları bir araya getiren nedenlerdir ve bölünmeye neden olan hislerden daha çabuk güçlenmeye meyillidirler. İşte bu yüzden, çoğu zaman alçaklardan oluşan bir kalabalık, dürüst her lafı alkışlar. Üstelik, kamuoyu koyun gibidir, yeter ki namuslu, enerjik insanlardan bir azınlık onu doğru yola çeksin. Atina'da güzellik ve yetenek uğruna, Sparta'da özveri için yapılanların, mevcut toplumlarda onlardan da daha soylu işler için bir daha asla gerçekleştirilemeyeceğini iddia etmeye kim cesaret eder?

Ancak, temelinde dini türden araçlar yoksa, derin bir tinsel iyileştirme çabasının mümkün olamayacağını da eklemek gerekir. Buna elbette inanıyoruz, ancak aynı zamanda da din açısından tek gerekli ve yeterli gerçek, evrenin ve insan yaşamının mutlaka ahlaki bir amacının olduğu ve iyilik için harcanacak hiçbir çabanın boşa gitmeyeceğini kabul etmektir. Yukarıda,[1] bu tez konusunda ciddi varsayımlar olduğunu ve son tahlilde, bu tez ile karşıt tez arasında bir seçim yapmanın gerekli olduğunu, nasıl bir seçim yaparsak yapalım, bunun deneysel olarak kanıtlanamayacağını gördük. Seçimse seçim; önemli olan, en güçlü kanıları tercih etmektir ve ahlakçı varsayım, akla daha yatkın gelmesinin yanı sıra daha teselli edici ve toplumsal olarak daha gereklidir. Bu asgari dinsel gerçek, düşünen zihinler için, güçlü dini duyguların gür, bereketli kaynağı olabilir. Bu inanç, muştulanmış dinlere hiçbir şekilde zarar vermediği gibi, cins nasıl türü kapsıyorsa tek tek bu dinleri de kanatları altına alabilir. Dahası, bu asgari dini inanç, ancak eğitimli beyinlere yeterli gelebildiğinden, düşünür, en azından farklı görüşlerin temkinli bir saygıda buluştuğu Hıristiyan inançlarını müttefik inançlar sayabilir.

Evet, müttefik diyoruz, çünkü Hıristiyan inançları, temel görev olarak insanın hayvani doğasıyla mücadeleyi, yani, nihayetinde iradenin eğitilmesini, bencil duyarlığın hoyrat, yontulmamış güçleri üzerinde aklın hâkimiyetini öngördüğü için müttefiktirler.

Bu nedenle, zamanın ve tüm psikolojik kaynaklarımızın yardımıyla, her insanın kendi özdenetimini başarabileceğine

---

1 Bkz. Üçüncü Kitap, Birinci Bölüm, § IV.

dair inanç, karşı konulmaz bir güçle kendini dayatır. Madem bu yüce çaba olanaklı, önemi nedeniyle uğraştığımız konuların arasında baskın bir yer tutmalıdır. Mutluluğumuz irademizin eğitimine bağlıdır, çünkü mutluluk, hoş fikirlerin ve duyguların tüm neşelerini bilince salmalarını temin etmek, acı verici düşünce ve heyecanların ise bilince girmelerini yasaklamak ya da en azından orayı kuşatma altında tutmalarını önlemek demektir. Bu nedenle mutluluk, insandan, üstün bir dikkate sahip olmasını bekler, bu da ancak yüksek derecede egemen bir iradeden başka bir şey anlamına gelmez.

Ancak, kendi üzerimizde kazandığımız gücün miktarına bağlı olan sadece mutluluğumuz değildir, aynı zamanda yüksek entelektüel kültürümüz de kendimize uygulayacağımız güce bağlıdır. Deha öncelikle uzun soluklu sabırdır: İnsan ruhunu en çok onurlandıran bilimsel ve edebi eserler, zannedildiği gibi, asla zekânın üstünlüğü sayesinde yaratılmamışlardır, onları takdir edilecek biçimde kendine hâkim, güçlü bir iradenin üstünlüğüne borçluyuz. Tam da bu açıdan orta ve yüksek öğrenimimizi baştan aşağı yenilemek zorundayız. Bir ulusun canlı enerjisini mahveden, bir tekel olan, saçma ve hiçbir şeyle uyuşmayan bellek tapınıcılığını ortadan kaldırmak acildir.

Baltayı her türden içinden çıkılmaz programın dal budak sarmış ormanlarına vurmamız gerek. Baştan sona geniş bir biçimde biçmeli, oraya ışık, hava girmesini sağlamalıyız. Bunun için belki de çok güzel ama fazla sıkışık ve birbirlerine zarar veren bitkileri de feda etmeyi bileceğiz. Belleğin "içine tıkıştırmak" yerine, her yerde etkin egzersizler[1] uygulamalı,

---

1 Bu ikame bazen çok kolaydır; bu nedenle Bordeaux Üniversitesi rektörü ve dilbilgisi yüksek öğretmenlik sınavı jüri başkanı M. Couat 1892 raporunda

bellek doldurmanın yerini, yargıyı, entelektüel inisiyatifi, güçlü sonuçlar çıkarmayı sağlamlaştıran çalışmalarla doldurmalı. Dâhileri ancak irade gelişimiyle yaratabiliriz, çünkü zekâya atfedilen birinci sınıf niteliklerin tümü, gerçekte iradenin dayanıklılık ve enerji vasıflarıdır.

Yüzyılımızda tüm çabalarımızı dış dünyayı fethetmeye odakladık. Bununla sadece şehvetimizi ikiye katladık, sadece arzularımızı çileden çıkardık, sonuçta da daha endişeli, daha sıkıntılı, eskisinden daha mutsuz olduk. Çünkü bu dış fetihler dikkatimizi, içimizi iyileştirmekten uzaklaştırmıştır. Asıl yapmamız gereken işi, irademizin eğitimini bir kenara attık. Bununla da akıl almaz bir sapmayla, entelektüel gücümüz ve mutluluğumuz da sayılan o mükemmel vasıtayı güçlendirme şansını kadere bıraktık.

Zaten, sosyal sorunlar acil bir gereksinim yaratarak, bizi derhal sistemimizi kökten değiştirmeye itecektir.

Yalnız ilkokulda değil, lisede de ahlak eğitimi temelden ihmal edildiği, irade terbiyesi öncelikli görülmediği için ortaya çıkan bu sorunlar hem çözülmez değildir hem de öyle kaygılandırıcı bir tehlike oluşturmaz. İyi davranmaya alıştırılmamış, bencil, şirret, tembel, şehvet düşkünü insanlara çok güzel davranış kuralları veriliyor. Bu insanların, çoğu zaman kendilerini düzeltmeye istekli oldukları doğrudur, ancak, tüm iyi niyetleri caydıran şu feci özgür irade teorisinin sayesinde, özgürlüğün ve özdenetimin kademeli olarak

---

(Üniversite Dergisi, 15 Aralık 1892) öğrencilere yazarların metinlerinin verilmesinin kaldırılmasını istedi. Böyle zorla kabul ettirilen metinlerin, baştan aşağı titizlikle iyice hazırlanması yerine, Latince ve Yunancada güçlü olmak zorunda kalınacaktı: Sözlü sınavlar daha vasat olacaktı, ama bu dönüşümle bellek işinin yerini zekânın kullanıldığı bir işe bırakacağını kim göremez ki?

kazanılması gerektiğini asla öğrenemezler. Hiç kimse onlara, gerekli araçları kullanma şartıyla kendini fethetmenin en umutsuz durumlarda bile mümkün olduğunu öğretmemiştir. Kimse onlara zaferi getiren taktikleri de öğretmedi. Hiç kimse onlara haklı bir mücadele için savaşa girme arzusunu aşılamadı; ne bu özdenetimin kendi başına ne kadar soylu olduğunu ne de mutluluk ve zihnin yüksek kültürü açısından sonuçlarının ne kadar zengin olduğunu bilirler. Eğer herhangi biri, emek sonucu ortaya konacak bu ürünün gerekliliği üzerinde biraz düşünme zahmetine katlansa ve onu destekleyecek ufacık çabalarının bile karşılığını hemen hem de cömertçe aldığını görseydi, bu işi değil kişisel ve toplumsal ilgi alanlarının ilk sırasına koymak, bütünüyle eşsiz, başka her şeyden daha öncelikli bir temel bir uğraş olarak benimserdi.